2023年

中国仓储配送行业发展报告

CHINA WAREHOUSING AND DISTRIBUTION INDUSTRY DEVELOPMENT REPORT

中国仓储与配送协会◎编著

中国商业出版社

图书在版编目（CIP）数据

2023年中国仓储配送行业发展报告 / 中国仓储与配送协会编著 . -- 北京 : 中国商业出版社 , 2023.5
ISBN 978-7-5208-2470-5

Ⅰ . ① 2… Ⅱ . ①中… Ⅲ . ①仓库管理—研究报告—中国— 2023 ②物流管理—物资配送—研究报告—中国— 2023 Ⅳ . ① F259.2

中国版本图书馆 CIP 数据核字 (2023) 第 080828 号

责任编辑：林　海

中国商业出版社出版发行
（www.zgsycb.com 100053 北京广安门内报国寺 1 号）
总编室：010-63180647　编辑室：010-83125014
发行部：010-83120835/8286
新华书店经销
北京军迪印刷有限责任公司印刷
*
889 毫米 ×1194 毫米　16 开　13.25 印张　286 千字
2023 年 5 月第 1 版　2023 年 5 月第 1 次印刷
定价：280.00 元
* * * *
（如有印装质量问题可更换）

2023年中国仓储配送行业发展报告

编委会

孙 杰

中国仓储与配送协会名誉会长

毕业于北京交通大学（原北方交通大学）运输专业。曾先后在原商业部商业储运局、华运物流实业公司、华运通物流有限公司任职；历任中国仓储与配送协会秘书长、副会长、会长。熟悉国家仓储与配送行业相关法律法规、政策规划、技术标准，曾组织《通用仓库及库区规划设计参数》等多项国家标准的制定工作。

王继祥

中国仓储与配送协会副会长

教授，研究员，商务部特聘物流专家，国家邮政局发展研究中心智慧发展研究首席专家。现任中国仓储与配送协会副会长、中国商贸物流标准化联盟执行主席。兼任物流信息互通共享技术及应用国家工程实验室研究员、北京航空航天大学物联网专业特聘教授、上海宝开物流系统有限公司高级顾问等。共发表各类研究论文 120 余篇，完成各项研究报告与咨询报告 60 余篇，获得国家科技进步二等奖、冶金部科技进步三等奖等各项奖励 30 余次，有 4 项成果通过部级鉴定。

王国文

中国（深圳）综合开发研究院物流与供应链管理研究所所长

南开大学经济学博士，北京大学管理学博士后，教授。兼任中国物流学会副会长、供应链管理专业协会（CSCMP）中国圆桌会主席、中物联区块链应用专家委员会主任、深圳市决策咨询委员会专家、深圳市现代物流专家咨询委员会专家，南开大学、北京交通大学、香港理工大学客座教授。曾担任世界银行中国绿色物流专家，APEC亚太供应链联盟（A2C2）的中方业界召集人。主要研究方向为区域经济战略、产业规划、物流园区规划、物流与供应链战略规划、区块供应链应用等领域。主持重大研究咨询课题200余项，在国内外发表中英文主旨演讲、学术报告200余场，参与、主持、组织学术研讨会、评审会100余个，著作11部（含著、编、译作），发表学术论文80余篇。

沈绍基

中国仓储与配送协会会长

高级经济师。自 1983 年起先后在原商业部、原国内贸易部、原国家内贸局从事储运行政管理工作。1998 年以来先后任华运物流实业公司总经理、中国仓储与配送协会第三、四届会长。现任中国仓储与配送协会第六届会长、国际仓储与物流联盟（IFWL）常务副主席兼秘书长。30 多年来，一直致力于推动现代物流发展，围绕仓储业转型升级做了大量研究性、政策性、开拓性工作。

李　燕

中国仓储与配送协会副会长兼秘书长

高级物流师，研究生，毕业于北京工商大学（原北京商学院）。2011 年加入中国仓储与配送协会，现任副会长兼秘书长，负责秘书处日常工作，同时兼任协会包装与单元化物流分会会长。曾先后就职于北京两家上市公司，负责物流体系建设；主持商贸物流相关重点标准研究、托盘及周转箱循环共用标准体系与应用研究、绿色仓储配送与电商包装等相关领域课题研究；在托盘共用系统的理论和实践方面做了大量开创性工作。

蔡　熙

苏州金峰物流设备有限公司总裁

1983 年毕业于武汉大学，于 1988 年留学日本，主攻物流管理。在物流行业深耕近 30 年，物流装备行业资深专家，在日本、欧洲和美国等地参与了包括 DHL、UPS、FedEx、日本宅急便、佐川急便、上海海烟物流、中国邮政、顺丰速递和四通一达等快递及菜鸟、华润、申洲国际等数百个项目。

关赏轩

物联云仓副总经理、物联云仓数字研究院院长

仓储物流数智化专家，中国仓储与配送协会专家委员会委员，曾任中国仓储与配送协会云仓专家委员会秘书长。对仓储物流市场有十余年的深入研究，擅长仓储物流数字化、物流园区咨询及规划、仓储市场可行性分析、智慧园区整体方案等，先后组织编写了数百篇仓储市场研究报告，设计开发了国内首个仓储大数据平台。

李　涛

北京时代商联商业咨询有限公司董事长

中国仓储与配送协会专家委员会副主任委员，专注于零售连锁和食品流通业物流园区、配送中心的规划咨询。曾为家家悦、永辉、物美、超市发、北国商城、思念食品、生鲜传奇、盒马、新乐、全聚德、海霸王（成都）、美特好等200家零售、医药、食品企业提供商业和物流咨询服务。多次荣获中国连锁经营协会、中国商报等颁发的荣誉奖项。

王鑫

山东商业职业技术学院党委副书记、校长

教授，毕业于山东大学工商管理专业，主要从事工商管理、现代物流与供应链专业教学研究。现任全国商业职业教育教学指导委员会秘书长、中国信息经济学会理事、ISO/TS 44006《校企合作指南》国际标准研制中方核心专家、中国标准化协会服务贸易分会副会长。曾主持省级科研项目3项，获得电子商务和市场营销类国家级教学成果奖7项、软件著作权8项，完成专著2部、规划教材1部，并获山东高校三八红旗手、山东省高等职业院校教学名师等称号。

尹军琪

北京伍强科技有限公司董事长

教授级高级工程师，兼任中国重机协会物流与仓储机械分会副理事长。从事现代物流系统集成工作 30 余年，参与 300 余项物流系统设计与集成工作，著有专著《现代物流系统集成——方法、实践与思辨》，发表论文 100 余篇。先后获省部级科技进步二等奖、行业年度人物等多项奖励。

易　兵

武汉商学院副教授、普罗格研学中心院长

高级物流信息工程师。毕业于中国人民大学工商管理专业，从事物流教学研究 20 余载。先后担任湖北省智慧物流企业家联盟副会长兼秘书长、武汉市长江中游城市群发展研究会专职秘书长。主持省级以上科学研究项目 7 项，参与制定物流行业标准 2 项，主持“智能仓储交付人员能力测评”项目的开发及实施，撰写地方“十四五”发展规划报告等社会服务项目 11 项；公开发表论文 30 余篇，编著 2 部。2020 年荣获“湖北省抗击新冠肺炎疫情先进个人”。

前　言

2022年，是仓储配送行业发展的重要一年。政府为帮助中小企业渡过难关，出台了一系列帮扶政策，缓解新冠疫情带来的负面影响。国务院办公厅发布首个国家级物流规划《“十四五”现代物流发展规划》，为仓储业现代化发展提出新目标、新任务；行业组织发布首个仓储现代化工作推进指导文件《中国仓储现代化建设工作指南》，为仓配企业实现现代化发展提供方向和路径。

2022年，仓储设施规模继续保持增长，但租金水平有所下降、空置率上升；企业并购频发，行业“洗牌”加速；资本市场总体遇冷，智能仓储仍受热捧；冷链仓储受地方政府高度重视，十余省出台冷链物流规划支持冷库建设；数字化智能化仓储、即时配送领域竞争激烈，注重服务能力优化与提升；绿色仓配进入“零碳”可量化评估阶段；全国性可流转仓单体系运营取得初步成效；海外仓企业向供应链一体化转型；危险化学品、中药材、家居等专业领域，在主管部门、行业组织的引导下，稳步向规范化、高质量发展。

《中国仓储配送行业发展报告》作为反映我国仓储配送行业发展的权威读物，十几年来，全面总结了我国仓储配送行业年度发展情况，聚焦行业发展趋势，推广典型案例，已成为业内人士了解和推动仓储配送行业发展的必备工具书。本书共分为行业发展报告、行业研究探索、行业典型案例、综合资料汇编、优质企业推荐等五个部分，全面总结我国仓储配送行业发展情况及趋势展望，优选年度典型企业案例，筛选年度高质量行业研究成果，为读者提供掌握行业发展情况、了解政府政策动态导向、借鉴学习发展经验的平台。

本书的编写与发行离不开市场主体和行业专家的鼎力支持。在此，对参与本书编写工作的企业、院校及专家等，表示衷心感谢！

编委会

目　录

第一部分　行业发展报告

第二部分　行业研究探索

第三部分　行业典型案例

第四部分　综合资料汇编

第五部分　优质企业推荐

第一部分

行业发展报告

2022 年仓储配送业发展与趋势展望

2022 年市场需求增长放缓，仓配企业分化发展越发明显，具备资源或服务优势的企业取得较好收益，而缺少竞争优势的企业则面临较大生存压力，加之头部企业并购事件频发，仓储配送行业洗牌加速。面对存量市场的竞争加大，企业一方面越发关注可持续发展，进一步加强在标准化、数字化、智能化、绿色化方面的投入；另一方面积极拓展新服务功能和服务业态、向产业链上下游延伸，由常温向冷链、2B 向 2C、传统电商向直播电商和兴趣电商、仓配一体化向端到端一体化供应链服务延伸，寻求更多发展机会。总体上，有效推动了行业向高质量发展。

2023 年及未来一个时期，国内市场增长放缓，国际环境错综复杂，行业竞争将更加激烈，但仓配行业作为产业供应链发展重要支撑的地位不会变、高质量和现代化发展总方向不会变、提升自身服务能力和客户服务体验的发展要求不会变。

一、2022 年行业总体情况

（一）企业营收

中国仓储与配送协会对规模以上仓储企业①的调查显示，约 61.9%的企业实现收入正增长、38.1%的企业为负增长，与 2021 年相比，营收降低的企业占比有所增加。其中，增长区间在 0~10%的企业占比最大，为 31%；增长区间在-10%~0 的企业占比次之，为 17.3%，如图 1 所示。

企业收入增长可归纳为两类：一是因仓储设施规模增加，带来的收入增长；二是开拓电商业务（包括直播电商、社区电商等），通过仓储服务拓展转型带来的增值收入。值得注意的是，收入增长超 40%的企业占比达 11.5%，在市场需求增长缓慢的背景下，收入快速增长的驱动力是规模化、网络化仓储资源以及多元化增值服务能力带来的效益提升。

部分企业收入降低的原因主要体现为客户减少、仓库空置率上升。

（二）固定资产投资

国家统计局数据显示，2022 年我国仓储业（含装卸搬运）固定资产投资额约 9153.6 亿元，同比增长 25.1%，增幅较上年增加 18.5 个百分点，增速约是物流行业（即交通运输、仓储和邮政业，为 9.1%）的 2.7 倍。

---

① 运营仓库面积在 20 万平方米以上的企业。

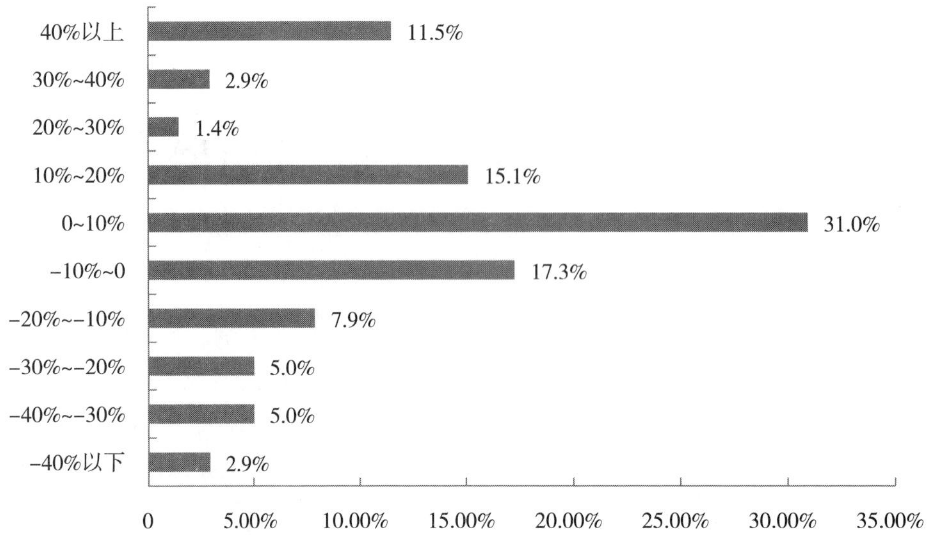

图 1　2022 年规模以上仓配企业营业收入增长情况

数据来源：中国仓储与配送协会

过去五年来，仓储业固定资产投资年均增幅为6%左右，这是近年来的首次大幅提升。从固定资产投资构成来看，新建冷库设施占有一定比例，但更多投资集中在数字化、智能化等技术投入和升级改造，既与行业进入低速发展阶段相适应，又与国家多年来倡导的高质量发展、现代化升级相匹配。

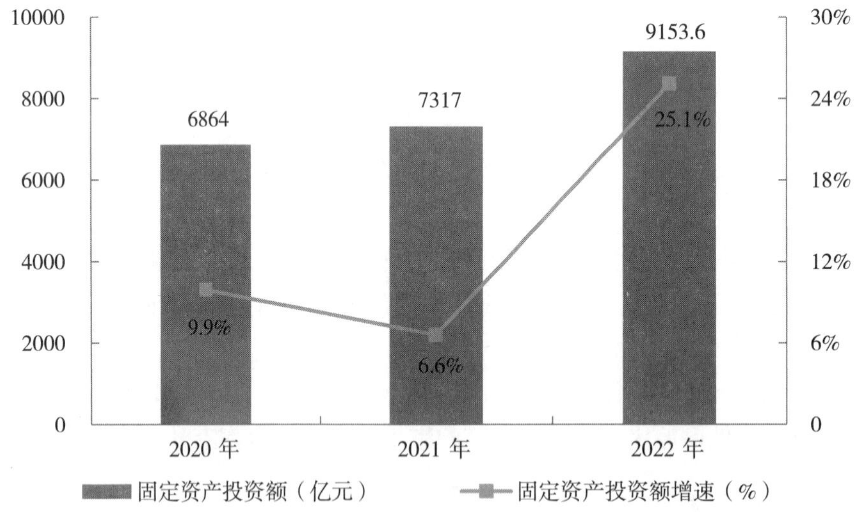

图 2　2020—2022 年仓储业（含装卸搬运）固定资产投资额

数据来源：统计局

（三）设施规模

据推算，截至 2022 年底，我国营业性通用（常温）仓库面积约 12. 2 亿平方米，同比增长 1.67%，增幅较上年度降低 3.13 个百分点。其中，立体库（高标库）约 4.1 亿平方米，同比增长 3.79%，占设施总量比例已达 33.6%。“星级仓库①”规模已近 6000 万平方米。

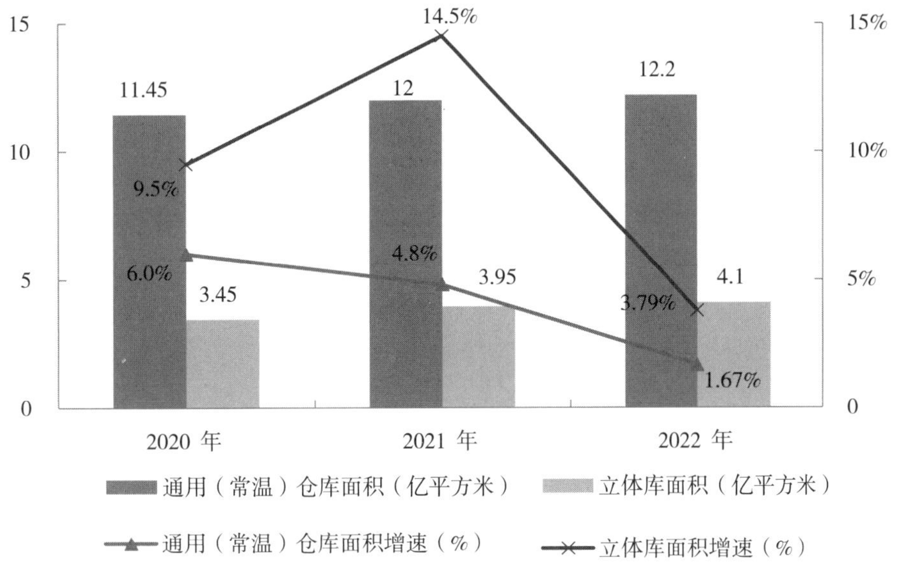

图 3　2020—2022 年通用仓库面积

据推算，截至 2022 年底，我国冷库总容积约 2.18 亿立方米，同比增长 9%，增幅较上年度增长 1.5 个百分点。在国家部委、地方政府持续大力支持冷链物流发展的背景下，冷库设施仍保持较高增长速度。

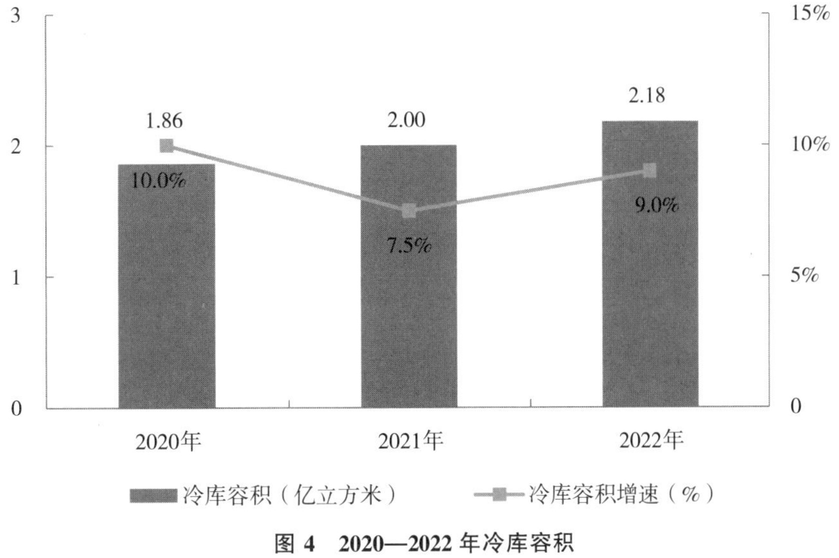

图 4　2020—2022 年冷库容积

数据来源：中国仓储与配送协会

① 达到国家标准《通用仓库等级》要求。

（四）设施运行

据中国仓储与配送协会持续统计监测，2022 年我国主要物流节点城市仓库平均租金为 26.05 元/平方米·月，同比降低 6.2%。受新冠疫情的影响，租户数量减少，租户为降低运营成本、寻求低租金水平的仓库，仓储企业为招揽客户适当降低租金，导致租金下降较为明显。

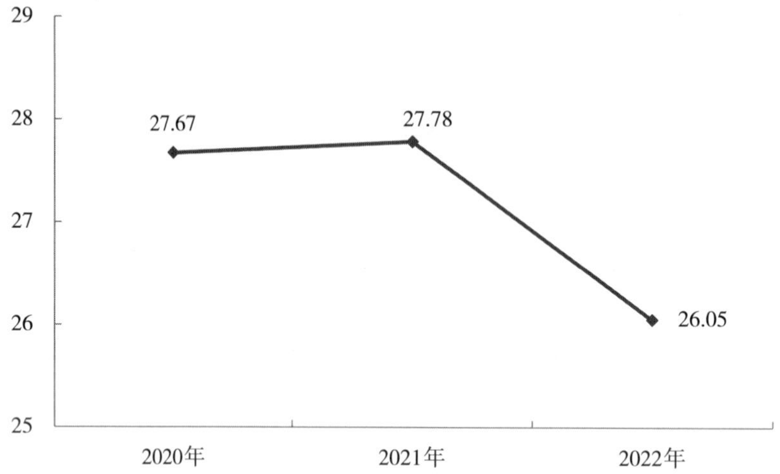

图 5　2020—2022 年主要物流节点城市仓库平均租金（单位：元/平方米·月）

2022 年我国主要物流节点城市仓库平均空置率为 13.14%，同比增加 1.14 个百分点。在总体需求基本持平、新建仓库持续投入市场的情况下，空置率有所增加。除少数几个城市外，大部分物流节点城市的仓库空置率均有不同程度上升。

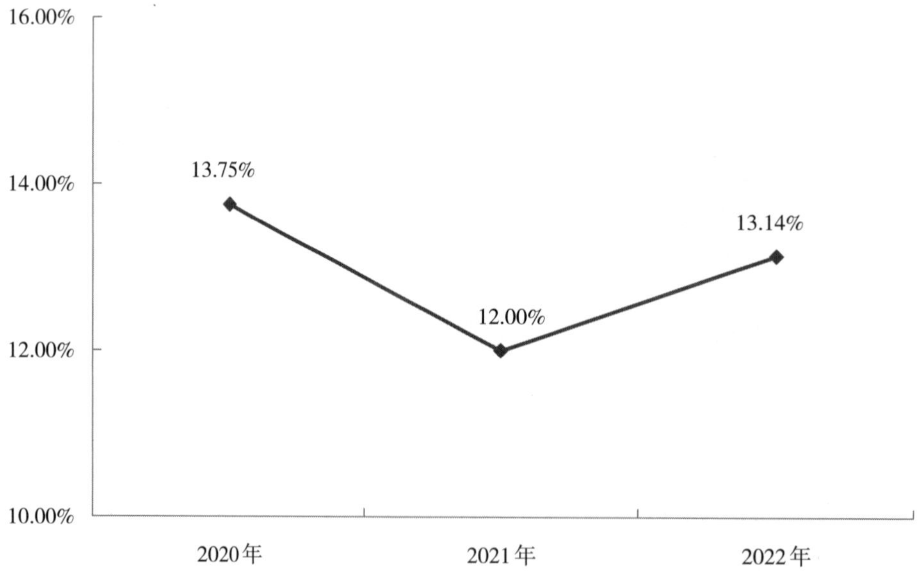

图 6　2020—2022 年主要物流节点城市仓库平均空置率（单位：%）

数据来源：物联云仓数字研究院、中国仓储与配送协会

二、2022 年行业总体发展特点

（一）市场需求：需求增长明显放缓

从消费需求角度：据统计公报显示，2022 年全年社会消费品零售总额 439733 亿元，同比下降 0.2%。其中，全年网上零售额 137853 亿元，较上年度增长 5.3%。从区域分布看，城镇消费品零售额 380448 亿元，下降 0.3%；乡村消费品零售额 59285 亿元，与上年基本持平。从消费业态看，百货店、超市门店数量下降明显，便利店、仓储会员店略有增长，直播电商、兴趣电商增长明显，社区电商延续去年态势，业务持续收缩。

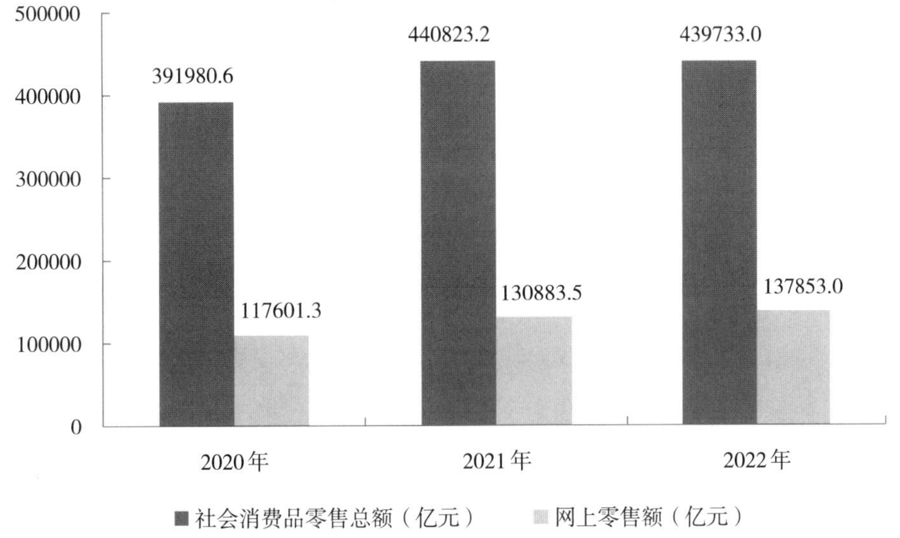

图 7　2020—2022 年社会消费品零售总额与网上零售额

从生产需求角度：商品库存周转次数意味着商品流通速度，在一定程度上可反映国民经济整体运行状况，商品周转越快，代表企业和行业发展形势越好。中国仓储与配送协会持续跟踪监测，2022 年在 21 个生产制造业、批发业和零售业中，仅医药制造业库存周转加快（由 2.78 次加快至 2.83 次），其他行业库存周转均有所放缓。其中，批发业库存周转次数虽然最高（为 9.61），但较上年度下降最多，降低了 1.42 次。

（二）政策环境：聚焦行业纾困，助力企业渡过难关

2022 年，针对外部环境复杂性和不确定性加剧、国内疫情多发等对企业经营的影响，国家出台了一系列帮扶政策，帮助企业渡过难关。国务院印发《扎实稳住经济的一揽子政策措施》，国务院促进中小企业发展工作领导小组办公室印发《加力帮扶中小微企业纾困解难若干措施》，均聚焦帮扶中小微企业纾困解难。对收费公路经营主体给予定向金融政策支持，适当降低融资成本，全国收费公路统一对货车通行费再减免 10%。

（三）行业整合：发生多起头部企业并购，行业“洗牌”加速

2022 年，行业发生多起头部企业并购案，京东产发完成中国物流资产收购、CHEP 中国 & 路凯 Loscam 大中华区合并托盘业务、两大货运 SaaS 服务企业 G7 物联与易流科技完成合并。

在需求疲软、经济下行的大背景下，头部企业通过调整业务版块、优化投资布局、出售资产、转让股份等方式，提升运营服务能力和市场竞争力，实现可持续发展。从行业发展角度，头部企业整合有利于推动资源优化、服务和效益升级。

（四）资本市场：融资笔数和金额“双降”，智能仓储持续受热捧

据不完全统计调查，2022 年仓储配送相关融资事件约 123 起，公开融资金额超 580 亿元，相较于 2021 年，融资笔数降低约 45%，融资金额降幅达 70%以上。

从融资轮次看，A/A +轮、B/B +轮融资，高于其他轮次。

从细分领域看，无人/自动驾驶、仓储机器人持续受资本青睐，融资笔数占比分别为 39. 8%和 20. 3%。值得注意的是，智慧物流与供应链一体化平台、供应链解决方案（以冷链、跨境为主）、碳足迹计算、碳中和绿色供应链管理服务，成为行业新的投资热点。

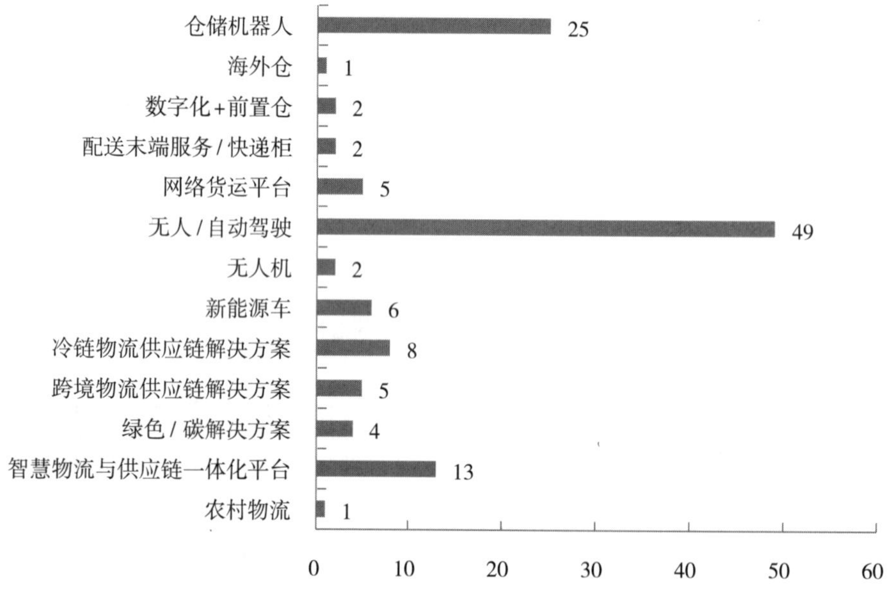

图 8　2022 年仓储配送相关融资领域分布

（五）绿色仓配：绿色化发展进入量化评估阶段，“零碳”成新焦点

自 2021 年国务院发布“双碳”工作意见和实施方案以来，仓配行业绿色发展取得有效进展。

在运营方面：交通运输部、公安部、商务部印发《城市绿色货运配送示范工程管理办法》，在已取得“绿色货运配送示范工程”成果基础上，持续加快推动城市货运配送体系绿

色低碳发展和加强示范工程管理工作规范化、制度化，保障示范工程建设有力有序推进。我国首个绿色运营国家标准《绿色仓储与配送要求及评估》（GB/T 41243）发布，提出仓储配送绿色化要求，并给出评估指标。京东物流、菜鸟、满帮等企业承诺碳减排目标、公开碳中和路径，标志着仓配绿色化运营已进入量化评估的发展阶段。

在设施方面：截至 2022 年年底，绿色仓库[①]已有 420 个（同比增长 55.6%）、面积达 2965 万平方米（同比增长 48.3%）。普洛斯、万纬物流等企业探索更高阶绿色仓储设施，相继发布“零碳园区”报告，总结分享“零碳园区”在规划建设、运营方面的实践方案。

（六）数智仓储：竞争激烈，聚焦创新升级基于应用场景的解决方案

2022 年智能仓储头部企业纷纷发布新产品或解决方案，以提升自身品牌竞争力和影响力。普罗格在十周年年会上发布了全新产品——全向箱式拣选机器人，为多层货架拣选、搬运提供新一代解决方案；旷视推出智能托盘四向车 PS1500 系列常温版和冷库版，分享“旷视河图”平台在大型托盘四向车项目中解决大规模集群调度的应用案例；极智嘉推出高存储、高吞吐的四向车上存下拣解决方案，存拣一体化颠覆自动化存取场景；海康机器人推出基于机器视觉引导的机械臂拆码垛方案，应对多 SKU、无规则的拆码垛场景，适用于各类箱体、袋类包装等，有效满足各类客户的仓储分拣自动化需求。

（七）融入供应链：多头并举推进仓配融入供应链

一是政府部门深化推进供应链试点工作。商务部持续推动供应链创新与应用示范工作，进一步扩大示范范围、提高推广效果，强调维护重要产业供应链安全、助力增强国内大循环内生动力和可靠性、推动国际循环质量和水平提升的重要意义。

二是仓配企业强化与生产制造、商贸流通企业的战略合作，通过提供多元化服务助力生产制造、商贸流通企业优化供应链流程、提升数字化能力、提高设施质量与智能化水平、实现供应链效率提升与质量提升。京东物流与飞鹤乳业共建全国中央物流配送中心实现，使作业效率提高 40%，成本降低 25%；菜鸟与中石油昆仑好客合作升级供应链，在成本不增的情况下，将门店订单满足率提升至 98%、统一配送满足率提高至 99%，送货时效缩短了 1 天。

（八）行业指导：行业组织发布仓储现代化工作指南，为行业发展提供指导

中国仓储与配送协会 2022 年年底发布首个仓储现代化工作推进指导文件《中国仓储现代化建设工作指南》。指南以习近平新时代中国特色社会主义思想为统领，紧扣“三新一高”，立足中国特色社会主义现代化的总体目标要求，立足我国仓储业目前的主要矛盾、短板与弱项和未来发展的市场需求，明确我国仓储业现代化建设总体要求，从企业层面阐述了仓储各方面现代化建设的依据、逻辑、路径、指标，从行业层面提出了推动仓储现代化建设的重点工作计划与措施，为推进实现仓储现代化提供参考。

---

① 达到行业标准《绿色仓库要求与评价》要求、获得“绿色仓库”称号的仓库。

三、2022 年重点领域发展特点

（一）冷链物流：多部门资金支持冷链设施建设，10 余省出台冷链物流规划或实施方案

继《“十四五”冷链物流发展规划》发布后，相关部委及各级地方政府部门进一步加大对冷链物流发展的支持力度。

国家发展改革委下达 14 亿元城乡冷链和国家物流枢纽建设专项中央资金，支持公共冷库新建、改扩建、智能化改造及相关配套设施项目。农业农村部办公厅、财政部办公厅发布《关于做好 2022 年农产品产地冷藏保鲜设施建设工作的通知》，推动冷链物流服务网络向农村延伸。中华全国供销合作总社发布《全国供销合作社“十四五”公共型农产品冷链物流发展专项规划》明确，系统将建成 600 个县域产地农产品冷链物流中心、100 个农产品冷链物流枢纽基地、200 个城市销地农产品冷链物流中心。

安徽、甘肃、江苏、浙江、辽宁、青海、福建、广东、海南等发布“十四五”冷链物流发展规划或发展实施方案，从冷链基础设施、技术装备、运输服务组织模式、冷链监管体系、政策支持保障等方面，加快建设冷链物流服务网络，推进冷链物流高质量发展。

（二）云仓模式：服务领域、服务能力逐步深化

云仓模式最初在电商快递领域产生，逐步扩展到产业领域，通过数字化平台链接打通全国各地仓储设施，实现仓配资源高效协同、库存合理布局、就近发货、订单快速响应。2022 年，云仓模式发展取得较好成果。以电商快递为代表的云仓，逐渐扩大服务规模和服务领域，如京东云仓合作的云仓数量已超过 2000 个，中通云仓整合仓储设施规模已超 200 万平方米，服务场景由最初的传统电商向社交电商、直播电商、生产企业、品牌商家、连锁门店等扩展。以聚焦产业服务为代表的云仓，一方面整合线上线下全渠道需求，另一方面整合全国仓配资源，实现产业仓配服务水平的提升，如专注于酒水饮料的一号云仓，为全国经销商提供满足不同渠道需求、不同服务要求、不同计费模式的灵活到店到家仓配一体化服务。

近年来，随着线上线下全渠道销售需要、新技术创新应用，云仓模式的适用场景逐步扩展，由电商快递领域向垂直产业链延展，由电商快递企业主导向第三方仓配、物流及供应链企业多元化延伸、由面向 C 端消费向 B 端仓配一体化延伸、由以提升消费者服务体验为目的向为客户提供综合物流解决方案、优化供应链等延伸。

（三）即时配送：即时零售需求待续释放，即时配送注重服务能力提升

为增强客户粘度、进一步促进消费，以商超、餐饮为代表的线下门店，持续扩展线上即时零售业务，拉动即时配送需求的增长。天虹股份大力发展线上“到家”业务；海底捞、Manner Coffee 等餐饮企业在全国进一步扩大外卖业务范围。此外，美团闪购创新“闪电仓”模式，打造“前置仓+即时配送”新仓配业务模型，为即时配送带来新的业务量。

已布局即时配送的企业，持续深化服务能力。顺丰同城推出一站式、可控可视可管的即

时物流系统“丰配云”，为各业态商家量身打造全场景、全流程的即配服务体系；安迅物流为客户提供专属运力驻店服务，订单第一时间响应，同时通过自建平台的自有运力和众包运力作为补充实现全天候服务；达达优拣“众包拣货”模式，为客户提供众包拣货员招募、全渠道订单拣货和拣货流程数字化管理等服务。

（四）金融仓储：标准化电子仓单融资获金融监管部门认可，全国性可流转仓单体系运营取得初步成效

中国银保监会、中国人民银行发布《关于推动动产和权利融资业务健康发展的指导意见》，提出支持银行机构接受监管方签发的标准化、格式化电子仓单，并开展融资。文件指出，仓储企业出具的标准化、格式化电子仓单具有融资属性，也是可以进行融资的“担保品”，为下一步信贷机构开展电子仓单融资打开“大门”奠定了基础。

2022 年全国仓单信息登记平台进入正式运营阶段，并取得 3 个方面成果：一是形成 2 个细分品类标准、接入 4 个仓单运营平台、登记 200 多份电子仓单；二是形成了“仓库档案、货权公示、仓单登记、企业自律”系列行业服务平台，为 4500 余个仓库建立电子档案、为 300 多家企业公示自律承诺书；三是打造“货权管理服务平台”，为货物权利人保障其权利提供基础服务支持。

（五）国际仓配：海外仓储网持续完善，海外仓企业向供应链一体化企业转型

据中国仓储与配送协会海外仓分会统计调查，2022 年海外仓建设仍保持稳步增长。截至 2022 年年底，我国分布在全球的海外仓数量已超过 2600 个，同比增长 30%；总面积超 2000 万平方米，同比增长 25%。京东物流洛杉矶和迪拜智能仓库投入使用、中国外运老挝万象箱管仓储中心正式运营、菜鸟以色列海外仓正式启用等，都标志着海外仓储网络的进一步完善。

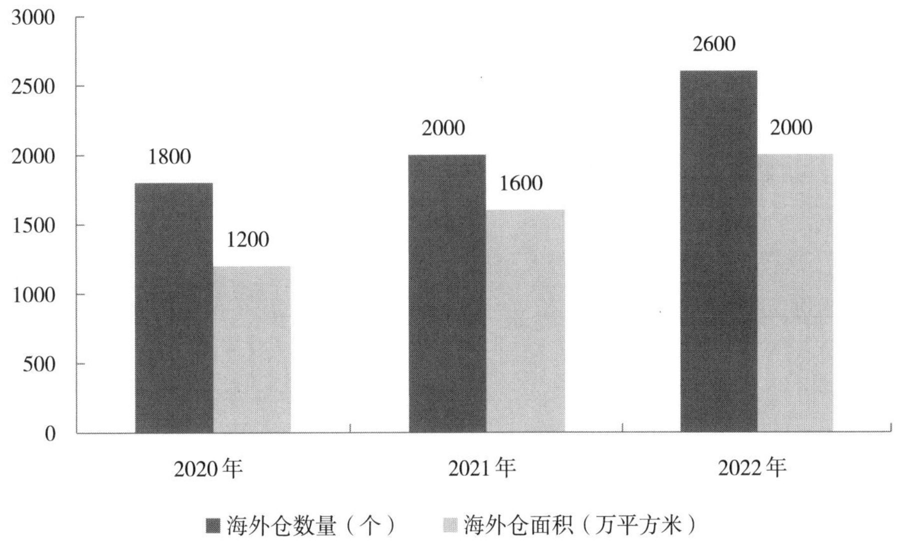

图 9　2020—2022 年海外仓规模

然而，地区冲突、国际贸易波动较大、跨境电商需求疲软等原因，导致北美及亚洲部分海外仓空置率有所上升。面对日趋不稳定的国际形势，有丰富运营经验的海外仓企业与拥有头程干线运输载具的国央企或拥有本土销售渠道的分销商，通过资源整合或并购重组等方式，向一站式供应链服务商转型升级，通过建立一体化服务能力，增强以海外仓为支点的跨境供应链的稳定性和柔韧性。

四、行业面临形势

（一）不利形势

进入 2023 年，新冠疫情给仓储配送业发展带来的负面影响逐步减弱。后疫情时代，消费理念发生变化、企业调整发展战略、全球经济面临严峻形势，行业仍面临诸多挑战。

从外部环境看，全球经济萎缩、国外制造业“回流”或迁出中国、合作贸易政策限制、海外订单减少等；国内电商增长放缓、居民消费谨慎、制造与商贸企业自身生存发展困难、产业处于转型升级的特殊时期等，均导致仓配需求很难有明显的增长，甚至有所减少。

从企业内部看，仓配服务型企业人力成本持续上升，同时客户为降低成本压低仓配服务价格，导致企业经营“两面承压”，服务功能单一、专业水平低、“微盈利”或“零利润”、回款周期长等经营问题将更加突出；仓储地产型企业，因市场需求增长放缓，将面临仓库空置率上升、租金水平下降的发展困境。未来一个时期，企业间的“价格战”将更为激烈，企业面临的生存环境将更加艰难。

（二）有利形势

从国家政策看，物流对国际国内生产生活的保障作用显露无疑，国家为保证供应链的持续稳定与安全，高度重视物流业发展。2022 年 12 月，国务院办公厅印发《“十四五”现代物流发展规划》，在物流已有“先导性、基础性、战略性”定位基础上，强化了其在“延伸产业链、提升价值链、打造供应链”的重要地位。规划围绕资源整合集聚、服务数智化升级与创新、补齐农村短板、一体化运作衔接、绿色低碳发展、末端提档升级、健全国际网络等方面，对“十四五”时期仓配现代化发展提出要求，做出全局性、系统性、战略性部署。与此同时，为仓配企业未来往哪发展、如何发展提供指引。

从发展机遇看，由于经济增长趋缓，生产制造与商贸流通企业开始过“紧日子”，越发重视物流与供应链的效率和成本，开展精细化管理，追求上下游之间资源整合、高效协调等，这将为仓配企业在国内的发展带来新机会；同时，随着“一带一路”的建设，物流需求不断释放，为仓配企业在海外发展带来新的空间。

五、行业趋势展望

面对错综复杂的发展形势，行业未来发展势必要以把握新发展阶段、贯彻新发展理念、构建新发展格局为核心，走上高质量发展、现代化升级之路。仓配企业应立足生产制造和商贸流通企业现代化物流需求和供应链优化需要，回归仓配行业“服务”本质，通过提升自身，实现可持续发展，重点要关注以下三个方向。

（一）优内部，扬专长

在行业需求增长放缓的情况下，仓配企业在存量市场中面临巨大的竞争压力，从追求规模增长向追求提质增效、高质量发展转变。以精益化理念为核心，优化内部资源和流程，避免不必要浪费，分析评估现有客户与服务内容，根据自身优势业务、专业和擅长领域，选定未来发展方向做深耕，以高效率、高质量服务留住并吸引客户。规模小、实力弱的仓配企业可致力于打造成为仓配行业的“专精特新”“小巨人”企业，以坚实的专业为基础，逐步扩大服务对象、服务领域和服务区域，成为供应链体系中不可替代的一环。

（二）善用数智化“工具”

近年来，数字化、智能化一直是行业热点，国家积极实施“上云用数赋智”行动，推动产业数字化升级。现阶段，仅头部仓配企业在探索数字技术应用与一体化平台搭建，大部分中小企业因未找到合适的应用场景、投资回报不明确、缺乏专业人员等因素，对数字化、智能化方面的投入持观望态度、热情不高。但是，随着用工成本高、人员流动性大等问题的日趋严重，仓配企业应该使用技术改变生产力、提升效能，通过应用数字化技术和智能化设备优化内部作业流程、实现自身管理提升的同时，为客户和供应链创造价值。

（三）提升端到端服务能力

面对并不乐观的经济形势、激烈的竞争环境，生产制造和商贸流通企业在供应链的布局和合作物流企业的选择上更加谨慎，为保证自身业务的稳定和安全，越来越重视端到端能力的构建，因此在选择仓配服务商时，更偏向于具有全链路、端到端、且具备柔性化服务能力的企业。有资源、有实力的仓配企业应以此为目标，不断创新服务模式、拓展服务能力和服务业态、延伸服务链条，真正实现融通供应链、提升价值链。

中国仓储与配送协会研究咨询中心　侯杰

2022 年城乡配送发展与展望

城乡高效配送体系作为现代流通体系的重要组成部分，2022 年在新冠疫情冲击、成本上升等多重压力下，总体实现平稳运行。

一、2022 年城乡配送发展

（一）市场需求保持平稳增长

城乡配送体系作为城市和县域消费的基础性保障，2022 年有力地支撑了市场需求。国家统计局数据显示，全国网上零售额 137853 亿元，较上年增长 4.0%。其中，实物商品网上零售额 119642 亿元，增长 6.2%，占社会消费品零售总额的 27.2%。城镇消费品零售额 380448 亿元，较上年下降 0.3%；乡村消费品零售额 59285 亿元，与上年基本持平。

（二）支持政策进一步向农村倾斜

2022 年，国家支持政策进一步地加快农村物流网点布局、补齐县域短板、鼓励末端共建共享共用、提升配送效率。

2 月，中央一号文件《中共中央 国务院关于做好 2022 年全面推进乡村振兴重点工作的意见》提出，加快农村物流快递网点布局，实施“快递进村”工程，鼓励发展“多站合一”的乡镇客货邮综合服务站、“一点多能”的村级寄递物流综合服务点，推进县乡村物流共同配送，促进农村客货邮融合发展。

3 月，财政部办公厅等 3 部门发布《关于支持实施县域商业建设行动的通知》，通过中央财政资金引导支持补齐县域商业基础设施短板、完善县乡村三级物流配送体系、改善优化县域消费渠道、增强农村产品上行动能、提高生活服务供给质量等 5 个方向，加快补齐城乡配送基础设施和公共服务短板，辐射带动县域商业整体提升。

6 月，商务部等 8 部门发布《关于加快贯通县乡村电子商务体系和快递物流配送体系有关工作的通知》，鼓励电子商务、邮政、供销、快递、物流、商贸流通等各类主体开展市场化合作，推动仓储、揽收、分拣、运输、配送“五统一”，场地、车辆、人员、运营、管理“五整合”，提升快递物流配送能力。

（三）城乡配送网络逐步下沉

完善发展农村配送网络是促进城乡生产和消费有效衔接的重要举措，是全面推进乡村振兴、构建新发展格局的客观要求。2022 年，我国积极健全县、乡、村三级物流体系，全力打通农村消费升级和农产品上行的末梢循环。

在政府推进方面，商务部会同有关部门持续推动农村物流配送体系建设，累计支持建设县级电商公共服务中心 1489 个、物流配送中心 2600 余个、村级电商物流服务站点 15.3 万个，推动各地加快完善农村现代商贸流通体系。国家乡村振兴局统筹推进县域商业建设行动，加快补齐基础设施和公共服务短板，辐射带动县域商业整体提升，支持各地启动建设改造 430 个县级物流配送中心、1600 个乡镇商贸中心，在县乡积极提升物流仓储、分拨处理能力。国家邮政局整合村邮站、三农服务站、村里小商超等，布局了 42 万个“邮乐购”电商服务站点，每天可支撑 1 亿多件包裹在农村进出。

在企业发展方面，美团优选超过一半的自提点位于乡镇，“今日下单、次日自提”服务模式已覆盖全国 2000 余市县；菜鸟乡村在全国 1200 多个县，支持数千家快递企业建设县乡村三级共配站点 4.7 万个（城乡公共服务站 3.7 万个、村级公共服务站 1 万个），较 2021 年增加 17.5%，其中村级站点增加 25%。

（四）即时配送新模式迅猛发展

商务部发布《2022 年上半年中国网络零售市场发展报告》，首次提出“即时零售”的概念，并强调其在线上线下深度融合方面的作用。即时零售的兴起，带动同城范围内的即时配送服务迎来新一轮高增长。据有关行业协会介绍，2022 年我国即时配送订单超过 400 亿单，同比增长 30%左右，市场规模约 2000 亿元。

从竞争格局来看，除以餐饮外卖为主的美团与饿了么外，生鲜宅配、商超零售、医药配送及跑腿服务均呈现竞争者入局，赛道参与企业众多。以抖音为代表的短视频平台，加速布局本地生活的到家业务；顺丰同城和达达自建即时配送网络，打造全场景服务体系。

（五）先进技术应用步伐加快

招工难、用工贵、人员流动性大等问题，让越来越多的企业选择使用智能设备取代人工，倒逼城乡配送企业加快先进技术的应用。随着仓配一体化模式的逐渐普及，企业的先进技术应用也主要集中在仓储端和配送端。

在仓储端，智能仓储设备市场发展环境良好，行业确定性越来越强，在 2022 年市场环境不及预期的情况下，无人叉车市场增速有所放缓，但仍维持在 45%以上，市场规模达 21.40 亿元①；自动分拣设备市场 2022 年市场规模达 290 亿元②。

在配送端，京东物流投入 1000 台换电新能源车，成为全国首家规模化投入换电新能源车的物流企业，京东物流预计将减少所在物流园区超 20%的投放车辆，单车碳减排量将提升超 15%，综合碳减排量提升近 35%。远程绿色城运与唯捷城配在杭州举办签约仪式，达成年度

① 数据来源：高工机器人产业研究所。
② 数据来源：中商产业研究院。

500台定制运力解决方案，向唯捷城配提供增程式冷藏车。

（六）城乡配送创新模式提炼成型

为进一步深化城乡高效配送体系建设，做好城乡高效配送专项行动与商贸物流高质量发展专项行动的有序衔接，推动城乡高效配送相关工作在“十四五”时期取得新成效。2022年，商务部等5部门总结城乡高效配送专项行动的经验和做法，提炼形成了城乡高效配送5大类16种典型模式，包括共享仓储的仓配一体化模式、经销商统仓共配模式、末端网点共建共享模式、产地仓直发配送模式；共享运力的零担运输“落地配”模式、县乡往返共同配送模式、生鲜集采共配模式、批发市场共同配送模式、单元化配送模式；共享技术的无接触配送模式；共享平台的城市配送公共信息平台模式、云仓统一配送模式、网络货运配送模式；共享供应链的线上线下统一配送模式、连锁企业统一配送模式、城市社区集中配送模式，为企业提供指导和参考。

二、2023年城乡配送趋势展望

2023年，是“十四五”规划承上启下的关键一年，也是优化调整疫情防控政策后第一年。新的一年，城乡配送持续向好。

（一）企业谋求数智化转型

随着我国人口红利逐步减弱，配送司机、快递小哥、仓库管理员等一线人员“招工难”问题越来越突出。以往依托于“人海战术”的模式已逐渐失效，物流业实施数字化、智能化转型升级变得尤为重要。可以预见，未来城乡配送企业加大自动化、数字化、智能化投入是必然趋势。

（二）即时配送机遇与挑战并存

后疫情时代，即时配送将迎来更多的机遇与挑战。对消费者来说，即时到家服务也会引起他们的较大兴趣和较高期待，如“医药到家”“服装到家”等，未来即时配送的机遇将不会局限于餐饮、生鲜等已发展多年的消费领域，其他行业也将会产生更多可行的即时到家方案。对城配企业来说，面对巨大的市场需求，要注重仓储、拣货、打包、交接、配送、售后等全链路各环节的协同，增强C端履约能力，才能做到效果与效率的双重提升，机遇与挑战并存。

（三）城乡配送绿色低碳化发展

绿色发展是城乡配送发展的必然趋势，大力发展共同配送、加快推动新能源技术发展和充电基础设施网络建设，是降低配送碳排放，促进绿色发展的有效路径。一是模式驱动，共建、共享、共用。物流业具有天然的共享因子，借助于物联网、大数据、云计算等技术，实现资源信息共享，围绕共享仓储、共享运力、共享技术、共享平台与共享供应链，实现共同配送、集约配送、车货高效匹配、仓储设施与技术设备共享共用，可以降低成本，提升效率，实现节能降耗，减少碳排放。二是大力推广绿色车辆的应用。受限于国内不完善的充电设施网络，以及电动车自身续航里程较短、充电时间较长等技术缺陷，在城市配送中，目前纯电动车并没有完全替代燃油车，电动车与燃油车混合配送将持续很长一段时间。

中国仓储与配送协会共同配送分会　付家文

2022 年金融仓储发展与展望

在国家主管部门、行业组织、业内人士的共同努力下，我国存货（仓单）融资和金融仓储虽然面临各种艰巨的挑战，但由于其巨大的市场空间，以及对实体经济的作用，存货（仓单）融资行业发展环境持续优化，金融仓储规模略有提升。在行业监管、行业自律等共同推动下，随着信息化、数字化手段的加快应用，存货（仓单）融资得到发展，金融仓储更加规范，得到更多信贷机构认可。

一、2022 年金融仓储发展情况

（一）行业规模：企业数量增加，单个企业服务规模略有提升

经公开渠道检索，2022 年涉及金融仓储业务的新注册企业约 3509 家，整体呈现上升趋势。据金融仓储分会不完全调查，企业负责人的从业背景，既涉及普通仓储服务、金融、担保、保险等相关行业，又涉及房地产评估、招投标、贸易等其他服务行业。据金融仓储分会不完全统计，2022 年金融仓储企业监管（监控）存货对应的平均贷款金额为 20. 93 亿元，同比增长 0. 72%，如图 1 所示。

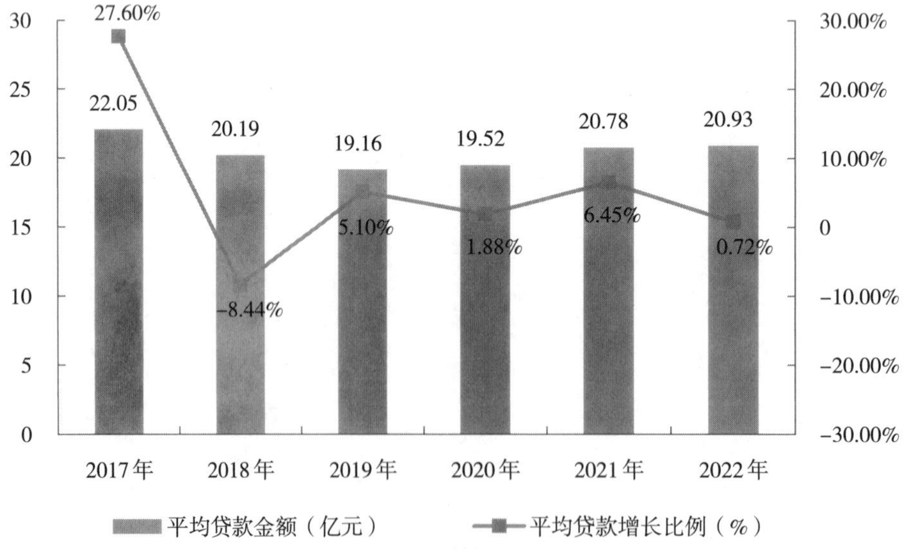

图 1　金融仓储企业监管（监控）存货对应的平均贷款金额及增长比例

（二）服务的信贷机构：仍以银行机构为主

按信贷机构存货融资发放贷款的项目数量，银行机构仍是主体。大型国有控股商业银行占比为8.46%，全国股份制商业银行占比为9.84%，城市商业银行占比为15.45%，政策性银行占比为1.17%，农村信用社、农村商业银行、村镇银行占比为51.38%，其他信贷机构占比为13.7%。

按信贷机构存货融资发放贷款的金额，大型国有控股商业银行占比为30.91%，全国股份制商业银行占比为11.83%，城市商业银行占比为24.96%，政策性银行占比为0.94%，农村信用社、农村商业银行、村镇银行占比为20.05%，其他信贷机构占比为11.31%。

两组数据对比，大型国有控股商业银行虽然发放贷款的项目数量较少，但发放贷款的金额占比大。农村信用社、农村商业银行、村镇银行等，虽然单笔项目的放贷金额少，但项目数量较多，可以满足更多中小借款人的融资需求。

表1 2022年金融仓储企业服务信贷机构存货融资项目占比（%）

	大型国有控股商业银行	全国股份制商业银行	城市商业银行	政策性银行	农村信用社、农村商业银行、村镇银行	其他信贷机构
2022年	8.46	9.84	15.45	1.17	51.38	13.7
2021年	7.58	8.81	14.55	1.43	53.07	14.56
增降幅度	11.61	11.69	6.19	-18.18	-3.18	-5.91

数据来源：中国仓储与配送协会金融仓储分会

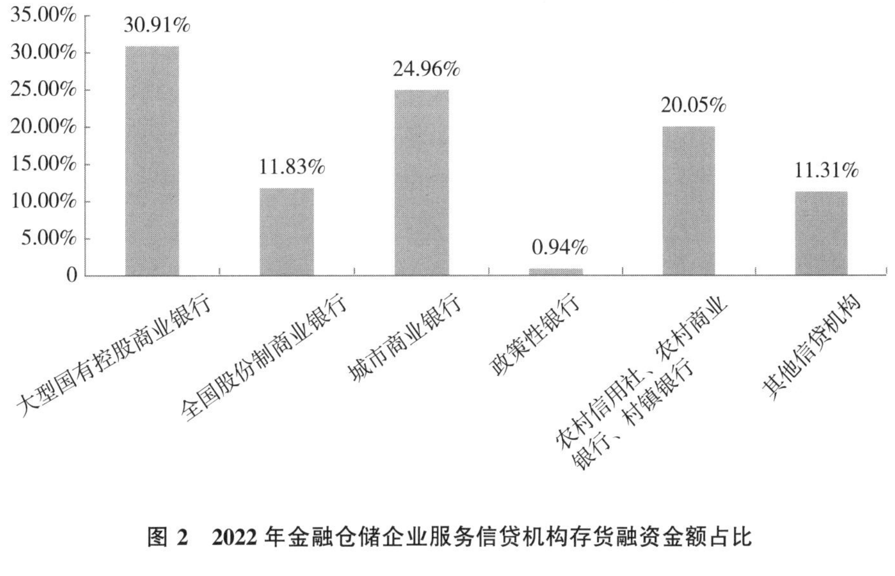

图2 2022年金融仓储企业服务信贷机构存货融资金额占比

据金融仓储分会不完全调查，越来越多的信贷机构开发了存货融资产品，特别是地方银行为支持当地经济发展，非常重视通过存货融资产品解决企业融资问题。例如，吉林地区有53家农商行以及信用社已经开发存货融资产品，实际开展业务的有23家左右。同时，越来越多信贷机构的存货融资产品关注业务本质，如中国农业银行的存货产品明确提供“重视存货本身变现能力”等。

（三）服务的借款人：借款企业增多，个体经营者明显增加

据金融仓储分会不完全统计调查，金融仓储企业平均服务的借款人数量为86个，同比增长45.5%；平均监管点与监控点数量（以独立库区为单位）为232个，同比增长60%，其中，监控点数量占比为67.8%，成为主要业务模式。

受国家支持实体经济、乡村振兴、普惠金融等政策的影响，存货融资在中药材、大蒜、水果以及活畜等农产品领域得到应用。此外，个体经营者通过存货融资解决资金问题的比例提升明显。根据金融仓储分会统计数据，金融仓储企业服务的借款人中，个体经营者占比2021年为3.64%、2022年为38.92%，增幅较大。由此看出，存货融资逐渐成为个体经营者解决融资问题的重要途径。

表2　2022年金融仓储企业服务借款企业数量占比（%）

	大型企业	中型企业	小微企业	个体经营者
2022年	6.10	24.25	30.73	38.92
2021年	8.06	45.50	42.80	3.64
增降幅度	-24.32	-46.70	-28.20	969.23

数据来源：中国仓储与配送协会金融仓储分会

（四）全国性可流转仓单体系[①]运营取得初步成效

在“全国性可流转仓单体系”中，全国唯一的仓单信息登记平台于2022年已经进入运营阶段，并取得3个方面工作成果：一是全国性可流转仓单体系进入运营状态，目前已经形成2个细分品类标准、接入4个仓单运营平台、登记200多份电子仓单；二是行业公共服务属性已经建立，形成了以“仓库档案、货权公示、仓单登记、企业自律”共同组成的系列行业服务平台，为4500余个仓库建立电子档案、为300多家企业公示自律承诺书；三是打造“货权管理服务平台”，为中小企业存货融资提供基础服务支持。

二、2022年金融仓储特点

（一）两会代表首提仓单立法

全球已有30多个国家制定了专门的仓单方面的法律，但我国还没有制定相关的法律和制

① 全国性可流转仓单体系是由仓单体系管理机构主持建立和持续管理的，以便利仓单转让、融资为主要目的，以相应的规则和技术为保障，由全国唯一的仓单信息登记平台（由中仓登运营）、仓单运营平台（若干个具备仓单全过程管理与服务的社会化服务信息系统及其运营企业）、仓单出具人及其仓库（仓储管理企业）、仓单持有人、商检计量保险机构、标准化的存货与仓单以及金融、交易等企业主体与要素共同构成的专业、透明、闭环的有机整体。

度。2022 年两会期间，多名全国人大代表和全国政协委员首次递交了“加快制定《仓单法》的提案（议案）”，建议制定《仓单法》，为仓单出具人、金融机构、仓单持有人、仓单运营平台等各方开展仓单相关业务提供更加明确、可操作性强的规则，期望以立法手段规范仓单发展。同时，联合国国际贸易法委员会和国际统一私法协会组织制定的《仓单示范法》，将于 2023 年下半年讨论通过，这也为我国探索仓单立法工作提供了借鉴。

（二）行业政策环境持续优化

近年来，国家和地方政府出台了一系列政策支持中小企业融资，政策内容大多涉及“支持信贷机构开展存货、仓单、供应链融资等业务”。多项政策体现出如下特点：一是支持探索存货（仓单）融资的创新产品；二是重视仓储、物流环节的信息互联互通，推动数字化仓库的建设与改造，推动物联网等新一代信息技术在押品管控中的应用，提升存货管理的智能化水平；三是关注薄弱领域，聚焦中小微企业融资、大宗商品融资和农业经济主体融资；四是重视金融仓储企业在保障存货安全方面的作用。2022 年 9 月，中国银保监会与中国人民银行联合印发的《关于推动动产和权利融资业务健康发展的指导意见》（银保监发〔2022〕29 号），明确提出“支持银行机构发展存货担保融资”“支持银行机构接受监管方签发的标准化、格式化电子仓单”“支持银行机构探索普通电子仓单融资”“对于合作监管方，应评估其监管能力和赔偿能力，明确准入条件，实行名单制或分级管理”。地方政府也出台了多项直达产业的支持政策，湖南、湖北、山东、河南等地多市出台了结合本地实际情况的存货融资支持政策。

（三）行业标准化工作得到信贷机构的认可与采信

依据国家标准《担保存货第三方管理规范》《仓单要素与格式规范》组织的“担保存货管理企业资质”①，得到中国银行、建设银行多地分支行、城商行、农商行的认可与采信，为金融机构落实《关于推动动产和权利融资业务健康发展的指导意见》（银保监发〔2022〕29 号）中“对于合作监管方，应明确准入条件，实行名单制或分级管理”提供参考。

行业协会组织起草的《担保存货监管协议》（CMA）、《担保存货监控协议》（SMA）② 范本得到农业银行、建设银行多地分支行、城商行、农商行的采纳与运用。湖北谊嘉金融仓储有限公司与多家银行机构签订国家标准的协议范本；在宁夏、内蒙古等地，宁夏融利源供应链管理有限公司等直接与银行签署活畜巡查监控协议（SMA）。示范协议文本的应用，既提高了作业效率，又使三方合作更加公平公正。

（四）电子仓单及其管理机制初步达成共识

《关于推动动产和权利融资业务健康发展的指导意见》（银保监发〔2022〕29 号）明确，

---

① 依据国家标准《仓单要素与格式规范》《担保存货第三方管理规范》，从企业规模、基础条件、信用条件、资本条件、仓库条件、配套设施条件、组织管理条件、担保存货管理业绩等方面开展担保存货管理企业资质评价工作。目前评价结果已经得到多地商业银行认可，并纳入管理办法及考评项目。

② 根据管理方式的不同，签署“监管协议”（CMA）与“监控协议”（SMA），明确三方的权利义务。监管协议视同仓储保管合同，也可另行签署仓储保管合同，金融仓储企业是仓储保管人，可以开具仓单。监控协议不具备“仓储合同”的要素，但具备“委托合同”的要素，金融仓储企业不是仓储保管人，不能出具仓单，只承担“核实与报告”责任，不负责仓库安保与存货保管。

除期交所体系内的仓单外，仓储企业出具的标准化、格式化的仓单，不再是“非标仓单”，而是具有融资属性、可以进行融资的担保品——“电子仓单”。中国仓储与配送协会、中国物资储运协会、中仓登数据服务有限公司联合推动电子仓单在业内普及应用，在与多家期货交易所进行深入沟通交流后，在现货仓单管理体制、仓单体系共建等方面形成市场共识，强调了仓库及仓储管理者准入与标准化管理对存货融资的重要性，以及货物权属信息公示、仓单信息公示的必要性等。

（五）服务对象多元化

金融仓储企业的服务对象由以金融机构和借款人为主，转向更多类型机构。从客户看，由以信贷机构为主，扩展至供应链公司、资产管理公司、会计师事务所等。例如，成都积微物联服务95%以上的客户为大型供应链公司；江西中江国际、江西国磊服务的客户100%均为资产管理公司；浙江长运安信为电信公司、会计师事务所提供盘点业务；恒元丰资产管理有限公司为保险公司提供巡查服务；江西国磊为融资租赁公司提供设备的监管服务等。服务内容也由单一仓储服务向产业链供应链服务发展。

（六）服务手段技术化

金融仓储企业积极探索有效的技术手段或措施，确保规范管理担保存货。一方面，单独设立监管（监控）区域并粉刷企业标识等排他性信息，配备担保存货标识，加强对担保存货的现场管理；另一方面，逐步完善担保存货管理基础设施，加大对专业技术设备的投入，运用物联网、条形码、远程视频监控系统等现代信息技术，加强信息技术的管理。例如，对散货品种的确认、产品质量的检测，以及对体积、数量、位移变动的实时监测等。

三、金融仓储发展面临的形势

我国存货总量年均超过100万亿元，但存货融资年发生额仅为5万亿~8万亿元。据相关专家估算，我国至少还有20万亿元的市场空间。与此同时，随着国家和地方政府多项支持政策的逐步落地，越来越多的信贷机构将存货（仓单）融资作为重要信贷产品，新一代信息技术在仓储业的应用更加普及，行业监管和行业自律促使金融仓储企业更加规范，行业组织积极联手共推存货（仓单）服务体系建设。这些都为存货（仓单）融资和金融仓储行业的发展提供了机会。

然而，金融仓储依然面临不利形势：一是风险事件负面影响持续存在。上海钢贸案、青岛有色金属事件已经过去近10年，但负面影响持续存在，“钢贸”依然是部分银行的黑名单。2022年，佛山铝锭案、秦皇岛精铜案等事件的发生，使信贷机构对存货融资业务持更加谨慎的态度。二是金融仓储企业服务水平需要进一步提升。新公司的进入，既为行业带来生机，又需要企业提升提供规范服务的能力。三是用于交易和融资的现货仓单不多，所谓“仓单融资”仍处于“无米可炊”或“少米可炊”的状态。一方面，由于相关法律法规对于仓单出具的要求并不完善，仓储企业不愿意出具仓单；另一方面，由于我国大部分仓储企业的管理水平有限，导致仓储企业不具备出具电子仓单的能力。

四、金融仓储发展趋势

（一）标准化、数字化的存货及仓储管理，加速存货融资业务发展

商品存货是广大中小企业可以融资的主要财产，在国际上有“仓库是实物银行”的共识。随着物联网、区块链等新一代信息技术手段在仓储行业的逐步应用，金融仓储企业可以向银行业金融机构提供与存货相关的更多可视化、数字化的信息，使得“存货”向金融机构可接受的“资产”迈进了一步。

（二）金融仓储行业趋于平台化运营

随着产业金融4.0的到来，在金融科技政策的支持下，金融机构、融资企业等多方也在探索通过存货（仓单）融资平台进行线上化业务开展和风险监管，实现基于存货（仓单）融资业务的全产业链数据互联互通，基于真实业务场景，采用物联感知技术对货物进行一对一全过程监管，采用大数据分析和智能风控技术进行风控建模，以满足金融机构的风控要求与企业业务的多样化诉求，采用标准化存货（仓单）提高数据真实性、准确性、及时性，助力企业通过存货（仓单）进行质押融资，实现整个供应链链条的数字化监管。

（三）存货管理业务模式多样化助力金融仓储企业发展

2022年调研显示，更多的金融仓储企业向资产公司、供应链公司、银行等机构提供存货监控服务，对存货的周转和企业运营进行跟踪与汇报，并对关键环节进行核实和报告。从国际实践来看，对于存货监控服务的需求更多，如发货前的存货监控、装船前的监控盘点等；还有很多大型企业需要第三方管理企业对其存货进行监控，相当于存货的外部审计。此外，全球的几大认证机构、商检机构也都涉及此类业务，将其作为供应链管理的一部分。因此，站在全球视角，我国的存货融资业务会有更多业务场景，服务更多样、场景更多元。

（四）行业公共性服务，为存货融资提供支撑

越来越多的仓储数字化平台开展电子仓单业务，但数字平台不是电子仓单业务的全部，而是其中一个高效且核心的工具。国家政策、相关法律的逐步出台，相关行业组织通过制定标准，创建仓单运营体系与管理机制，目前已经形成“仓库档案、货权公示、仓单登记、企业自律”共同组成的系列行业服务平台，并通过“货权管理服务平台”为货主和金融机构提供货权管理服务，为中小企业存货融资提供基础服务支持。

中国仓储与配送协会金融仓储分会　姜松、郭晓艳

2022 年通用仓储市场发展与展望

一、2022 年通用仓储市场分析

（一）总面积快速增长，高标库面积增速超 20%

物联云仓平台数据显示，2022 年我国通用仓储总面积达 3.86 亿平方米，同比增长 13.86%。其中，高标库面积为 14347.7 万平方米，占比 37.17%，同比增长 21.41%；非高标库面积为 24252.3 万平方米，占比 62.83%，同比增长 9.83%。

高标库能够大幅提升单位面积的存储货量、缩短分拣货物时间，从而降低单位成本，提升运营效率。自 2019 年以来，我国高标库占设施总量比例逐年提升，从占比 26.90%提高至 37.17%。但是，我国高标库占比仍然存在很大缺口。

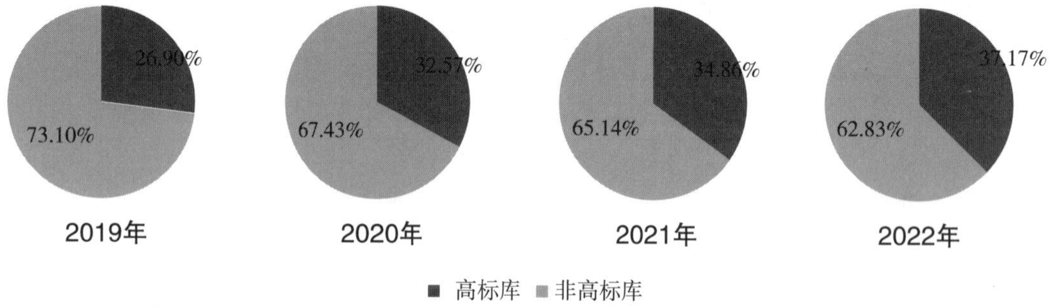

图 1　2019—2022 年中国高标库占比变化

数据来源：物联云仓数字研究院

（二）仓储资源主要集中在东部，东北地区相对较少

截至 2022 年年底，东部地区集中了全国 51.60%的仓储资源；东北地区仅占 8.37%，并且由于东北地区仓储需求有限，使得东北地区仓储市场呈现供大于求；西部地区整体上呈现缓慢增长态势。

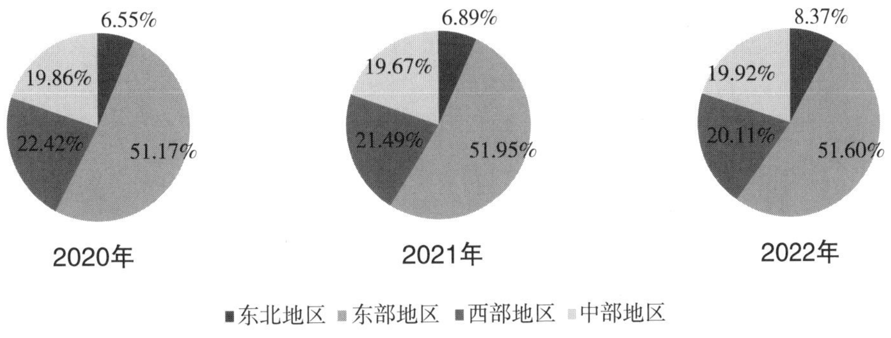

图 2　2020—2022 年区域仓储面积情况对比

数据来源：物联云仓数字研究院

东北地区：物联云仓平台数据显示，东北地区通用仓储面积约为 3231. 1 万平方米，其中高标库占比为 33. 7%。仓储资源主要分布在沈阳、哈尔滨等物流节点城市。其中，沈阳仓储资源丰富，占东北地区通用仓总面积的 42. 51%，如万纬物流、普洛斯、丰树等物流地产企业均在此布局。

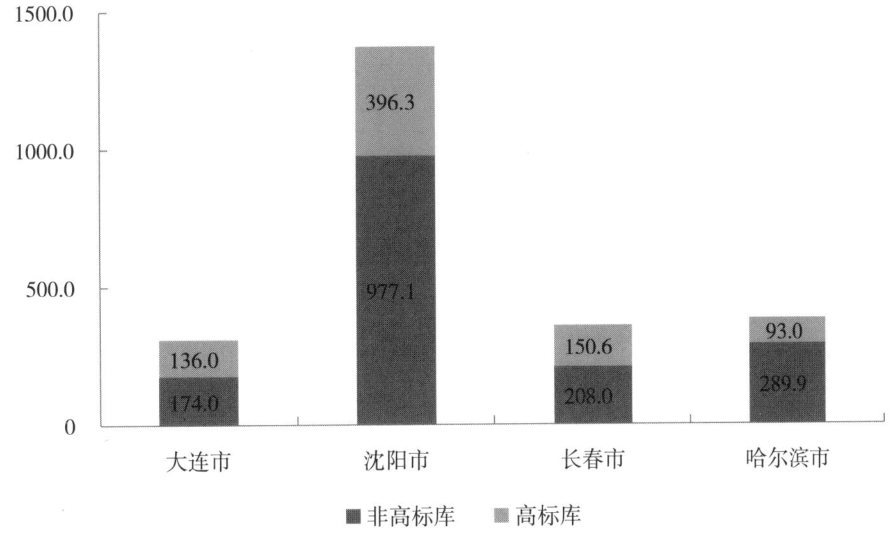

图 3　2022 年东北地区重点城市仓储面积情况（万平方米）

数据来源：物联云仓数字研究院

东部地区：物联云仓平台数据显示，东部地区通用仓储面积为 19918. 4 万平方米，其中，高标库占比为 43. 8%。东部地区仓储资源主要集聚在上海、广州、天津、苏州等节点城市。上海通用仓面积达 2108. 8 万平方米，占东部地区通用仓总面积的 10. 59%。其次为广州、天津、苏州，通用仓储资源均突破千万平方米，依次占东部地区通用仓面积的 9. 60%、8. 93%、8. 90%。

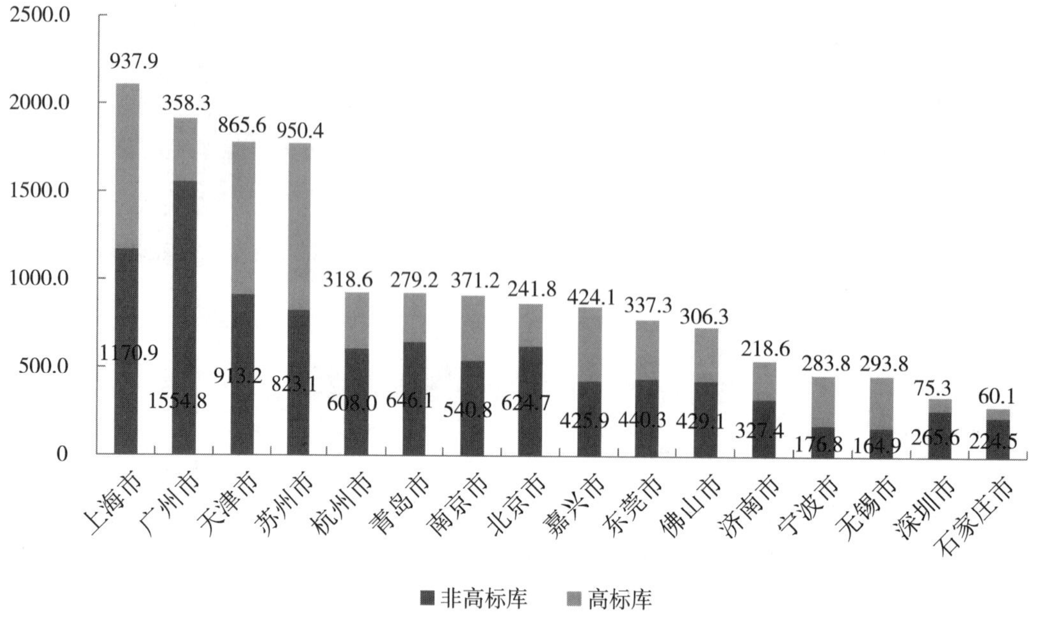

图 4　2022 年东部地区重点城市仓储面积情况（万平方米）

数据来源：物联云仓数字研究院

西部地区：物联云仓平台数据显示，西部地区通用仓储面积为 7763. 2 万平方米，其中，高标库占比为 32. 04%。西部地区仓储资源主要分布在成都、重庆、西安，通用仓储面积均突破千万平方米。其中，成都通用仓储面积为 2217. 2 万平方米，占比为 28. 52%；重庆通用仓面积为 1677. 0 万平方米，占比为 21. 60%；西安的通用仓储面积次于成都、重庆，但与 2019 年相比，西安通用仓储面积增加近 43%，增长态势强劲。

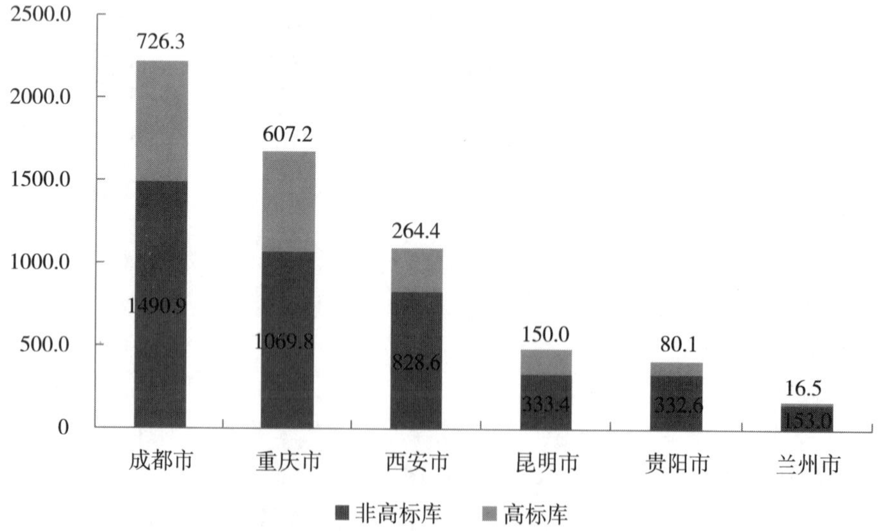

图 5　2022 年西部地区重点城市仓储面积情况（万平方米）

数据来源：物联云仓数字研究院

中部地区：物联云仓平台数据显示，中部地区通用仓储面积为 7687.3 万平方米，其中，高标库占比为 29.17%。武汉、郑州凭借交通区域位置优势，成为中部地区仓储资源较多的城市。武汉通用仓储面积为 2148.2 万平方米，占中部地区通用仓面积的 27.94%；郑州是中国最大的铁路集装箱货运中心，亚洲最大列车编组站位于郑州，“米”字形高铁基本形成，郑欧班列已经实现“去 11 回 9”，综合指标全国第二，通用仓储面积为 1664.5 万平方米，占中部地区通用仓面积的 21.65%。

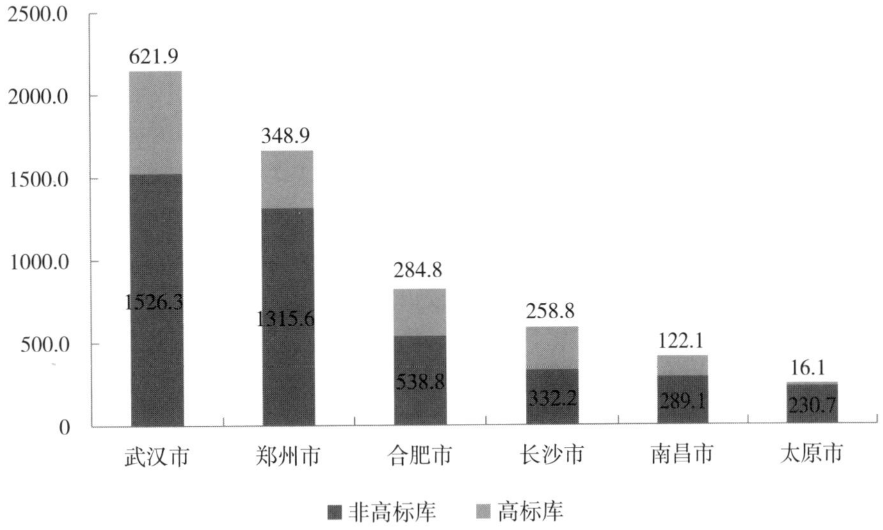

图 6　2022 年中部地区重点城市仓储面积情况（万平方米）

数据来源：物联云仓数字研究院

注：本报告选择的重点城市为我国 32 个主要物流节点城市。东北地区：哈尔滨、沈阳、大连、长春。东部地区：北京、上海、深圳、天津、石家庄、济南、青岛、广州、东莞、佛山、嘉兴、杭州、宁波、南京、无锡、苏州。中部地区：合肥、南昌、太原、武汉、长沙、郑州。西部地区：重庆、成都、贵阳、昆明、西安、兰州。

（三）仓储市场需求结构多样

需求走势呈下降态势，市场亟待多方发力激活。经济下行压力加大、疫情防控形势严峻复杂、企业生产力受限等因素，使企业生产经营活动和终端消费活动受到影响，导致仓储业务活动较为低迷。

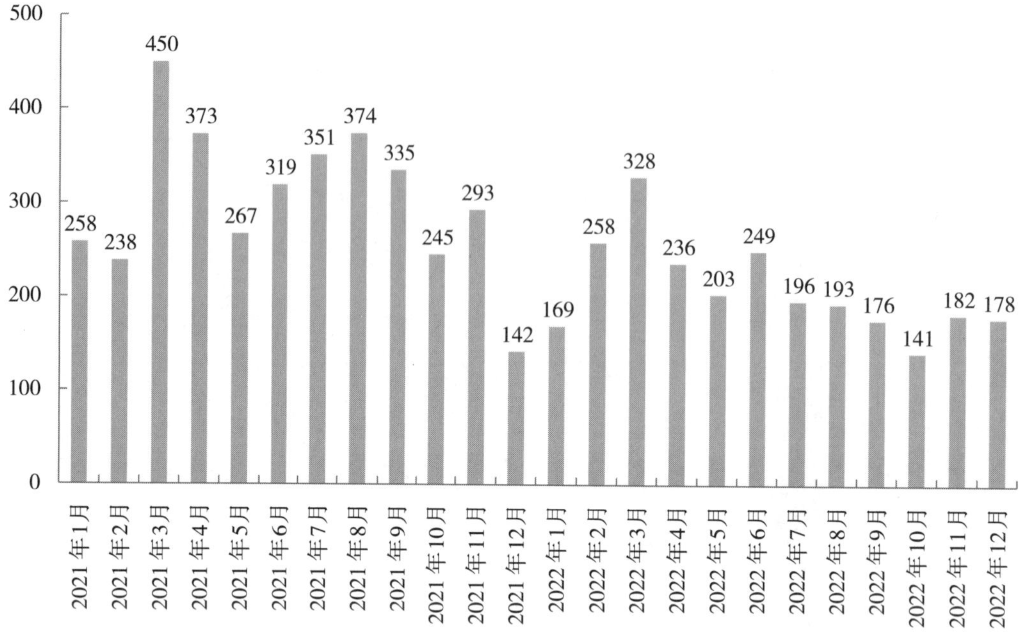

图7　2021—2022年通用仓需求走势情况（按需求条数）

数据来源：物联云仓数字研究院

按仓库规模划分，1000平方米以下的仓储需求旺盛，需求条数占51.62%；其次为1000~1999平方米，需求条数占15.33%；7000~7999平方米的仓储需求相对较少，仅占需求条数的0.40%。

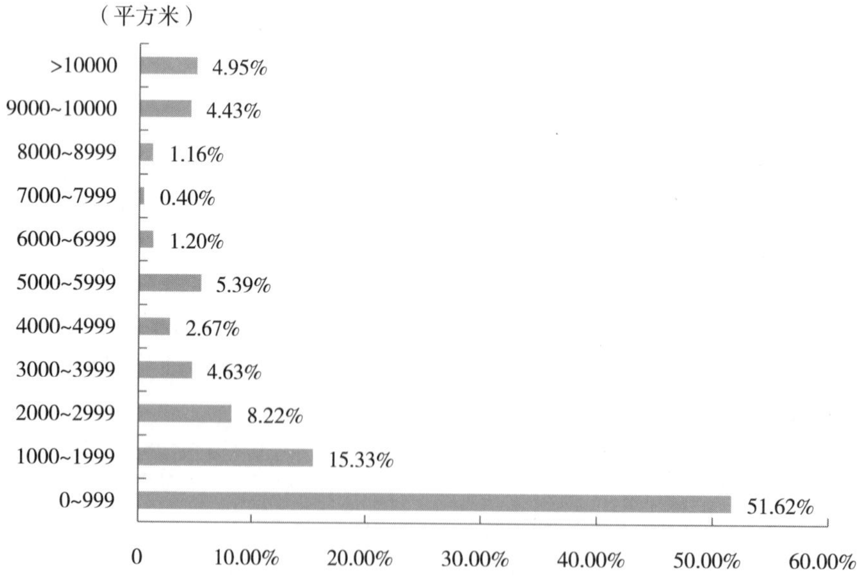

图8　2022年通用仓储需求面积段情况（按需求条数）

数据来源：物联云仓数字研究院

从需求结构来看，仓库租赁一直为主要需求，2022 年仓库租赁需求占比最大达 86.21%；其次为仓配一体，占比 11.49%。就目前形式来看，我国仓配一体需求还相对较低，在经济大环境的压力下，部分企业对仓配企业的落地持谨慎和保守态度。

从地区分布来看，东部地区是我国经济最为发达的区域，2022 年的仓储需求占比为 56.67%；其次为西部地区、中部地区，占比分别为 22.52%、15.32%；东北地区相对较少，仅占比 5.49%。

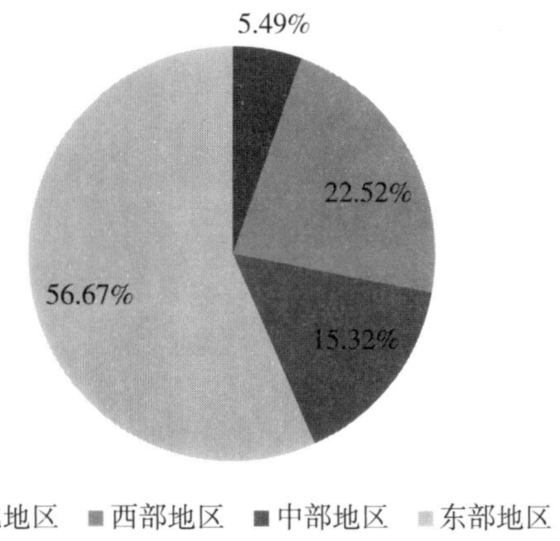

图 9　2022 年通用仓重点需求分布情况

数据来源：物联云仓数字研究院

（四）租金、空置率走势相对平稳

租金整体下降态势，空置率基本稳定。2022 年，全国 32 个主要物流节点城市仓库平均租金为 26.05 元/平方米· 月，同比降低 6.22%；空置率为 13.14%，同比增加 1.14 个百分点。租金下降主要有两方面原因，一方面受新冠疫情影响，各行业受到冲击，租赁市场活跃度偏低，租金持续下滑；另一方面，部分一线城市受到卫星城市的影响，租金增幅放缓。卫星城市可提供比一线城市最多便宜 25%的租金，对租户产生了吸引力，使得一线城市与卫星城市的业主开展竞争。

东北地区租金低于平均水平，空置率高于全国水平。东北地区平均租金为 16.60 元/平方米·月，低于全国平均租金 35%；空置率相对较高，尤其是大连的空置率达到 26.31%，使得当地租金位于低位。

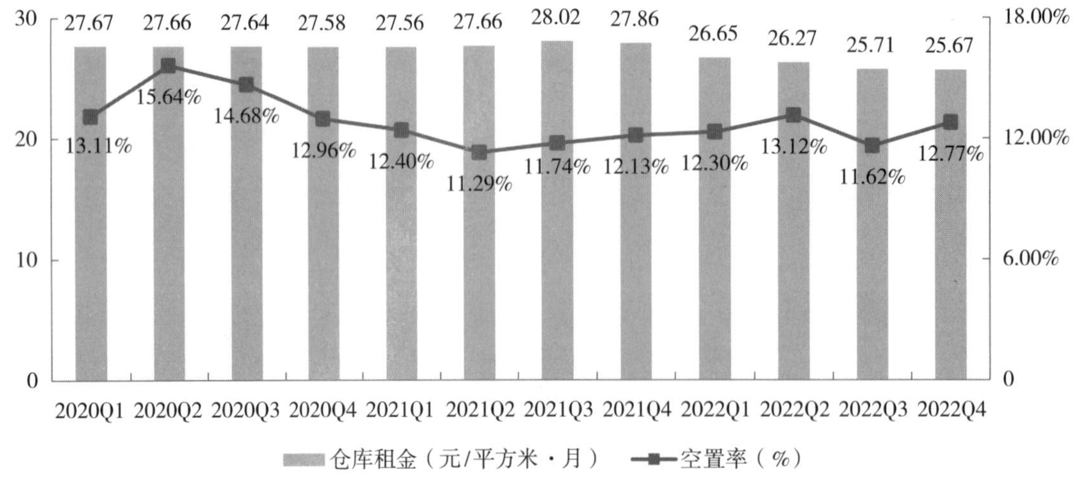

图 10　2020—2022 年全国 32 个重点城市仓库租金与空置率走势

数据来源：物联云仓数字研究院

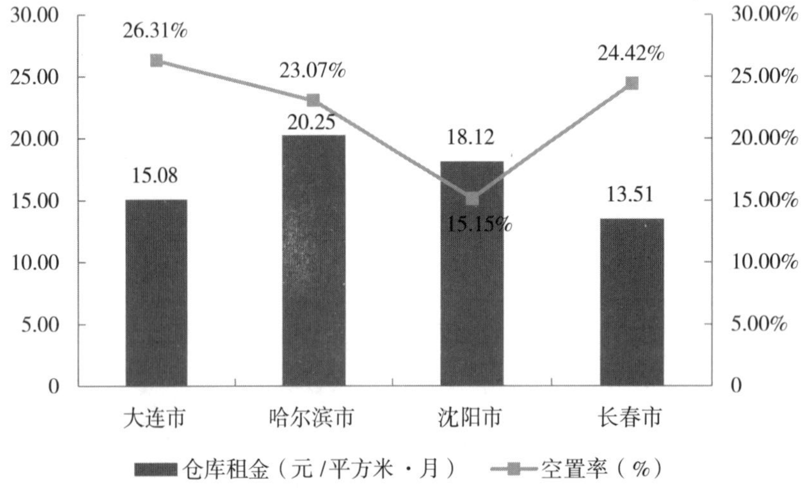

图 11　2022 年东北地区重点城市仓库租金与空置率情况

数据来源：物联云仓数字研究院

东部地区分布多个超大城市，人员密集、土地资源稀缺，仓储租金高于其他地区，尤其是北京、上海、深圳的仓储需求旺盛，租金居高不下，均高于 40 元/平方米·月。东部地区空置率也相对较低，尤其是无锡集成电路、生物医药、汽车等产业发达，仓储需求较为旺盛，使得空置率较低。

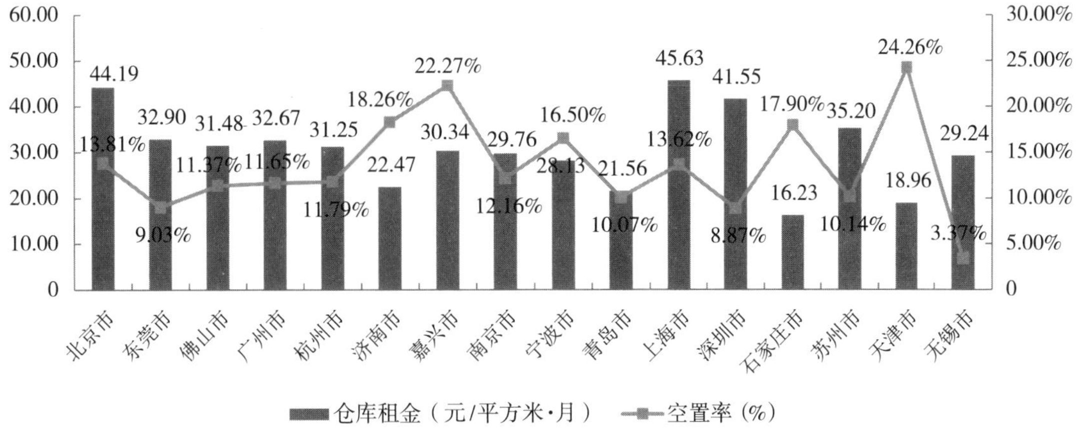

图 12　2022 年东部地区重点城市仓库租金与空置率情况

数据来源：物联云仓数字研究院

西部地区昆明租金最高，重庆、成都空置率较高。近年来，成渝地区不断完善的基建和夯实的消费基础一直吸引着众多国内外知名开发商积极布局，仓储资源达到供应高峰，但受新冠疫情的影响，仓储租赁需求有限，导致成渝仓储物流市场空置率走高，租金承受下行压力。昆明本地仓储资源有限，需求日益增加，空置率有所减少，租金也略有上涨。

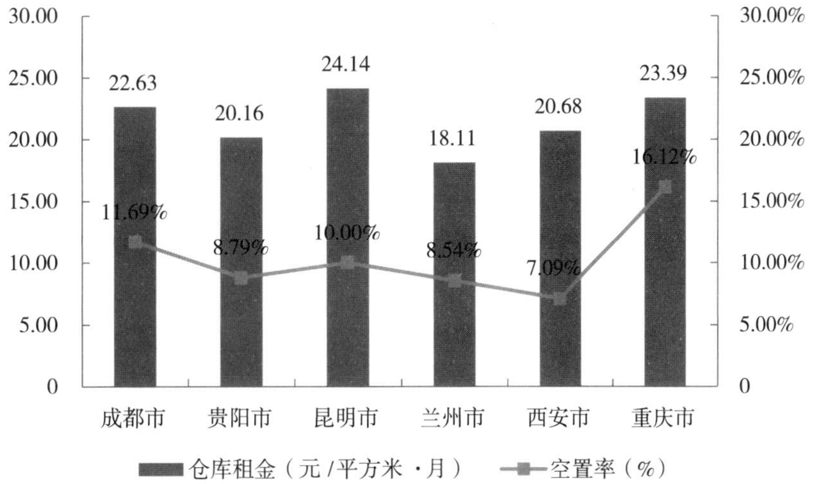

图 13　2022 年西部地区重点城市仓库租金与空置率情况

数据来源：物联云仓数字研究院

中部地区经济实力仅次于东部地区。武汉等地受新冠疫情的影响，仓储设施供大于求，尤其是武汉地区，多个小型企业倒闭，部分中型企业缩减租仓面积，仓库空置率随之上升；合肥交通枢纽地位逐步提升，其仓储物流行业迎来了广阔的发展空间，成为空置率较低的城市。

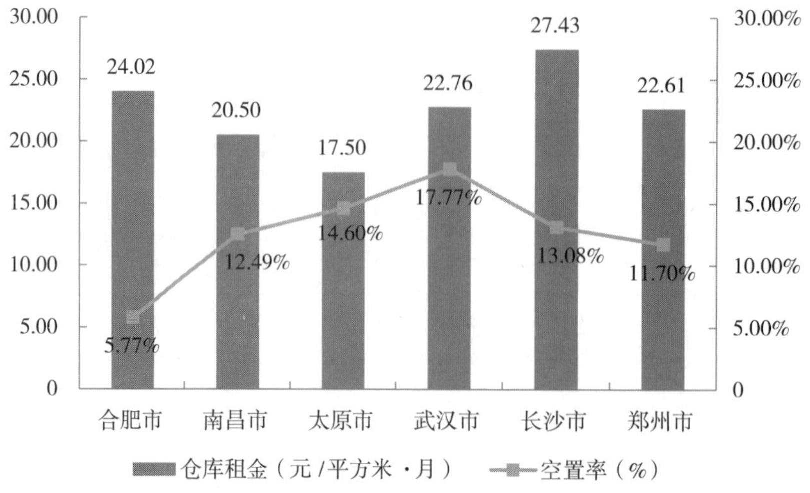

图 14　2022 年中部地区重点城市仓库租金与空置率情况

数据来源：物联云仓数字研究院

二、2022 年仓储用地交易情况

（一）土地成交宗数逐年增加

据不完全统计，2022 年我国仓储用地出让共计 2972 宗，土地出让面积为 13182.4 万平方米，成交地面均价为 39.23 万元/亩。

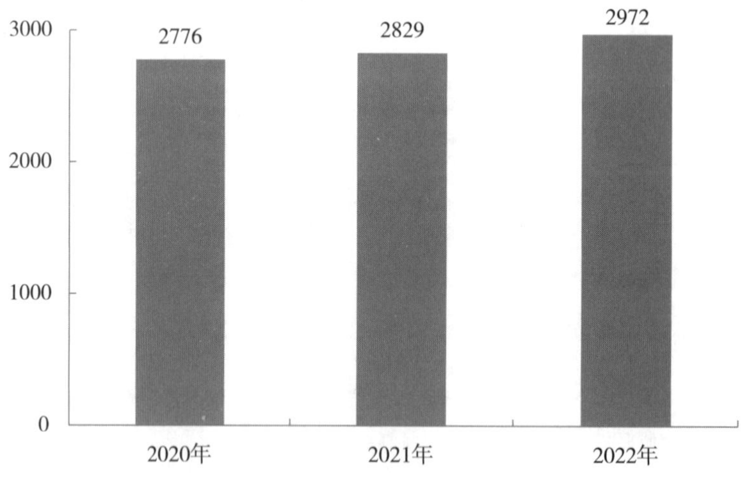

图 15　2020—2022 年中国仓储用地交易宗数

数据来源：中国土地市场交易网、物联云仓数字研究院整理

按季度划分，四季度是交易高峰。2022 年仓储用地交易一季度成交 575 宗、二季度成交 539 宗、三季度成交 732 宗、四季度成交 1126 宗。其中 12 月为全年高峰，达 471 宗。

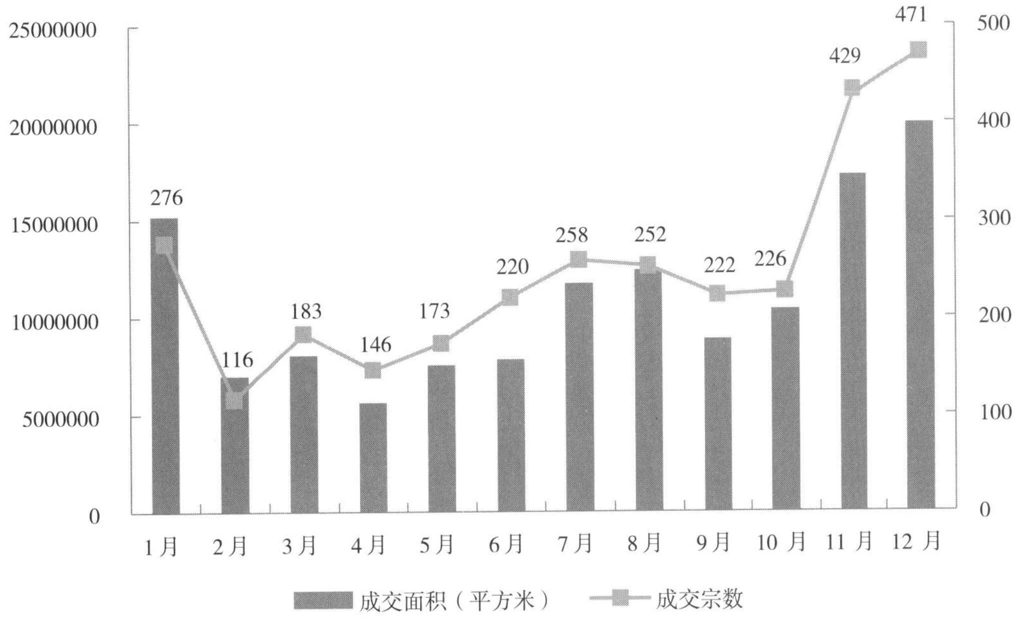

图16　2022年中国仓储用地成交面积及总数月度分布

数据来源：中国土地市场交易网、物联云仓数字研究院整理

按地区划分，东部地区为土地成交集聚地。据统计，2022年，东部仓储用地成交885宗，出让面积4934.98万平方米，占全国仓储用地交易的38%；西部地区仓储用地成交934宗，出让面积4211.39万平方米，占全国仓储用地交易的32%；中部地区仓储用地成交729宗，出让面积2561.12万平方米，占全国仓储用地交易的19%；东北地区仓储用地成交424宗，出让面积1474.94万平方米，占全国仓储用地交易的11%。

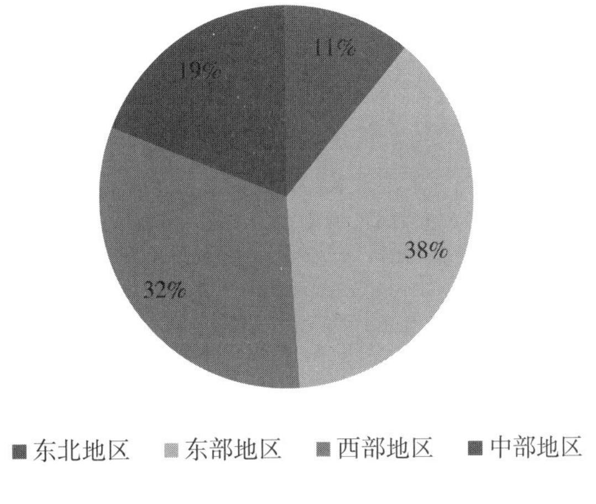

图17　2022年中国仓储用地成交地区面积分布

数据来源：中国土地市场交易网、物联云仓数字研究院整理

按城市划分，三、四线城市成为新投资“热区”。从数据来看，一线城市成交30宗，成交面积131.54万平方米，仅占全国仓储用地交易的1%；三线城市的仓储用地成交最多，共

计729宗，成交面积3211.5万平方米，占全国仓储用地交易的24%。政府对物流项目税收及投资强度（300万~500万元/亩）要求提升，尤其是国家一二级物流节点城市的仓储用地供给政策越发收紧，物流地产项目拿地难度增加，不少物流地产商瞄准三、四线及以下城市。

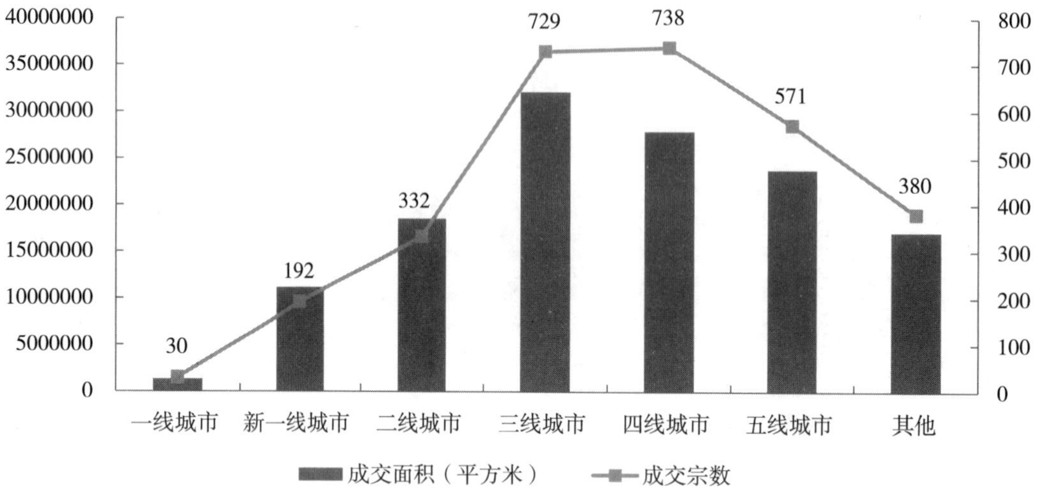

图18　2022年中国仓储用地成交城市等级分布

数据来源：中国土地市场场交易网、物联云仓数字研究院整理

（二）仓储用地价格走势平稳

从整体来看，企业拿地更加趋于理性，仓储用地价格走势平稳，成交价格小幅波动。

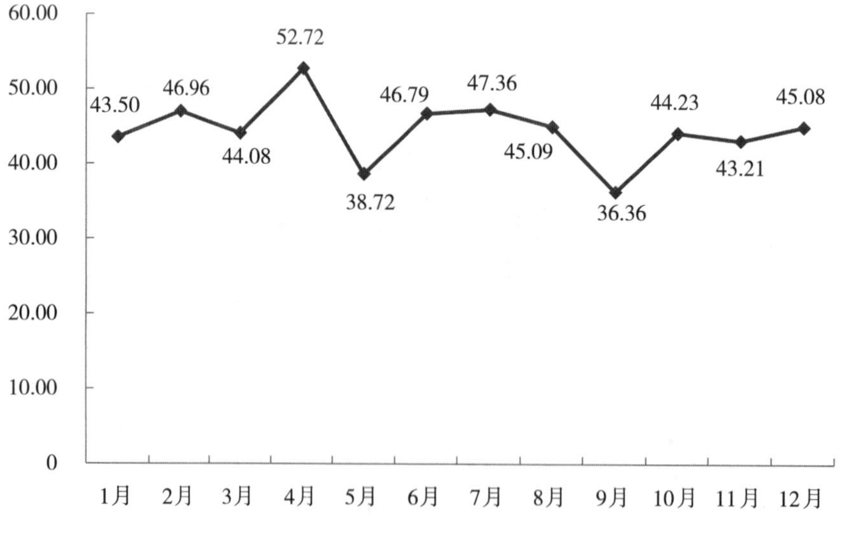

图19　2022年中国仓储用地成交均价走势（万元/亩）

数据来源：中国土地市场场交易网、物联云仓数字研究院整理

一线城市仓储用地成交均价居高不下，五线城市均价较低。2022 年，我国仓储用地成交均价为 10.80 万~95.99 万元/亩，一线城市均价最高，为 95.99 万元/亩；五线城市相对较低，为 10.80 万元/亩。一线城市对仓储用地管控严格，土地资源稀缺，因此均价较高；四线城市以下仓储供应相对较多，且土地价格较低，仓储用地均价随之较低。

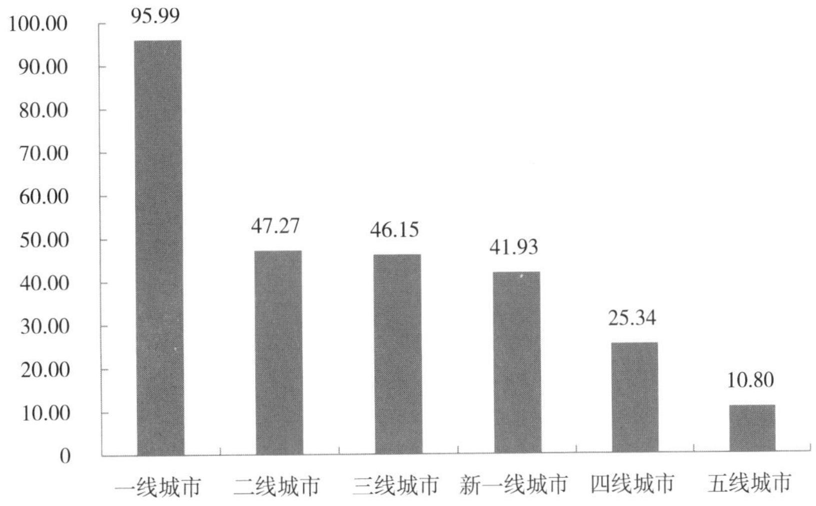

图 20　2022 年中国仓储用地成交城市等级均价（万元/亩）

数据来源：中国土地市场交易网、物联云仓数字研究院整理

（三）仓储用地交易主体以综合物流企业为主

2022 年，仓储用地竞拍人行业属性以物流业为主，占仓储用地交易总量的 62%，其中，综合物流企业占 26%，仓储企业与供应链企业各占 18%。其次为批发和零售业，细分为粮食企业、食品企业。

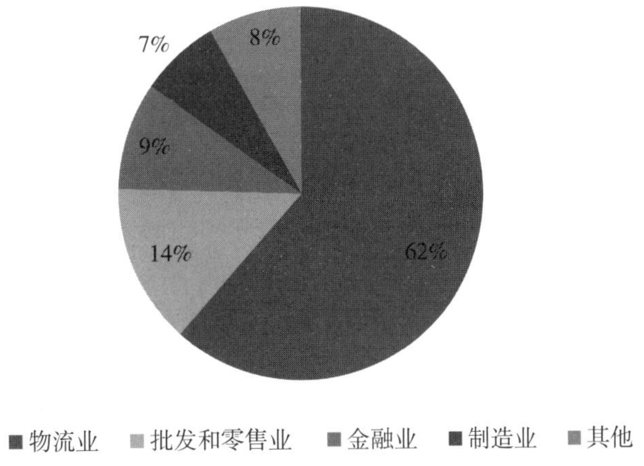

图 21　2022 年仓储用地竞拍人行业属性

三、2022 年物流地产投融资情况

（一）投融资

物流地产投融资数量较少，占物流行业投融资的 17.44%。据不完全统计，2022 年物流行业共完成 79 笔，共计 688 亿元的融资。其中，物流地产仅完成 4 笔投融资，涉及金额 113.74 亿元。

受制于一线城市核心土地资源紧张，卫星城市、三线城市物流资产出租率较低等因素，收购整合成为扩大仓储设施规模的主要路径。2022 年 7 月，京东产发完成收购中国物流资产控股有限公司（宇培国际、RRJ Capital、京东共同在中国投资的物流基础设施开发平台），此次融资促进了京东产发的业务扩张及模式转型，并进一步增强其基础设施物业管理能力，从而进一步提升其在中国现代物流基础设施行业的领先地位。

表 1　2022 年物流地产行业部分投融资事件概况

序号	披露时间	企业	融资轮次	融资金额/交易价格（亿元）	投资方
1	3 月 28 日	京东产发	B	57.6	华平投资、高瓴投资
2	5 月 16 日	嘉民集团	收购	22.9	新创建集团
3	6 月 8 日	嘉里建设	收购	46.2	华润物流
4	7 月 15 日	宇培	并购	36.4	京东产发
5	10 月 12 日	太古地产	战略投资	9.9	普洛斯

数据来源：公开资料、物联云仓数字研究院整理

（二）REITs 发展

在国家发展改革委稳步推进基础设施 REITs 工作的背景下，物流地产 REITs 持续备受关注。2022 年 6 月 21 日，基础设施公募 REITs 迎来上市周年，首批上市的 9 只公募 REITs 迎来了超百亿元市值的限售份额解禁。业内人士认为，此次限售份额解禁将有效提升二级市场流动性，公募 FOF 等长期机构投资者或迎来配置机会。但短期来看，对交易价格影响有限，预计公募 REITs 市场的投资者结构有望向多元化进一步发展。

表 2　2022 年限售份额解禁的公募基金

序号	基金代码	基金名称	区间涨跌幅（%）
1	508006. OF	富国首创水务 REIT	38. 62
2	180301. OF	红土创新盐田港仓储物流 REIT	33. 37
3	180801. OF	中航首钢生物质 REIT	26. 72
4	508056. OF	中金普洛斯仓储物流 REIT	26. 72

续表

序号	基金代码	基金名称	区间涨跌幅（%）
5	508027. OF	东吴苏州工业园区产业园 REIT	19. 03
6	508000. OF	华安张江光大园 REIT	18. 91
7	180101. OF	博时招商蛇口产业园 REIT	13. 95
8	508001. OF	浙商证券沪杭甬高速 REIT	9. 05
9	180201. OF	平安广州交投广河高速公路 REIT	-3. 08

数据来源：公开资料、物联云仓数字研究院整理

四、2022 年通用仓储市场特点

（一）市场不确定因素加强，需求增长放缓

2022 年，我国通用仓储市场需求不确定性加强。一方面，受新冠疫情影响导致区域停工停产；另一方面，由上游产业发展（客户）不稳定性传导而来，仓储租赁需求波动较大。需求增长放缓主要体现在就业压力加大、居民未来收入信心低迷可能引发消费下滑风险，受新冠疫情影响导致区域管控时常发生，仓配企业已隐约感觉到订单减少的趋势。

（二）智慧园区发展热度不减，头部企业布局新赛道

《“十四五”数字经济发展规划》提出全面深化重点产业数字化转型，全面推动产业园区和产业集群数字化转型。党的二十大报告明确指出，建设现代化产业体系，强调发展实体经济，建设制造强国、数字中国，智慧园区将迎来更大的发展机遇，多个企业加快布局“智慧园区”新赛道。物联亿达上线智慧园区领域的全新产品“智慧园区魔方”，依托全方位科技能力和平台资源，充分发挥云管边端的协同优势，助力物流园区、工厂园区实现一体化、轻量化综合管理，其运用的软硬一体产品形态、新一代组网方式 SD—WAN/5G 专网以及搭载的智慧园区管理系统，让管理者可以像使用手机一样安全便捷地对园区运营场景进行数字化管理，提升园区内部经营管理效率，实现园区增值创收，打造园区的持续竞争优势。日日顺供应链全国首个 5G 大件智慧物流园区投入运营，以“5G 智能仓”为核心，辅以智能化园区管理措施，全面实现“人、车、场”要素的数字化。万纬、普洛斯“零碳”物流园区快速建成，以科技赋能智慧碳中和，助力园区零碳发展。除了物流园区项目布局，诸多企业也在助力打造智慧园区。

（三）发展绿色仓储，助力“双碳”目标

2022 年，多个仓储地产企业加快零碳绿色园区改造与建设。万纬物流上海奉贤临港园区主要从绿色规划设计、绿色建造、绿色运营三个维度实现节能减碳；普洛斯东莞新沙物流园获全国首个物流园区“卓越级”净零碳建筑认证；耐克中国物流中心推广低风速风电及零碳数字化技术，建成中国首个“风光一体化”零碳智慧物流园。

五、通用仓储未来展望

从“党的十八大”到“党的二十大”，物流业在市场经济中的地位逐渐凸显。立足中国特色社会主义现代化的总体目标要求，继续围绕“三新一高”推动仓配行业升级，即把握新发展阶段，贯彻新发展理念，构建新发展格局，推进行业高质量发展。2022年，国务院办公厅印发《“十四五”现代物流发展规划》，提出“到2025年，基本建成供需适配、内外联通、安全高效、智慧绿色的现代物流体系”的发展目标。通用仓储设施将围绕高质量发展、融入现代物流体系建设而展开。

（一）仓储设施升级作为现代化基础设施的重要组成，具有长期机遇

党的十九大报告从国家发展战略全局的高度首次将物流与公路、铁路电力等国家重大基础设施并列，物流设施地位提高，确立了物流基础性、战略性、准公益性的地位。党的二十大报告在第四章节“加快构建新发展格局，着力推动高质量发展”指出，“优化基础设施布局、结构、功能和系统集成，构建现代化基础设施体系”。中央财经委员会第十一次会议中明确了现代化基础设施的五大方向，其中就包括物流等产业升级基础设施建设。铁路、公路、机场、港口、码头、管道、货运场站、物流园区、中转分拨中心、快件处理中心、邮政网点等硬件是基础设施，物流基础设施建设升级和结构优化是持续性的，具有长期机遇。

（二）在政策与技术驱动下，智慧园区与智能仓储加快建设

从园区发展来看，未来随着智慧园区数字化建设持续发展，我国智慧园区将迎来崭新机遇，到2025年预计市场规模将超过2200亿元。党的二十大报告中指出，要加快建设数字中国，发展数字经济。推动数字经济新形态必不可少的“三驾马车”：技术、要素及设施。技术即数字技术，要素即数字化的信息和知识，设施即现代信息网络。数字经济发展由产业数字化支撑，而产业数字化由企业数字化转型来实现。《“十四五”现代物流发展规划》也提到，新一轮科技革命要求加快现代物流技术创新与业态升级。现代信息技术、新型智慧装备广泛应用，现代产业体系质量、效率、动力变革深入推进，既为物流创新发展注入新活力，又要求加快现代物流数字化、网络化、智慧化赋能，打造科技含量高、创新能力强的智慧物流新模式。从园区智慧化发展来看，在AI、5G、大数据等技术的驱动下，智慧物流园区具备很多典型的智慧化应用场景，如“无人仓”“无人车配送”“无人机配送”等将逐渐普及。

（三）“双碳”目标下仓储物流业绿色化加速发展

中国政府承诺2030年和2060年分别实现“碳达峰”与“碳中和”目标将会在“十四五”期间进一步深化。仓储物流业绿色化发展也将是必然趋势。以2022年北京冬奥会为例，整个奥运会仓储物流环节采用的所有叉车和货车都是新能源电动车，货物打包和拆封过程中产生的塑料膜、纸箱、纸板、木板等均采用可复用材料，达到了绿色环保低碳的现实要求，为仓储行业绿色化树立了一个标杆。展望未来，仓储物流绿色相关的痛点、难点问题也将成为相关企业攻克的难点，如冷链入库预冷、运输、冷藏、流通加工等全过程全链条在不同程

度上存在碳排放，其中的高耗能、高排放都将会成为技术攻克的难关。

物联云仓数字研究院

2022年智能仓储发展与趋势展望

一、2022年智能仓储总体情况

（一）市场规模持续增长

头豹研究院统计的数据显示，受益于物流行业规模的迅速增长和仓储环节降本增效的需求不断攀升，智能仓储市场规模从2017年的712.5亿元增至2021年的1145.5亿元；2022年仓储物流市场规模约1356.9亿元。随着5G、物联网、人工智能等技术在仓储行业的进一步升级，智能仓储可与更多应用场景融合，市场空间广阔。

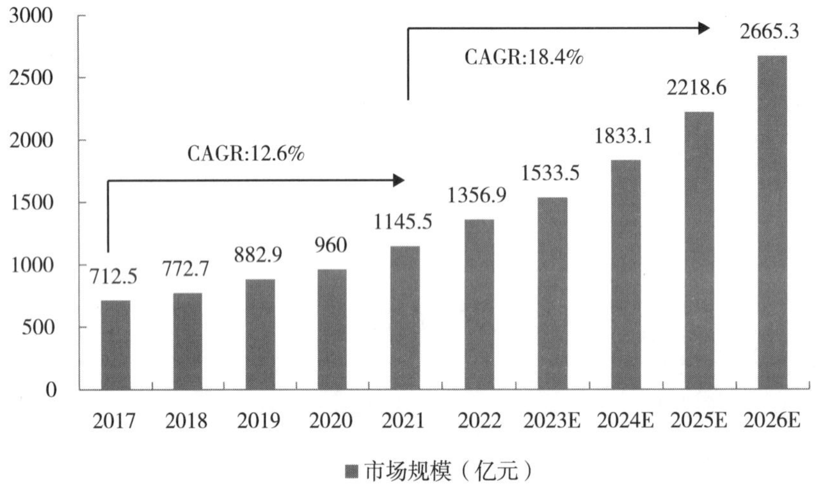

图1　2017—2026年智能仓储行业市场规模及增速

资料来源：华经产业研究

（二）企业数量逐年攀升

爱企查数据显示，2018年至2022年仓储业及智能仓储每年新注册的企业逐年攀升。2018年新注册智能仓储企业为101家，占总仓储业的0.4%，2021年新注册智能仓储企业为4015家，占总仓储业比例升至3.7%，截至2022年上半年，新注册智能仓储企业占总仓储业4.7%，年复合增长率达到80%，增速较快。智能仓储行业近年来吸引了更多看好细分赛道发展前景玩家入局，截至2022年6月底，智能仓储业注册公司（所有开业状态）总计达到了

6911家，约占整体仓储行业的1.7%。

（三）盈利情况相对稳定

智能仓储供应商众多，呈现“小而散”的特点。从营业收入来看，规模普遍较小，大概在5亿~20亿元；从毛利率来看，平均水平保持在20%~30%。诺力股份因提供产险业务，收入规模在同业企业中较大，但相较于全球智能仓储系统集成商仍有较大差距。

表1　部分智能仓储企业盈利情况对比表

企业	财务指标	2019年	2020年	2021年	业务覆盖领域
诺力股份	收入（亿元）	58.9	40.8	30.9	新能源、冷链、医药、零部件及工业用品等
	净利润（亿元）	3	2.4	2.4	
	毛利润（%）	19.45	23.09	23.47	
今天国际	收入（亿元）	16.0	9.3	7.1	冷链、新能源、烟草、通信、商业连锁、石油化工、航空、电子制造等
	净利润（亿元）	0.9	0.6	0.5	
	毛利润（%）	24.31	29.41	28.96	
昆船智能	收入（亿元）	0.2	16.2	15.5	烟草、食品饮料、医药、机场及电力等
	净利润（亿元）	1.0	0.9	0.8	
	毛利润（%）	22.19	24.69	24.51	
东杰智能	收入（亿元）	13.0	10.4	7.4	汽车、新能源、白酒、冷链、医药、集装箱、电商等
	净利润（亿元）	0.7	1.0	0.9	
	毛利润（%）	24.51	29.27	31.64	
兰剑智能	收入（亿元）	6.0	4.5	4.0	电商、规模零售、烟草、新能源、农牧业、航天航空等
	净利润（亿元）	0.8	0.8	0.7	
	毛利润（%）	34.52	43.63	40.55	
行业平均	收入（亿元）	26.8	19.2	15.2	
	净利润（亿元）	1.4	1.3	1.2	
	毛利润（%）	22.62	26.62	27.15	

资料来源：华经产业研究

二、2022年智能仓储发展特点

（一）政策环境：促进智能仓储业高速发展

近两年，国务院、工信部等部门陆续推出一系列政策，促进智能仓储行业发展。其中，智能分拣、智能储存、无人车、移动机器人、穿梭车等关键概念均被提及。在仓储物流系统的软硬件设备加速迭代的同时，随着市场竞争的加剧，成本也将不断降低，智能仓储物流行业将迎来高速发展，其在企业中的渗透率有望进一步提高。

表 2　2021—2022 年智能仓储相关政策

发布时间	政策文件	主要内容
2021.03	中华人民共和国国民经济和社会发展第十四个五年规划和 2035 年远景目标纲要	加强农产品仓储保鲜和冷链物流设施建设
2021.05	“5G+工业互联网”十个典型应用场景和五个重点行业实践	部署智能物流调度系统，实现物流终端控制、商品入库存储、搬运、分拣等作业全流程自动化、智能化
2021.07	5G 应用“扬帆”行动计划（2021－2023 年）	推动 5G 在无人车快递运输、智能分拣、无人仓储等场景应用落地，有助于实现物流行业自动化运输、智能仓储和全流程监控
2021.11	国家智能制造标准体系建设指南（2021 版）	智能工厂标准主要包括智能工作设计、作业分派与调度优化、仓储系统功能要求等智能仓储标准
2021.12	“十四五”智能制造发展规划	研发智能移动机器人、智能多层多向穿梭车、智能大型立体仓库等智能物流装备
2022.01	关于做好 2022 年全面推进乡村振兴重点工作的意见	实施农产品冷链设施建设行动
2022.01	交通领域科技创新中长期发展规划纲要（2021-2035 年）	研发应用智能仓储和快速装卸、智能分拣与投递等技术
2022.05	关于印发扎实稳住经济一揽子政策措施的通知	2022 年，中央财政安排 50 亿元左右，择优支持全国性重点枢纽城市，提升枢纽的货物集散、仓储、中转运输、应急保障能力，引导加快推进多式联运融合发展，降低综合货运成本
2022.12	“十四五”现代物流发展规划	深度应用第五代移动通信（5G）、北斗、移动互联网、大数据、人工智能等技术，分类推动物流基础设施改造升级，加快物联网相关设施建设，发展智慧物流枢纽、智慧物流园区、智慧仓储物流基地、智慧港口、数字仓库等新型物流基础设施

资料来源：头豹研究院

（二）资本市场：持续受青睐

2022 年智能仓储公开投融资次数高达 24 起。作为智能仓储的核心应用，仓储物流机器人成为行业解决高度依赖人工、业务高峰作业能力有限等瓶颈问题的突破口。

表 3　2022 年智能仓储投融资统计

时间	企业	领域	轮次	金额
2022 年 2 月	慧仓科技	仓储机器人	战略投资	未透露
2022 年 2 月	灵西机器人	仓储机器人	B 轮	近亿元人民币

续表

时间	企业	领域	轮次	金额
2022 年 2 月	励微机器人	仓储机器人	A2 轮	数亿元人民币
2022 年 3 月	法奥机器人	仓储机器人	B 轮	超 5000 万美元
2022 年 3 月	木蚁机器人	仓储机器人	B+轮	近亿元人民币
2022 年 4 月	朗誉机器人	仓储机器人	天使轮	1000 万元人民币
2022 年 4 月	捷象灵越	仓储机器人	Pre-A 轮	数亿元人民币
2022 年 6 月	蓝海机器人	仓储机器人	A+轮	数千万元人民币
2022 年 6 月	海柔创新	仓储机器人	D+轮	数亿美元
2022 年 6 月	星猿哲科技	仓储机器人	B+轮	4000 万美元
2022 年 7 月	Syrius 炬星	仓储机器人	B+轮	数千万元人民币
2022 年 7 月	牧星智能	仓储机器人	A++轮	数千万元人民币
2022 年 7 月	佳顺智能	仓储机器人	战略融资	近亿元人民币
2022 年 7 月	海豚之星	仓储机器人	Pre-A 轮	数千万元人民币
2022 年 7 月	灵西机器人	仓储机器人	B+轮	数亿元人民币
2022 年 8 月	稳石机器人	仓储机器人	Pre-A 轮	未透露
2022 年 8 月	快仓智能机器人	仓储机器人	股权投资	未披露
2022 年 8 月	极智嘉	仓储机器人	E 轮	1 亿美元
2022 年 9 月	塔斯克 TUSK	仓储机器人	天使轮	数亿元人民币
2022 年 9 月	隐石机器人	仓储机器人	Pre-A 轮	未披露
2022 年 10 月	朗誉机器人	仓储机器人	A+轮	1000 万元人民币
2022 年 11 月	宇锋智能	仓储机器人	B+轮	1 亿元人民币
2022 年 12 月	励微机器人	仓储机器人	B 轮	2 亿元人民币
2022 年 12 月	凯乐士	仓储机器人	E 轮	数亿元人民币

数据来源：罗戈网

（三）竞争格局：集中度较低、本土暂未有行业龙头

智能仓储物流属于国家宏观政策大力扶持发展领域，市场竞争充分。据头豹研究院统计，2022 年国内智能仓储 CR10 为 14.1%，CR5 为 8.4%。排名第一的诺力股份市场份额约 5%。从营收规模来看，2022 年诺力股份营业收入为 58.87 亿元人民币，离龙头企业大福的 43.9 亿美元营收额相差甚远。

智能仓储由新兴本土企业和老牌外企组成，海外企业在商业配送领域的应用更为广泛，本土企业更多应用于工业领域。产业布局能力和研发能力是智能仓储的核心竞争力，从发展程度来看，国内本土仓储物流服务商相对缺乏大项目的总包集成服务能力，虽然在下游客户领域的订单保持增长，但不论是从产品服务还是从业经验及市场占有率角度，本土智能仓储企业的竞争力并不突出，仍处于前期竞争成长阶段。

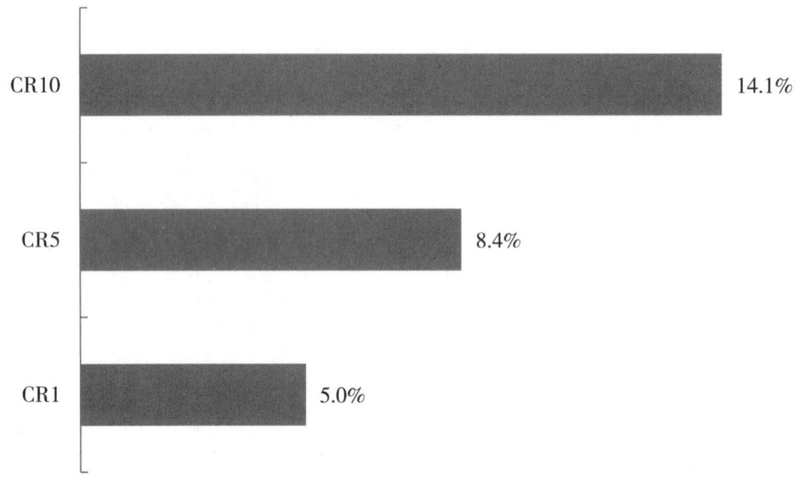

图 2　2022 年智能仓储集中度

资料来源：头豹研究院

（四）市场需求：降本增效催生新需求

交通运输部数据显示，中国物流总费用与 GDP 的比率始终居高不下，2022 年运输费用占比为 7.8%，仓储费用占比为 5.0%，管理费用占比为 1.9%，合计 14.7%。而上述费用在日本的比例为 5.2%、3.0%、0.3%，合计 8.5%；在美国的比例为 4.9%、2.1%、0.3%，合计 7.3%。与发达国家相比，中国物流成本仍有较大的下降空间，物流环节效率亟待提升。为了实现新旧动能转换，促进经济高质量发展，根据国家发展改革委及交通运输部发布的《国家物流枢纽布局和建设规划》，要求进一步提升物流效率，将物流总费用占 GDP 比重下降至 12%左右。而在物流领域，仓储环节则是物流全流程的重要节点，智能仓储应用成为仓储环节降本增效的关键。

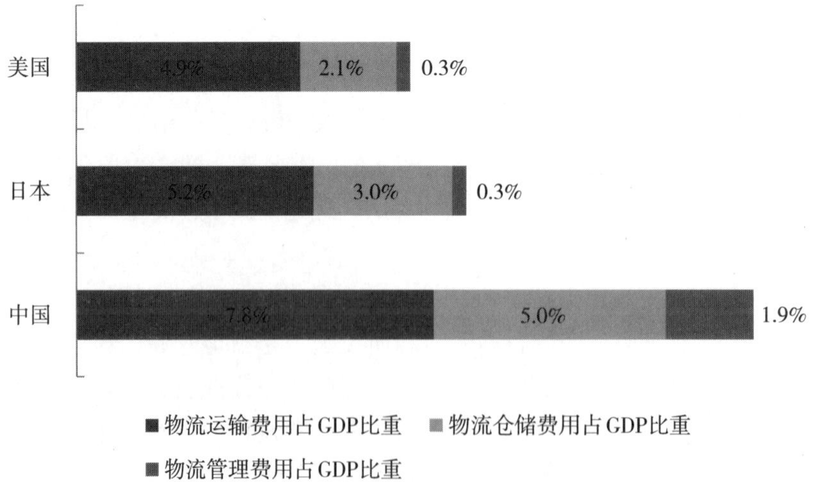

图 3　中国、日本、美国物流费用占 GDP 比重

资料来源：头豹研究院

（五）服务升级：产业链技术与服务方案创新发展

智能仓储产业链分为上游、中游和下游。上游专注于仓储智能化设备软件和硬件的研发、生产、销售；中游基于对上游产品的研究，深入了解下游客户需求，使用多种仓储物流硬件设备和仓储软件系统，设计建造仓储物流集成系统，为客户提供定制化解决方案。

表 4　智能仓储产业链上游企业技术与服务创新

产品	模板	简介	技术创新	代表产品
智能设备	自动化立体仓库	运用高层货架储存单元货物，充分利用空间储存，用相应的物料搬运设备进行货物入库和出库作业的仓库	注重密集储存的能力，围绕空间利用率进一步研发； 通过仓储管理系统让产品服务更加稳定和安全	音飞储存立体库高位货架：空间利用率为普通平库的2~5倍，动态储存，提高存取效率
	智能搬运	联系和调节离散型物流管理系统使其作业连续化的必要搬运装卸手段，通过特殊地标导航，自动将物品运输至指定地点	注重导航技术的融合创新，如二维码导航、AI 调度+导航、RFID 自动识别、即时定位 SLAM 导航； 无人化叉车、AGV、机器人手等产品逐渐融入新型导航技术，产品移动能力有望大幅提升	德马泰克牵引式 AGV：可设定停靠点的自动环路运输和长距离运输
	智能分拣	智能分拣能降低单票分拣成本并提高分拣能力，可以不受气候、时间、体力限制，连续作业，但同时对资金投入以及分拣场地的要求高	注重模块化、高效化，降低生产与维修成本； 配套的 DWS 技术能高效识别快递条码，结合后台控制系统，错分率能降至 0.01%以内	中科微至交叉带分拣机：可连续大批次处理各种大小体积货物
智能软件	WMS 仓储管理系统	标准化、智能化过程导向管理的仓库管理软件，能够准确、高效地管理客户订单、采购订单，以及仓库的综合管理	注重可视化和及时性，融合各方参与者协同合作； 打通生产管理软件和物流管理软件的壁垒，信息流通进一步加深数字孪生应用	今天国际 WMS 仓储管理系统软件：可协助企业实现中国各地仓库业务的全方位管理
	WCS 仓储控制系统	作为仓库设备调度系统，向上获取 WMS 的作业任务，向下对自动化设备下发详细操作指令	注重仓库内实时信息交互，与仓库内系统对接，实时反馈设备状态； 通过通信协议和硬件设备的底层 PLC 进行对接，支撑超大系统运行	诺力股份 WCS 智能管控平台：用于物流集成系统，保障项目高效、精准实施

资料来源：GGII

诺力股份	智慧物流系统业务和智能制造装备业务，涵盖物料搬运、物流系统集成、高空作业平台三大板块
中科微至	为快递、物流、电商等行业提供智能化综合集成解决方案的综合解决方案提供商
昆船智能	为流通配送和生产制造企业提供智能物流和智能产线的整体解决方案和核心技术装备
今天国际	智慧物流和智能制造系统综合解决方案提供商，提供自动化生产线及物流系统的规划设计、系统集成、软件开发、设备定制、售后服务等一体化业务
德马科技	自动化物流输送分拣系统、关键设备及其核心部件的研发，设计，制造，销售和服务

图 4　智能仓储产业链中游企业服务方案创新

资料来源：GGII

（六）应用领域：细分市场应用越来越广

智能仓储主要应用于商业配送和工业生产两大领域。商业配送领域包括电商、零售、冷链等；工业生产领域包括汽车制造、烟草、医药等。早期智能仓储企业更多是以商业配送的电商领域为发力点。

表 5　智能仓储主要应用的细分市场

应用领域	行业	发展情况	代表供应商
商业配送	电商	电商行业仓储货物 SKU 多，订单较零散，商品出库后直接送达终端消费者手中，注重时效性，对物流仓储环节成本较敏感，降本增效的需求高	京东、菜鸟、瑞仕格、德马泰克
	零售	2022 年中国社会消费品零售总额为 439733 亿元，随着“新零售”的发展，在仓储环节中可能既有发往下一级仓库/门店的订单，也有发往终端消费者的订单，需采取不同的分拣、拣选方案	今天国际、德马泰克
	冷链	冷链的仓储建设标准较高，设备投入成本较大，储存环境严格；且近年来因市场增速快，考验机器在低温环境下稳定运行的能力	北起院、德马泰克
工业生产	汽车制造	2022 年中国汽车产量达 2718 万台，汽车制造行业存在汽车零部件种类繁杂、体型较大等痛点，对仓储环节及时性、准确性要求高	北京高科、今天国际、日本大福、德马泰克
	烟草	2022 年中国卷烟产量达 24321.5 亿支，烟草行业自动化程度较高，货物储存量较大，烟草实行专卖管理，仓储物流各环节要求可追溯性	今天国际、兰剑智能、昆船智能
	医药	医药领域自动化水平较高，原材料和产品种类众多，批号、有效期管理要求严格，存货管理难度较大	德玛科技、北起院、东杰智能、日本大福

商业配送领域的仓储环节注重用户体验的提升，需要及时可视化更新仓储作业的流程，注重时效性、调度系统的 SKU 容量、WMS 的高度可靠性。智能仓储更多地运用软件技术，促进仓储各个环节信息流的流畅运转，实现仓储环节的可视化，从而提升时效性。

工业生产领域基于原材料繁杂、存货管理难等痛点，更注重依靠智能仓储灵活、可定制的搬运、拣选装备，实现整体生产的协调性，达到降本增效的目的。

三、2023 年智能仓储发展趋势

（一）技术领域：加速推进仓储数字化转型

智能仓储物流的底层包括软件、硬件、大型设备，将其深度融合，促使传统转至智慧物流仓储，并通过相关数字化技术重塑传统物流仓储商业模式，提高物流仓储行为竞争力。

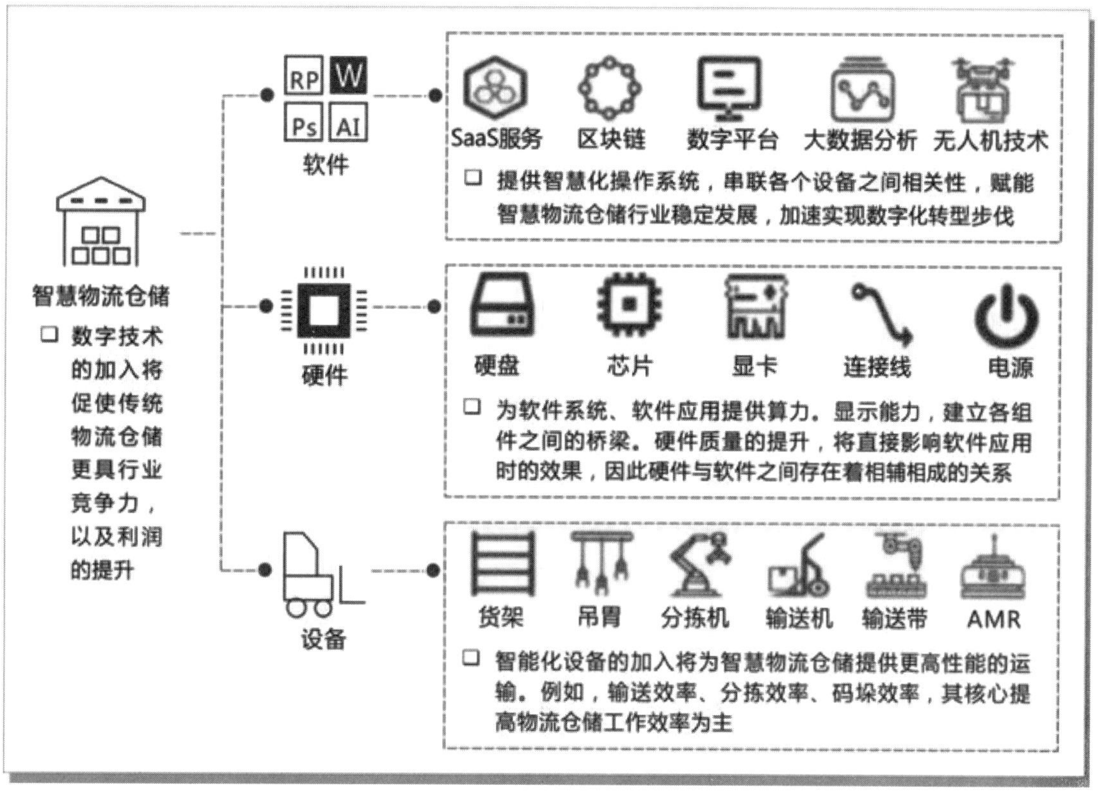

图 5　中国智能仓储物流底层逻辑及定义

资料来源：GGII

智能物流仓储处于高速发展期，相应的软件类型、硬件、大型设备基本都已经覆盖物流仓储各处。但整体的技术成熟度仍然有较大的提升空间，需要避免系统 BUG、网络传输信号等原因造成的货品损坏、指令延迟。行业内主要代表企业，包括东杰智能、今天国际、新松机器人等，都以结合物联网技术、区块链技术、人工智能技术等科技赋能物流仓储行业，实现信息交互，为企业用户提供便捷、降本增效、智能化服务。

（二）服务领域：与工业制造和农业领域深度融合

相较早期智能仓储企业更多布局商业配送领域，工业生产领域的客户体量更大、解决方案的复杂程度、定制化需求更迫切。例如，在工业生产的辅料管理中存在领料程序冗杂、人工记录混乱、库存滞后严重、效率低下等痛点。坤同智能仓储为此开发了面向工业制造的智能仓储解决方案，为物料管理降低管理成本，为企业发展提质增效，领料流程由原来的平均30分钟缩减至30秒，准确率从原来的50%提高到99%。目前我国工业制造正处于产业升级的关键时刻，智能仓储的融合既可以满足工业制造对分工细化程度、自动化率、全产业链协同和生产效率再提高等方面的更高要求，又可以促进中国制造进入柔性化阶段。因此，未来智能仓储将与工业制造发展进一步融合。

农产品存在难以运输和保存的问题，并且整个农产品从生产到销售流程各环节之间存在一定程度的信息壁垒。为此，国家出台了多项政策积极推进智能仓储在农业中的应用。例如，国家粮食和物资储备局发布“十四五”时期实施优质粮食工程“六大提升活动”，要求到2025年新增高标准粮仓仓容2000万吨，高标准粮仓的改造与建设需要加强利用信息化、智能化仓储装备。智能仓储在农产品仓储环节的应用，有利于补齐现代农业基础设施短板，可以通过信息化技术帮助农民实时监测市场流通信息和仓储设施贮藏环境信息，保证产销对接的顺畅性，有效减少农产品产后损失。基于此，智能仓储的发展可有效解决农产品存储难、信息不透明的难点，在利好政策的加持下，有望在农业领域实现深度融合。

普罗格研学中心　易兵

2022年危险化学品仓储发展与展望

一、2022年我国危险化学品仓储总体情况

（一）企业数量

据不完全统计，2022年持有危险化学品经营许可证（仓储经营）及中华人民共和国港口经营许可证（从事货物仓储）的第三方包装件仓库企业（法人）不足100家，与2020年以前基本持平。按区域划分，上海市在册企业的数量最多，约占40%；江苏省及粤港澳大湾区分别约占20%和18%；其他地区合计约占22%。总体上，企业数量尚不足以满足市场需求。

（二）设施规模

据中国仓储与配送协会危险品分会推算，截至2022年年底，我国持有危险化学品经营许可证（仓储经营）及中华人民共和国港口经营许可证（从事货物仓储）的第三方包装件仓库面积约为120万平方米。按照防火等级划分，甲类防火等级仓库约占21%、乙类仓库约占35%、丙一类仓库约占44%。按照地区划分，上海约占35%、江苏约占22%、粤港澳大湾区约占20%、其他地区共计约占23%。

（三）租金及空置率

据持续统计监测，2020—2022年我国主要化工物流节点城市第三方危险化学品包装件仓库租金基本稳定，较2016—2018年有小幅回落。危险化学品仓库按照防火等级及规模计费：甲类防火等级仓库租金为150~300元/平方米·月；乙类防火等级的仓库租金为100~200元/平方米·月；丙一类防火等级仓库租金为50~120元/平方米·月。危险化学品仓库由于资源的稀缺性，主要节点城市的仓库空置率较低。

二、2022年我国危险化学品仓储企业经营情况

（一）营收情况

中国仓储与配送协会危险品分会调研显示，近三年，约95%第三方包装件仓库企业实现收入正增长。其中，增长区间在0~10%的企业占比最大，约为70%；增长区间在10%及以上的企业占25%。头部企业由于具有核心竞争力，在新冠疫情带来的压力下，依然凭借客户黏

性大、仓储增值服务项目多，实现高效的仓配一体化和供应链协同，因此企业收入状况良好。

（二）客户分析

外资化工生产企业和国有大型化工企业是危险化学品仓储企业的主要客户资源，占客户比重的90%以上。这些客户对合规要求严格，在供应商选择方面有严格的流程和指标。现阶段，合规危险化学品仓储企业的仓储资源是其不二选择，仓储企业向生产企业的供应链渗透，与客户合作更加紧密。合规性仓储企业拥有的仓储资源在全国范围就只有百余个，资源的稀缺性和合规性要求也增加了客户的依赖程度。

（三）存货种类

危险化学品仓储企业存储货物涵盖《危险化学品名录》的大部分。按大类划分，易燃液体比例最大，约占储量的80%；其次是急性毒性和金属、皮肤腐蚀物，占到10%；有机过氧化物及自反应物存量很少。值得注意的是，作为危险货物的锂电池及相关产品的储存因目前没有明确的储存规范要求，业界默认存放在具有丙一类防火等级的仓库内，加之客户对于持有危险化学品经营许可证（仓储经营）及中华人民共和国港口经营许可证（从事货物仓储）的第三方包装件仓储企业在管理及应急等方面的认可，更愿意把相关产品存放在第三方危险化学品仓储企业。客观上也催生了近年来丙一类防火等级仓库的建设。

（四）服务功能

目前提供单一仓储服务的危险化学品仓储企业越来越少，企业依托仓储功能向化工供应链的上下游业务延伸。有些企业甚至成为甲方的销售渠道，仓储配送的费用纳入销售成本中，进行销售额返点。

三、2022 年危险化学品仓储发展特点

（一）市场供不应求

第三方危险化学品包装件仓库的市场需求仍保持增长，持有危险化学品经营许可证（仓储经营）及中华人民共和国港口经营许可证（从事货物仓储）的第三方包装件仓库资源依然稀缺。原因如下：首先，化工产业持续高速发展，危险化学品的品种和数量不断增加，仓库的需求量越来越大，而危险化学品仓库的建设和获批速度远远滞后于化工产业，导致供给缺口不断加大。其次，一些地区和行政主管部门“谈危色变”，不愿意接收危险化学品仓库项目，在监管和专项整治工作中有“矫枉过正”之嫌，搞“一刀切”，这些情况导致仓库严重短缺。最后，危险化学品仓库一次性投资相对比较大，因危险化学品在用地、建设标准、审批条件、安全环保等方面门槛相对较高，现在地方政府部门将单位面积仓库纳税额作为考核指标之一，导致企业建库及后期运营的难度越来越大。

（二）行业整合加速

2022 年受新冠疫情的影响，虽然市场需求增长有所放缓，但是资本开始关注化工仓储赛

道，投资并购事件频发，推动行业整合加速。领先企业通过业务合作、投资并购等方式提升竞争力，实现“做大”“做强”。嘉里物流化工板块在张家港自建危险化学品包装件仓库，布点华东市场；通过合资持有原西部呈祥的股份，设立西部战略布局；并购天津环捷，加码布局华北化工物流市场；密尔克卫布局海外，陆续完成了几笔收购，并收购了美国物流服务商GWE Supply Chain Inc，加强了美国末端物流链闭环服务能力。

（三）标准化工作成果显著

化工行业涉及生命安全，标准化工作是化工行业的重要基础，是引领行业发展、规范市场秩序、推动行业变革的重要支撑。一系列标准的颁布实施，推动了行业高质量发展、提质增效以及企业本质安全的落地。2022年，强制性国家标准《危险化学品仓库储存通则》（GB 15603-2022）发布，规定了危险化学品仓库储存的基本要求、储存要求、装卸搬运与堆码、入库作业、在库管理、出库作业、个体防护、安全管理、人员与培训等内容，适用于危险化学品储存、经营企业的危险化学品仓库储存管理，标准的发布对进一步完善危险化学品仓储的标准化体系有重要意义。

四、行业发展问题

（一）多头监督，企业与监管部门感到压力和负担

危险化学品仓库监管是“九龙治水”的局面，监管部门与企业每天除了日常工作，还要面对纷繁复杂的检查与被检查。共同做好危险化学品安全管理工作的初衷是好的，但落实企业本质安全的主体责任更应该成为未来工作的着眼点，推动行业安全、健康、有序发展。

（二）仓储与运输不能有效衔接，阻碍化工供应链的发展

仓储是物流的重要环节，在供应链中扮演着重要的角色，是供应链不可分割的组成部分。化工供应链中涉及的仓储与运输安全监管分别属于应急管理部门和交通运输部门，两个部门的监管依据和分类基础不同。危险化学品与危险货物的定义及分类原则，一些业内人士也不容易区分清楚。标准体系和管理办法的不同，造成仓储与运输环节不能有效衔接，阻碍了化工供应链的发展。

（三）行业的信息化、智能化水平不高

近年陆续颁布实施的国家标准中，都提及信息化设备配备、使用等硬性要求。加之安全监管、企业管理以及合作方合规性要求，都不同程度地推动了信息化系统在行业内的普及应用。有的企业积极探索危险化学品仓储智能化管理，甚至为此投入上千万元，但并没有形成网络体系，行业共用SaaS系统，推动定点仓库全覆盖，由于各种技术原因迟迟没有能够落地。企业各自为政，缺乏协作，社会资源的统一调配又涉及企业机密等核心问题，加之没有一个全国性的牵头单位组织实施，形成了各地建立了多种形式的信息化平台，良莠不齐，又不能形成合力的尴尬局面。信息化、智能化的工作任重而道远。

五、行业发展展望

（一）融入产业生态

未来竞争是供应链之间的竞争，危险化学品仓储企业短期内依靠资源稀缺性可以实现可观收益，但长期难以实现可持续发展。企业要从单打独斗向合作共生转变，站在客户角度升级为化工供应链合作伙伴，积极融入产业生态链。当前，一些业内头部企业已经开始布局，通过与优势互补的企业建立战略合作关系，打造化工物流生态体系，实现资源整合、高效协同，形成合力以应对和满足日益复杂的供应链需求。未来，越来越多的危险化学品仓配企业应建立或找到适合自身发展的生态体系，实现共赢发展。

（二）发展方式转变

现阶段，我国第三方危险化学品仓储服务企业（除头部企业外），仓储增值服务普遍挖掘不足。后疫情时代，国内国际环境的各种不确定性，导致化工生产企业的产能和订单变化，以及向供应链下游传导的可能性。外部环境发生变化，必然导致整个化工供应链也发生改变。从追求低成本向稳定性、柔性化、韧性强转变，这对危险化学品仓储企业来说，不能一味地依托资源稀缺性一劳永逸，更应该有效地融入客户化工供应链体系中，应对业务的波峰波谷、快速响应变化，能够有效应对突发情况、抵御风险。这意味着，企业要从追求短期收益向树立长期主义、优质高效的精细化方式转变。

（三）推动数智升级

面对日益紧张的土地资源、高涨的人员工资，依托原有资源稀缺等要素推动行业发展已经遭遇瓶颈。随着新技术的快速发展和普及，依靠传统仓储管理和运作模式难以及时、准确地进行处理，进而推动着仓储管理向自动化、智慧化发展。依托云计算、装载分析、射频识别等新技术，广泛使用智能分拣系统、机器人的智能立体仓库，将对仓库的层高、承重、卸货平台等配置提出更高的要求。政府应该鼓励和引导有条件的危险化学品仓储企业向着智慧化仓储的方向发展。

（四）发展绿色物流

发展循环经济，加强环境保护是我国的国策。对于危险化学品仓储行业来说，发展绿色物流是落实这一国策的具体体现，绿色物流是以资源消耗低、环境污染小为特征的物流，危险化学品仓储企业虽然不像危险化学品生产企业的环保任务那么艰巨，但发展绿色物流仍然是重要任务，发展绿色物流是行业发展的必由之路。

（五）发挥行业组织作用

行业协会作为政府与企业之间的桥梁，应加强调查研究，向政府转达企业的共同诉求，同时协助政府制定和实施行业发展规划、产业政策、行政法规。制定并执行行规、行约和各类标准，协调行业内企业之间的经营行为。

行业组织应该以《危险化学品经营企业安全技术基本要求》（GB 18265-2019）和《危险化学品仓库储存通则》（GB 15603-2022）的国家标准为抓手，逐步推进包括危险品仓储设施、人员、作业流程、信息系统在内的标准化进程，形成标准化体系。在危险化学品仓库建设、服务质量提升、仓储资源的调查与中介服务、仓储企业的经营管理与操作规范的培训和交流、仓储新设施与新技术推广、仓储从业人员的培训等各方面发挥积极作用，推进行业健康稳定地向前发展。

中国仓储与配送协会危险品分会　林震宇

2022 年中药材现代物流体系建设进展与展望

2022 年中药材现代物流体系建设工作，根据《国务院办公厅印发关于加快中医药特色发展若干政策措施的通知》（国办发〔2021〕3 号）文件要求，在商务部的指导下，以及在完善发展全国中药材物流基地布局、促进完善中药材物流网络、加快完善行业服务体系的基础上，调整转变为“以商务部物流基地建设成果为基础，以提升中药材流通质量为核心，以建设产地质保仓为目标，以组建道地中药材真品精品保供联盟为手段，物流与商流共并举，第三方质检与全程追溯相结合，物流管理公共信息平台与交易平台相衔接，通过建设联盟企业产地质保仓逐步打造中药材流通质量‘活体鲜贮’品牌与保质稳供联盟体系”的国家道地中药材流通质量提升工程工作思路，逐步向建立有质量保障、可追溯中药材定向采购与供应新机制发展。

一、2022 年中药材现代物流体系建设进展

（一）全国中药材物流基地布局得到进一步完善

2022 年，河南淅川、江苏淮安、河北涉县的 3 个企业被确定为新增中药材物流基地，3 个中药材物流实验基地通过了专家的现场考察认证，8 个基地经过专家组的综合考察评估被初步确定为中药材物流示范基地培育对象。截止到 2022 年年底，已有 89 家中药材物流基地通过评审，全国中药材物流基地仓储面积 356.07 万平方米，可储存中药材 393.99 万吨，配套建设 499 个中药材初加工基地，全国中药材物流基地布局得到进一步完善。此外，10 个基地被规划为单品种质保仓培育对象，为接下来的国家道地中药材流通质量提升工程打下基础。

（二）中药材现代物流体系保障得到夯实

已投入生产运营的中药材物流基地的仓储养护及全程追溯情况得到完善，落实在内蒙古、黑龙江、辽宁、海南、河南 5 个省份的全国中药材追溯管理体系运营中心的管理单位。中药材金融仓储平台建设得到进一步推动，并以广东佛山物流基地为运行实例进行试运行。积极推动第三方质检服务平台，形成了《中药材物流基地第三方质检服务网络运行管理办法》，5 家质检企业初步经过考察，组成了第三方质检服务平台的服务单位。由世界中医药学会联合会指导建立的第三方“世界道地中药材电子交易服务平台”，在 2022 年实质性地推进了“海峡专属交易平台”“蕲艾单品种交易平台”两个交易平台的运行，继续为中药材物流基地拓展销售渠道，推进基地与国际出口药材市场直接对接。

（三）加快推进完善中药材流通的标准化工作

2022 年，根据《国务院办公厅印发关于加快中医药特色发展若干政策措施的通知》（国办发〔2021〕3 号）文件的相关要求，以及国家道地中药材流通质量提升工程工作思路，继续加快推进中药材流通行业的标准化工作，中药材流通行业标准化技术委员会已被申报组建。委员会将承担中药材物流与商流两个基本面，具体包括中药材流通的设施、技术、作业、管理与服务等各方面行业标准的制修订组织工作。在物流方面，除继续修订《中药材仓库技术规范》《中药材仓储管理规范》《中药材气调养护技术规范》《中药材产地加工技术规范》《中药材包装技术规范》等 5 项已发布的行业标准外，初步计划《中药材物流质量管理规范》《中药材流通追溯管理规范》《野山参活体鲜贮数字化建设与管理规范》《中药材数字化仓储管理规范》等标准的制订工作。在商流方面，需要组织制订近 200 种大宗及贵重中药材流通的规格等级标准以及《中药材电子商务公共平台运营管理规范》等行业标准。

（四）推动布局国家道地中药材流通质量提升工程

2022 年，在商务部主管部门的指导下，根据《国务院办公厅印发关于加快中医药特色发展若干政策措施的通知》（国办发〔2021〕3 号）文件中“实施道地中药材提升工程”的要求，中国仓储与配送协会中药材仓储分会将中药材现代物流体系建设的工作思路，调整转变为国家道地中药材流通质量提升工程建设，并根据新的工作思路进行了国家道地中药材流通质量提升工程的初步布局工作。一是组织起草了《道地中药材流通质量提升工程建设实施方案》，为提升工程建设提供了整体方案。二是提出以中药材流通质保仓与活体鲜贮仓为主体组建道地中药材真品精品保供联盟的联盟组建计划，并起草《道地中药材真品精品保供联盟规则》，初步完成筹备方案；针对多年生长的珍稀药材，创新性地提出“活体鲜贮”的新型流通技术，通过数字围栏、北斗定位、实时监控、区块链技术、物联网技术等实现了农林产品全程追溯，并通过制定相应的管理标准，从而保障产品品质的信用。三是制定《中药材物流基地第三方质检服务网络运行管理办法》，计划组织符合资质要求的第三方质检机构与相应中药材物流基地企业对接，共享资质、设备与人员，组成第三方质检服务网络。四是以考察并规划的 10 个基地作为单品种质保仓培育对象，计划打造第一批次标准化、规模化的单品种流通质保仓。

二、2023 年国家道地中药材流通质量提升工程建设展望

针对中药材现代物流体系建设存在的中药材物流公共管理系统使用不到位、基地整体发展不平衡、基地缺乏形成合力的意识等不足，2023 年将继续贯彻由中药材现代物流体系建设转变为国家道地中药材流通质量提升工程建设的发展思路，完善提升工程的整体布局，以《国务院办公厅印发关于加快中医药特色发展若干政策措施的通知》（国办发〔2021〕3 号）和《道地中药材流通质量提升工程建设实施方案》为依据，以中药材现代物流体系建设成果为基础，以国家道地中药材流通质量提升工程建设为核心，以推动中药材物流基地规模与质量为重点，以创建道地中药材产地质保仓为目标，以建设道地中药材真品精品保供联盟为手

段，物流与商流并举，第三方质检与全程追溯相结合，物流管理公共信息平台与交易平台相衔接，通过联盟企业打造产地质保仓，适应联采、集采机制，为社会提供有质量保证、可溯源的大宗及贵重中药材物流基地公共品牌中药材。

（一）推动建设中药材流通质保仓

以考察并规划的基地单品种质保仓培育对象为基础，打造第一批次标准化建设、规模化运营、有质量保证、可追溯的单品中药材流通质保仓，继续推动中药材物流基地的全面建设与规范运营。

（二）组建“道地中药材真品精品保供联盟”

按照《道地中药材真品精品保供联盟规则》，以及遴选评价标准与条件，本着企业自愿、协会组织、专家评价的原则和程序，先从单品种产地质保仓做起，将成为产地质保仓成员单位直接作为联盟成员加入联盟组织。同时，继续抓好中药材物流基地优化，落实优胜劣汰机制，加快推进物流基地整体建设规模与质量提升，不断扩大联盟成员队伍建设。

（三）推动中药材物流基地公共信息服务平台的运行与管理

制定相关措施，继续推动基地的上线率与使用率，特别是要加强数字追溯、仓单融资平台的使用，以及与相关质检平台、交易平台的无缝对接，保证整体推进。同时，加强域外企业的使用与推广，扩大公共信息系统的影响力。

（四）推进中药材流通的标准化工作

一是完成中药材流通行业标准化技术委员会筹建。挑选组织建设专家团队，配合完成组建各项工作，提交制定相关标准课题并组织相关人员制定标准。二是加快活体鲜贮技术、中药材物流质量管理、中药材流通追溯管理、中药材数字化仓储管理以及大宗、贵重中药材流通规格等级等相关标准的立项制定。

（五）推动第三方质检服务平台建立与运行

依据《中药材物流基地第三方质检服务平台规则》，积极筹建第三方质检机构队伍，并组织对接符合条件的中药材物流基地企业，保证中药材相关质检工作的开展与落实。

（六）推进“两个创新”

一是活体鲜贮的创新。针对野山参等多年生长的珍稀药材，创新性地探索实施活体鲜贮的新型流通方式，用低碳数字化仓储管理模式实现多年生农林产品全产业链生产过程质量控制管理，保障产品的生产与流通质量。2023年将对活体鲜贮技术进行相应的标准制定，并与相关合作企业单位一同打造野山参活体鲜贮产业链的完整体系，以此作为活体鲜贮的示范，逐步打造“活体鲜贮”知名品牌。二是销售方式与渠道的创新。通过创建产地质保仓和真品精品保供联盟，形成规模化优质中药材品牌产品供应体系，适应国家常态化的联采机制与要求，积极主动协调对接相关政府与社会采购平台，以品牌产品质量、规模化仓储体量、完善的管理体系、数字化系统平台等赢得国家、社会、平台的认可，逐步实现为中药饮片、制药企业、药店等提供有质量保证、可溯源的中药材产品，走出中药材及中药饮片的销售新路子。

中国仓储与配送协会中药材仓储分会　王杰、朱梦元

2022 年家居供应链发展与展望

2022 年，党的二十大确定了全面建成社会主义现代化强国、以中国式现代化推进中华民族伟大复兴的战略目标。在党的二十大报告中，“人民”成为贯穿报告全文的主线，加快构建新发展格局、着力推动各行业高质量发展等，最终都是为了不断给人民带来更高品质的生活。作为重要的民生产业，家居业涵盖家用电器、家具、五金制品等众多领域，是满足人民美好生活需求的重要载体，在扩大内需、促进消费、助力乡村振兴等方面都发挥着巨大作用。

尽管过去一年面临诸多挑战与考验，但家居产业仍保持着稳步增长态势，特别是在利好政策、消费升级和技术进步的推动下，家居业发展质量效益继续提升，供应链与物流方面也加速向智能化、绿色化、协同化等方面升级发展。2023 年，是全面贯彻落实党的二十大精神的开局之年，也是“十四五”规划承上启下的关键一年，随着家居消费需求进一步激发和释放，家居供应链建设必将抓住新的机遇，展现新作为，向着高质量发展的目标稳步前进。

一、2022 年家居行业发展情况

2022 年，我国家居行业面对外部经济形势复杂多变、新冠疫情持续反复、原材料成本上涨、房地产行业下行等多重压力，总体呈现出稳步增长的态势。根据统计，2022 年全年家具行业累计完成营业收入 8105.8 亿元，较 2021 年增长 101.2 亿元；累计利润有望达到 503.4 亿元，较 2021 年增长 43.2 亿元；累计产量 11.9 万件，较 2021 年增长 5.9%。虽受新冠疫情影响，2022 年全年规模以上家具制造业企业营业收入 7624.1 亿元，同比下降 8.1%，但实现利润总额 471.2 亿元，同比增长 7.9%。

家居业在诸多考验之下仍能取得稳步发展，是全国家居生产、流通等企业共同奋斗的结果，同样离不开家居供应链和物流企业、行业协会、研究机构等各方的支持，更依赖于国家政府部门营造的政策环境，尤其是党的二十大报告为未来中国的发展指明了方向，其中提出的“加快构建新发展格局，着力推动高质量发展”等为家居业的转型发展提供了信心与思路。

（一）相关政策营造良好发展环境

作为仅次于汽车的第二大消费品类，家居对于扩内需、稳增长发挥着关键作用，国家层面在过去一年陆续出台多项消费激活以及产业利好政策，如工业和信息化部发布《关于加快现代轻工产业体系建设的指导意见》、国家发展改革委等 7 部门发布《促进绿色消费实施方案》、住房和城乡建设部发布《“十四五”建筑业发展规划》等政策都与家居业密切相关。

值得一提的是，2022 年 8 月工业和信息化部、住房和城乡建设部、商务部和国家市场监督管理总局等4部门联合印发《推进家居产业高质量发展行动方案》，这也是国家层面首次对家居产业发展整体作出的行动指引，从夯实产业基础、加快数字化绿色化转型、培育优质企业与产业集群、扩大优质供给以及加大应用推广等五个方面提出十余项政策举措，并明确提出到2025年培育50个左右家居知名品牌、15个家居高水平特色产业集群，以高质量供给促进家居品牌品质消费。

（二）世界家具产业向发展中国家转移

从全球角度来看，近年来我国家具行业出口整体处于稳步发展阶段。在世界家具产业不断向发展中国家转移的背景下，我国在国际家具贸易的地位不断提高，逐步成为世界第一大家具出口国，成为国际家具市场主力军。数据显示，我国家具及其零部件出口金额由2016年的479亿美元增长至2020年的584亿美元，复合年均增长率为5.13%。2022年我国家具及其零部件出口金额达629亿美元。

（三）存量市场带动家居装修需求增长

房地产市场进入存量时代，一手房交易规模被二手房超越，且存量二手房每6年或者10年可能会装修一次，二手房市场的交易增长可以抵消一手房市场下降，对于家居市场具有正向影响。

（四）下沉市场消费升级，注入新活力

三、四线城市对于耐用消费品的更新换代需求正逐步显现，为家居市场注入新的活力。随着国家鼓励家具下乡政策集中出台，家居行业正接替家电行业，成为乡村振兴新的突破口。如居然之家作为家居产业的领军企业，在2022年1月6日举办了以“乡村振兴共富未来”为主题的新闻发布会，启动“百县百MALL”“千镇千店”项目，积极响应国家政策，运用资金、技术、人才、管理等优势，创造新的价值，踊跃投入到乡村振兴的大业之中。

二、2022年家居供应链发展特点

随着利好政策的发布与实施，使市场不确定性渐消，家居市场正日益扩大，使家居供应链领域呈现一些新的特点与变化。

（一）消费主体转变，带动供应链朝着定制化、智能化、柔性化发展

目前，年龄在20岁到45岁之间的80、90后人群正成为消费市场主体，消费群体的转变意味着消费需求的变化，在从定制家居行业迈向全屋定制的时代。

从消费需求变化和定制家居行业的发展历史来看，2000—2010年定制衣柜和定制家具是定制家居行业的主要产品，当时的家具消费观念还比较传统，主要是新婚置办家具、购置新房家具等，需求也是以经济和实用为主；2011年至今，定制家居行业进入了全屋定制时代。

消费主体的转变不仅带来很多需求上的变化，也对定制家居行业的设计、营销、生产等环节产生重要影响。在满足实用和经济的需求后，消费者开始追求个性化的全屋定制方案，

定制家居行业只有及时做出响应才能更加高效便捷地满足消费者的需求，这些都要求家居供应链朝着智能化、柔性化方向发展。

（二）泛家居跨界融合，发力零售、整装渠道，带动一体化供应链体系深化

自2022年以来，定制家居企业打破品类壁垒，争相布局门窗、卫浴、阳台等赛道。例如，作为行业领头羊的欧派家居在推进大家居战略及整家业务模式的过程中，通过各种形式融入更多品类的产品，2022年年底接近有100多个城市开出不同形式的零售大家居门店。2022年6月，欧派家居正式对外宣布，将卫浴事业部合并到橱柜事业部，对外称厨卫事业部；欧派家居选择自建生产基地的方式推出欧铂尼门窗，保证其在“定制装修一体化”中有足够的灵活性和可塑性，目前已有五大生产基地。

2022年7月，索菲亚推出自有品牌“索菲亚门窗”，跨界谋求新增长点；索菲亚投资的阳台定制品牌“摩登森林”分别在广州番禺天河城、广州马会家居相继开出品牌体验店。此外，2022年志邦家居官方微信公众号发布多款定制卫浴产品，志邦家居将“整家”延伸到卫浴空间。好莱客旗下家装品牌“呼呼莱装”瞄准家装后市场的旧改局改细分领域，也是好莱客入局阳台整装的独立品牌。

在跨行跨界趋势下，家居产品边界越来越模糊，未来多品类的家居融合要求家居建材等企业建立从选材、下单、运输、入库到配送到家的一体化供应链体系，且在实施过程中按照内部家居品类提供弹性的仓储、运输、配送服务，自建仓储体系和自动化立体库，规范化标准化商品SKU，支撑企业供应链高效运作。

（三）继续拓展本土下沉市场，积极进行海外布局

家居企业积极布局下沉市场创造增量，响应国家乡村振兴战略。2022年1月，居然之家启动“百县百MALL”“千镇千店”项目，在全国范围内选取100个县级城市，投资建设100座3至5万平方米的商业综合体，以及以湖北省为核心，探索乡村超市发展新模式，争取在3至5年内将中商超市开到1000个以上乡镇，推动乡村商业流通体系与大城市的接轨。与此同时，居然之家还在积极布局海外。2022年5月，居然之家将海外首店布局于柬埔寨金边，迈出探索海外发展的第一步。

在海外市场拓展方面，各家居品牌企业都在行动。2022年4月，顾家家居在墨西哥的工厂和办公园区举行奠基仪式，其在越南的生产基地也进行了优化调整，持续完善供应链能力和生产实力。2022年11月，志邦家居9S展厅在吉隆坡开业，这是继在曼谷、金边、马尼拉等首都城市开店后的又一新店，标志其完成东南亚首都城市零售布局。

家居企业“出海”需要结合自身模式、服务、技术，在基于本土化探索和运营的基础上，研究出独具特色的海外业务模式，同时扩大品牌影响力，扩充企业实力，加快实现供应链本土化，构建海外市场供产销的一体化循环，建立安全、诚实可信的海外仓网。家居企业走向海外，整体运营链路延长，通过数字化能力提升仓储物流能力，提高供应链运营效率，才能为“出海”加大马力。

三、2023 年家居供应链发展趋势

回望 2022 年，虽然大多数家居企业选择了“以稳为主”的保守策略，但在家居供应链与物流领域依然可以看到一些新的变化与趋势，成为全行业值得关注的亮点。

（一）一体化发展趋势明显

伴随家居市场规模不断增长，线上线下一体化、家居家装一体化等成为行业趋势，对供应链管理运作水平提出更高要求。2022 年，电商、短视频、直播等互联网业态继续火热，使得家居企业的多渠道、多品类协同持续深化。消费场景的多元化，促使家居企业必须快速响应消费者的需求，对供应链的要求越来越高，甚至整个供应链的协同性和敏捷性可直接决定其市场竞争力。

例如，索菲亚继续坚定推进“全渠道、多品牌、全品类”的战略布局，以索菲亚、司米、米兰纳及华鹤“3+1”品牌组合多品类抢占全屋定制家居高中低端市场；金牌除橱柜、衣柜、木门等核心品类之外，还新拓展了阳台卫浴、玛尼欧电器、智能家居等业务，可满足客户一站式购物需求，并且金牌还在持续强化整装业务；宜家中国则打造了包括多元的线下渠道以及宜家网上商城、宜家 App、宜家可购物小程序、宜家天猫旗舰店在内的线上渠道整合的全渠道生态系统，覆盖全国 301 个城市和地区。

（二）定制化考验供应链能力

近年来，我国定制家居增速明显，但行业集中度尚未形成。从全屋定制迭代到整家定制，则需要打造极致的供应链能力，要求供应链品牌内部须高度协同，构建极致效率、极致性价比、所见即所得等优势壁垒。需求个性化导致 SKU 不断增加，使库存管理及物流作业难度提高，因此，需要不断优化 SKU，提高物流服务品质，降低货损、错、漏、串、延迟交付等问题。家居企业都在进行探索，如志邦家居就对自身物流模式积极创新，以省为单位布局 DC 仓，实现工厂订单下线直发，逐步弱化基地仓储功能，提高库存周转率；通过零担变整车，降低干线运输成本，利用个性化、多样化的末端配送方案满足客户的不同需求。

（三）创新服务满足新需求

随着我国国民经济水平的提升，家居市场正经历产品市场向服务市场的转型，消费者的消费观念也从过去的满足型消费转向享受型消费。在对家居的需求上，消费者不仅注重基本的功能性需求，还更加注重服务品质，如售后服务是否规范、物流配送是否快速等。面对家居市场的变化，家居生产、流通和物流企业都在提升供应链管理能力和物流服务水平，不断拓宽服务边界，探索延伸服务新模式，重塑新价值。

值得关注的是，许多家居商场类企业依然充满活力，没有局限于线下商场的做法，而是积极向线上延伸，并且通过提供完善的仓储、加工、配送等延伸服务，构架起新的家居大流通平台。

（四）数智化为家居供应链赋能

随着数字化信息技术不断迭代，家居供应链管理逐步实现数智化转型。家居企业的供应链涉及设计、物料采购、生产加工到物流仓储配送等全链程，及时观察销售过程中的各个环节，同时考虑产品的需求烦琐，对企业的信息化系统连接、物流仓储资源均有较高要求，更应利用数字化对供应链进行改造升级。

2022 年有众多企业用高科技技术持续赋能大家居产业，推动传统家居供应链变革。通过数字化系统的运用，企业能够掌握终端门店的库存、周转情况，快速应对终端市场的变化；数字化供应链体系可以帮助企业通过质量、成本信息反馈给企业产品研发部门，从而在产品设计上兼顾用户体验；在售后服务平台上，数字化使企业实现用户关系数字化、服务系统一体化、服务过程透明化。

（五）推进行业标准化建设

家居产品种类多样、形状各异，并且中间环节流程复杂，行业标准化建设存在很大不足。2022 年相关行业组织与企业纷纷行动，努力推进产品标准化以及配套标准体系建设和维护工作。例如，中国仓储与配送协会家居供应链分会通过梳理家居供应链标准体系，推动标准的起草和宣贯，加快推动家居供应链标准互联互通与融合创新；通过协会平台协助家居企业生态链上下游合作，促进家居企业供应链的智能化、柔性化，满足产品用户个性化设计需求。

家居物流企业的服务标准化也在推进之中。例如，安得智联在 2022 年发布针对家居行业开发的安得智联家居标准产品，包括“安得家居五包标准产品”、“安得家居三包仓配/直配标准产品”和“一站式家居服务解决方案”等，推广普及“一盘货”方案，助推家居行业供应链变革。

（六）注重培养家装专业人才

随着我国老龄化、少子化加剧，人力人才短缺正成为各行业发展过程中不可回避的问题，物流业的“招工难”问题日益突出。随着智能家居行业发展，添置智能家居成为越来越多消费者的选择，但在安装环节却存在很大不足。由于技术不成熟、售后培训不到位等因素，不少家居品牌企业都会面临不同程度的质量、售后等问题，成为消费者投诉重点。

为努力打造家居行业高水平送装人才队伍，2022 年中国仓储与配送协会家居供应链分会多次深入企业调研，并推动相关操作手册的制定和培训工作的开展。业内领先企业也开始着力对家居交付、维修等环节的建设，并建立专业安装人员的培训制度，如东易日盛装饰集团旗下的易日通平台就设立有专业队伍，目前拥有 300 名金牌工人，并通过多频次培训提升、落地督导管理和定制化安装升级，提升问题解决能力。

（七）绿色化转型加速推进

家居行业作为物流成本高、服务链条长的行业，为达成各环节的互联互通，对绿色化有较高要求。《推进家居产业高质量发展行动方案》中明确提及加快绿色化转型，助推提质增效，指出要加快实施污染物深度治理和二氧化碳超低排放改造，促进减污降碳协同增效，到

2030 年改造建设 1000 条绿色低碳生产线，并推进绿色运输，打造绿色供应链。

目前，家居行业都在积极推行家居包装材料减量化，采用环保可回收包装材料，提升资源利用水平。此外，领先企业还建立了自己的仓储可持续行动战略。例如，宜家在亚太区选择合作伙伴时除业务能力外，还会看重可持续理念是否一致，并且对于物流中的网络优化、新能源利用等也会有所考量。

四、2023 年家居市场前景展望

展望 2023 年，我国家居市场仍面临充满希望和布满荆棘的局面，如何融合创新、高质量发展，依然是家居企业需要思考的问题。对于新一年的发展前景，我们应该认真研究，积极应对，以下 4 个方面值得重视。

（一）消费需求与市场规模继续扩大

随着我国经济运行总体回升，预计居民消费、进出口量等都会得到复苏。随着市场消费信心逐渐恢复，2023 年房地产市场交易的活跃性也会有所上升，进而带动家居消费发展。当前阶段，房地产仍是家居产业增长的主要驱动力，随着房地产利好政策出台，楼市逐渐回暖，有利于缓解优质房企短期现金流的压力，势必也会释放家具、家居、家装的精装配套需求，进而带动家居企业的大宗业务。

（二）更加重视供应链管理，实现降本增效

面对原材料、人力等成本上涨压力，家居企业将越来越重视供应链的管理，利用适时采购、加强上下游合作等多种方式，有效平衡原材料价格上涨对公司利润的影响，并且通过供应商管理、产线改造、存货周转等水平的提升强化自身管理和运营能力。从长远来看，供应链管理与物流需要深度融入家居生产、流通等各环节，在帮助企业降本增效的同时，也能提升产业链供应链的韧性与安全水平。

（三）家居物流基础设施水平进一步提升

传统的家居运输、仓储运作大多依靠人工，随着智能化、数字化物流的发展，家居物流基础设施也将围绕市场需求进行调整布局和升级改造。目前家居品牌企业都更加重视“智能制造”和“智慧工厂”的建设，为此自动化搬运、输送、装卸等物流设备和自动化立体仓库成为“标配”，今后将会更多出现在家居生产场景中。此外，家居流通领域也将加快智慧物流园区、数字化平台的建设。

（四）海外市场继续培育，物流能力需强化

为应对未来潜在发展风险，众多家居品牌企业选择拓展海外市场，但目前基本仍处于初期布局阶段，海外仓储物流资源明显不足。随着“国内国际双循环”新格局的构建、“一带一路”倡议的推动，将有更多家居企业走出国门、迈向国际市场，如何在海外建设仓储和配送网络，支撑业务发展，将是企业下一步需要重视的问题。

2023 年，随着党中央、国务院推出的一系列援企纾困政策逐步落地见效，家居消费需求有望得到进一步激发和释放。业界对家居行业整体好转、平稳运行普遍充满信心，预计将迎来新一轮恢复性增长的新时期。

在机遇与挑战之下，供应链与物流将显得更为重要，加快数字化转型、提高服务质量，将是家居企业不可忽视的问题。如何实现上下游协同发展，构建更有韧性、更加强劲的供应链，也将成为各方共同的期待与关注点。

中国仓储与配送协会家居供应链分会　肖立

2022年物流装备市场发展与展望

一、发展环境概述

2022年对中国经济来说是困难的一年。

在市场需求方面，虽然新冠疫情暴发促进了电子商务的快速发展，但2022年的“双11”购物节，既没有过去几年的热闹，也没有达到往年的增速。这是由于电商发展已经从超高速发展进入中高速发展，但也与外部的大环境有着直接的联系，人们预期收入减少、购买力下降、消费欲望降低等被认为是重要的原因。

在行业政策方面，我国物流发展已经上升到国家战略高度，并形成共识。2022年5月，国务院办公厅印发《“十四五”现代物流发展规划》，将现代物流提升到推动国民经济高质量发展的“先导性、基础性、战略性”的高度，进一步凸显发展物流的重要性，可视作物流寒冬中的一抹阳光。

乐观的是，随着中国疫情防控政策的调整，中外交流的大门将再次打开，世界范围的交流，无论是人、技术还是货物，都将逐步恢复，这将大大提升世界范围经济发展的预期和信心。

二、2022年物流装备市场分析

（一）市场需求

一般认为，物流装备市场需求会落后社会经济发展一个节拍，这个节拍的实际跨度大致在6~10个月。这是因为，物流基础建设的投资周期一般都比较长，计划的制订既有滞后性，又有一个惯性，这是一个大的趋势。就2022年而言，上半年的需求依然比较平稳，但下半年的投资欲望明显放缓，尤其是电子商务领域，随着电商热度的降温，电商企业物流装备的投资也大幅度下降。其他行业也面临同样“窘境”，制造业由于受海外订单下降的影响，中小企业直接面临断炊的窘境；医药行业除以新冠病毒防疫为目标的药品和医疗器械外，情况普遍不乐观；白酒行业似乎是比较好的领域，但总体规模有限；新能源汽车市场需求一枝独秀，这是市场难得的亮点；零售业这些年受到电商的重创，情况一直不乐观，投资几乎没有增长的迹象；服装业受市场消费能力下降的影响，全年一路走低，并且一蹶不振；冷链需求稳步上升，尤其是农产品冷链，增长幅度较大；军事物流和应急物流由于有国家的投入，保持了一定的增长。值得一提的是海外市场，尤其是东南亚市场正逐渐恢复，需求开始复苏。

（二）装备产业营收

全年物流装备产业市场销售总体呈现平稳发展态势，预期全年销售增长超过10%，但利润率将有下降。从7家上市公司前9月的报告来看，销售增幅和利润增幅还是比较大的。

国内主要上市公司收入利润表

序号	单位	销售收入（单位：亿元）			利润（单位：亿元）		
		2021Q9	2022Q9	增幅	2021Q9	2022Q9	增幅
1	音飞储存	5.3	7.23	36%	0.85	0.90	5.88%
2	今天国际	8.9	16.86	89.44%	0.57	1.88	229.82%
3	德马科技	10.33	9.70	-6.1%	0.59	0.69	16.9%
4	蓝剑智能	2.55	6.1	139.6%	0.06	0.44	633.33%
5	东杰智能	7.98	7.62	-4.51%	0.63	0.56	-11.11%
6	新松机器人	17.71	18.13	2.37%	-2.96	-2.06	30.4%
7	诺力股份	11.9	13.28	11.6%	2.36	2.91	23.3%

注：上表是第三季度报表，并非全年报表。

从上表可以看出，按照第三季度同比计算，7家上市公司销售收入由64.67亿元增长到78.92亿元，同比增长22%，利润则由2.1亿元增至5.32亿元，增幅为153.3%。考虑到物流装备领域的特殊性，2022年的收入大部分是2021年的合同所产生，因此，这一数据具有一定的偏差，并不能反映2022年全年的真实情况。实际上很多非上市公司的利润率是下降的。

（三）主要物流装备产品

从产品发展来看，2022年我国物流装备产品延续了以往的基本走势。自动化和智能化产品进一步受到重视。

货架：发展基本稳定，呈现稳步增长态势。高精度货架需求成为新的增长点和发展趋势。高精度货架指适应穿梭车系统的货架，这一部分货架的比例将逐步得到提升。

miniload堆垛机：托盘式立体库的需求稳定，miniload的需求增长较快。根据国外的发展路径，以及市场需求趋于个性化的态势分析，以箱为单位的存储技术需求大增，未来对于miniload的需求将进一步扩大。

输送机：高品质的滚筒受到重视。高性能输送机和更加柔性化的可插拔的输送机单元成为市场发展的方向。

“货到人”拣选：是过去5年发展最快的产品之一，未来有望成为主要的拣选方式。与之相应的技术包括多层穿梭车、四项穿梭车、快速提升机、AMR等，这些技术和产品得到快速发展。

分拣机：高速分拣设备在经历了电商的快速发展后，进入一个相对缓慢的发展阶段，全年的需求量出现下滑趋势。

AMR：以KIVA、AGV为代表的AMR产品，其快速增长态势依然未减，企业参与的热度也没有下降，尤其是出口势头非常强劲，但价格战愈演愈烈。以电商发展模式来看待 AMR 的未来，用价格战方式提升市场占有率，将对 AMR 发展带来打击。

叉车：2022 年的增长在 80%左右，会不可避免地进入到一个调整期，但外部市场的需求依然强劲。

机械手：需求量依然增长迅速，尤其在工业制造领域。通过机械手联通生产与仓储，从而提升效率，已经为大多数企业接受的解决方案。

站台装卸设备：自动或半自动的站台装卸设备受到进一步重视。自动装卸技术将成为未来仓库设计的重要环节，并影响物流中心的总体设计。

自动包装设备：在电商中的应用已经成为标配。但从更长远的观点看，围绕绿色包装概念，将会有较大的发展机遇。

物流软件：无论是传统产品 WMS/WCS，还是以追求数字化和透明化为目标的物流软件技术，都得到了前所未有的重视和发展。数字孪生、控制中台的概念迅速为企业和用户所接受，智能化技术、AI 技术成为追逐的时髦。

（四）企业和人才队伍

2022 年新增企业数可以忽略不计，企业总量与去年基本持平。这是一个值得注意的信号，即行业进入相对稳定的发展阶段，完全没有 2015—2020 年大量新公司成立的现象。

虽然全国就业形势不乐观，但物流装备人才队伍却相对稳定，这是多年未有的现象。这说明：一是全球范围内 IT 企业正在经历裁员大潮，导致跨行业跳槽的现象减少；二是物流装备行业新兴企业正在急剧减少，使过去专业人才炙手可热的局面迅速降温；三是物流装备行业增速有限，对人才的需求放缓。

企业数量和人才就业的相对稳定，预示着物流装备行业发展由前几年的火热转为平静，这将会给行业的健康发展带来希望。

（五）外资企业

2022 年是外资企业在中国过得比较惨淡的一年。由于新冠疫情的影响，导致国外的技术人员无法顺利来到中国，外资企业也逐渐失去对中国市场的影响力。随着外资企业参与度的减少，国外的先进技术与装备的影响力越来越小，直接影响我国物流装备的发展，这应该是值得注意的一个现象。

（六）投融资市场

相对于过去几年火热的投融资现象，2022 年全年完成融资的企业屈指可数，顺利完成 IPO 的企业也寥寥无几。虽然不能由此判断资本市场正逐步失去对物流装备领域的兴趣，但物流装备企业规模小、低增长、利润低的情况已经为资本市场所了解，并不符合资本的需求。但不可否认的是，过去几年，由于资本的介入，物流装备出现了前所未有的繁荣景象，对我国的物流技术发展起到了巨大的推动作用。

（七）供应链

2022 年物流装备行业受供应链影响较大，一方面，受新冠疫情的影响，相关企业不能正常生产，导致外协、运输、关键零部件供应不能按时到位，严重影响了物流工程项目的按时交付；另一方面，进口零部件订货周期大幅度延长。前几年，因有相对充足的库存，这一问题并不突出，但2022年这一情况则突然显露出来，造成的影响是巨大的。各企业都在寻求替代品，但替代品的全面应用需要时间来完善。供应链的问题是一个长期累积的问题，其彻底解决也需要很长时间。

三、2023年物流装备市场展望

2022年的市场走势是逐渐走低的一个态势，这一惯性将持续一段时间，2023年的装备市场不容乐观。主要看国民经济的恢复状况，只有国民经济逐渐稳步回升，物流装备才有相应的需求。

（一）市场需求方面

连续多年的高增长需要市场消化。自2018年以来，我国物流装备市场持续保持高增长态势，市场调整势在必行。我国的宏观经济发展将在2023年恢复到5%以上的增长，受此影响，预期2023年下半年会出现好转，整个装备行业或实现触底反弹。

当前的问题主要是人们的消费欲望下降，企业的投资愿望下降，重新提振市场信心需要时间，电子商务出现前所未有的负增长现象。2022年的“双11”购物节，事实上已经出现负增长。这是一个非常强烈的信号，即电子商务的发展可能已经见顶，再也不会出现过去10年那种超高速发展的态势，以电商为主要订单的企业将面临挑战。但电商未来仍然是主要的购物方式，其长期增长是必然的。

未来重点关注领域是新能源和冷链。新能源汽车是汽车发展的方向。我国将在2030年实现新能源汽车占比达到70%的目标，由此推断，新能源汽车的物流需求将迎来激增，其中包括电池生产、储存、回收等主要环节。此外，自动化冷链市场将成为未来发展的热点之一。

（二）技术与生产方面

市场需求逐渐由极端向高端转移，高质量、高自动化产品将逐步取代低端产品。我国低端物流装备长期供过于求，直接导致市场发展的混乱，包括突破底线的价格战愈演愈烈，给市场的健康发展敲响了警钟。一旦市场需求增速放缓，淘汰落后产能成为行业的必然选择。

未来重点关注的产品有AMR、miniload、“货到人”拣选、3D机器视觉技术、AI机器人技术等。未来的物流系统要求自动化、智能化和柔性化，凡是与此相关联的产品将受到重点关注，具有良好的发展前景。软件技术将进一步受到重视，以数字孪生为切入点的监控技术，将会越来越受到欢迎。

（三）供应商与人才队伍方面

高质量的产品需要市场作为支撑，未来一定是高质量和低价格产品的天下。要做到这一点，首先要大幅度提升供应商的生产效率，降低制造成本。除在技术与工艺上进行创新外，企业必须要具备一定规模。由此可以预测，企业的整合与淘汰将会是未来的主要发展方向。

我国物流装备制造业比较分散，这一状况将随着市场竞争的不断深化，从而淘汰一批企业、整合一批企业、壮大一批企业。过去10年间，国外企业通过并购和淘汰的方式，头部企业规模基本扩大了一倍，大福、德马泰克、胜斐迩等企业均是如此。大福的年销售收入从2012年的约23亿美元增长到46亿美元。我国头部企业规模还在10亿~20亿元之间，离世界水平还很遥远，单靠自身的发展，差距只会越来越大。

人才队伍相对会比较稳定。首先，过去10年，行业培养了一大批实干人才，这些人才成为行业发展的中流砥柱，行业缺人的状况得到了有效缓解。其次，物流装备行业规模有限，利润甚至低于全国机械制造行业，且市场化程度竞争非常激烈。长期这样的局面既缺乏对资本的吸引力，也缺乏对高端人才的吸引力。因此，前几年大量资本涌入和人才涌入的盛况将难以为继。

经过几十年的激烈市场竞争，我国物流装备发展取得了丰硕的成果，其与世界先进水平越来越接近，并且在部分产品中具有了后发优势，这是难能可贵的。我国物流装备发展走过了一段长时间的探索之路，未来的发展方向是明确的，即发展高质量的制造业，这与我国整个制造业的目标一致。

北京伍强科技有限公司　尹军琪

第二部分

行业研究探索

PI（实物互联网）/LI（物流互联网）概念辨析、底层逻辑与发展路径

一、序言

近年来，在全球的物流创新领域，关于 PI（Physical Internet，实物互联网）的探讨是个大热点。多年前原顺丰集团 CTO、物界科技创始人田民最早将这个创新概念引入国内，并进行了舆论预热与铺垫。棋盘资本马宏先生得知这个概念后异常兴奋，投入了巨大的精力全面推广这一创新理念，先后组织了中国物流企业、物流媒体、研究机构与行业协会的 208 位业内大咖进行讨论，并组织策划了系列的研讨会与座谈会，创建了实物互联网 PI 微信公众号，在此基础上对各个专家观点进行汇总编辑，出版了中国第一本专论 PI 的图书《正在遇见的革命》，从而把 PI 的讨论推向了一个高潮。

笔者最早在中国倡导 LI（Logistics Internet，物流互联网），并在中国仓储与配送协会支持下，以及在商务部等权威部门领导下，一直借助商贸物流标准化行动计划、流通领域供应链体系建设等全国试点项目，通过推动单元化物流的创新发展，将 LI 的设想在实践中落地实施，并根据实践结果进行总结，从而逐步完善了 LI 的理论架构与技术体系。

二、PI（实物互联网）的概念辨析

（一）PI（实物互联网）的概念定义

笔者认为 PI（实物互联网）是个非常好的概念，已经激发了中国物流界众多大咖与各路专家的畅想，虽然众说纷纭，但焦点都是围绕物流实体网络的互联网化展开。对 PI 概念辨析需要从这个概念的发明人给出的权威定义开始，PI 创始人 Benoit Montreuil（班旺 · 蒙特尔）教授给出的定义最准确和权威。班旺 · 蒙特尔教授认为："Physical Internet 指的是将互联网的原则和规范体系借鉴到全球物流运作当中，物流操作参考互联网的运作体系，建立一个全球开放、互联的物流网络，使用一组协议和标准化的智能接口，以发送和接收可被标准模块承载工具承载的实体商品。"

（二）PI（实物互联网）与 LI（物流互联网）概念辨析

笔者在 2014 年年初《物流技术与应用》上发表的《物流 4.0：中国物流互联网时代大幕开启》一文提出了物流互联网畅想，指出互联网的起源就是"标准化"，互联网之父蒂姆 ·

伯纳斯·李通过超文本传输协议等标准实现了信息在不同计算机之间的联网共享，从而创造了互联网。在物流运作的现实世界，要实现实体物流互联网化，物流标准化就是最重要的基础之一，没有物流标准化，物流运作实体网络必然难以实现开放与资源共享，不能实现网络化智能运作，与互联网精神背道而驰。

蒂姆·伯纳斯·李等人通过统一规范数据通信协议、超文本传输协议、超文本标记语言与制定网址资源标准、互联网底层架构的标准体系，发明创建了互联网。因此，实体的物流互联网落地实施也需要创建一系列物流互联网底层标准体系。在《物流 4.0：中国物流互联网时代大幕开启》文章中，用程控电话系统的发展比喻和描述物流互联网：假设现在的物流系统，就像传统的电话接驳系统，虽然信息也能互相联通，但是我们必须要先打给接线员，再由接线员根据我们的要求连接到通话对象。而物流互联网时代，这些连接过程完全是网络的、智能的、自动的，是通过程控交换机由程序自动完成的。在物流互联网时代，物流装载、发货、仓储、配货、分拨、配送都是基于互联网的智能系统来完成。根据班旺·蒙特尔教授给出的权威定义与描述，PI 虽然是指实体互联网，但定义所讲的并非完整的实体网络，而是只针对物流体系，借鉴互联网的原则与规范体系，建立实体的物流互联网。这个定义概念的内涵和外延与其名称 PI 名不副实，却与笔者倡导的 LI（物流互联网）设想完全一致。

PI 不仅字面含义远远大于物流的实体网络，这个命名还更容易与物联网 IoT 混淆，字面含义仅聚焦实物互联，物的“流动”内涵并不丰富。所以，笔者认为，从物流角度将班旺·蒙特尔教授定义的 PI 称为 LI 更好，这样就名实相符，概念名称与定义的内涵指的都是实体物流网络的互联网化，命名更直接、更准确、更聚焦、更一目了然。

名不正则言不顺，基于以上辨析，笔者坚持 LI 的名称，并建议全球关于 PI 研究机构与推广机构，也修改这个概念名称，用 LI 代替 PI。以下为笔者对 LI 的完整定义：LI（Logistics Internet，物流互联网），指的是将互联网的原则和规范体系借鉴到全球物流运作当中，物流操作参考互联网的运作体系基本原则，使用单元化技术规范统一实体网络货物传输的标准化接口；利用网络通行证标准体系，建立实体网络货物跨系统和跨网络的流动与控制规则；通过统一物流单元的编码标准，实现实体货物在网络体系流动中的透明管理与资源共享；通过建立网络节点地理标准体系，实现货物的精准定位与存货资源的网络化调度，在此基础上建立一个全球开放互联的物流互联网。

（三）PI（实体互联网）与 CPS（网络实物系统）的概念辨析

如果扩大到实物互联的角度，PI 比物联网 IoT 名称更准确，因为 IoT 重点是借助感知技术，实现物的信息实时感知互联，还属于信息互联网范畴。但是，从概念本质与内涵角度，笔者认为全球比较成熟和落地实施的 CPS 理念也远超 PI 的概念名称，应用 CPS 技术的体系架构来描述一硬（实体）、一软（信息）、一网的虚实融合网络系统更有意义。CPS 的 C 是 Cyber，具有“网络的”意思，P 就是 PI（实物互联网）的 Physical，S 是系统的意思。但是 Cyber 不仅有网络的含义，还有计算、控制、通信、信息等含义，笔者把它称为无法翻译的 CPS，目前中国对 CPS 的标准翻译是“信息物理系统”，选取了 Cyber 的“信息”含义，但 CPS 概念完全可以涵盖 PI 含义，还预示着 CPS 定义的网络系统也是虚实结合、可计算与通信、可智能控制的网络体系。

在物流互联网体系中，实体网络不是孤立的，也需要与虚拟的信息世界打通。考虑到物流网络中的实体货物都有价值、产权和归属，实物网络中“物”的流动就必须有相关授权与安全保证，才能实现跨系统、跨企业、跨网络流转与交接，所以LI也注定是实物的互联网络集群。笔者先把LI纳入CPS技术体系内，作为CPS体系中的硬网络（即实体的网络）系统，再借助数字化技术打通CPS的硬网络与信息互联网软网络，最后形成物流CPS，成为智慧物流的基础架构。

2009年，笔者提出的智慧物流概念与体系和IBM提出的智慧物流不一样，IBM所说的智慧物流是建立在IoT之上，而笔者虽然借鉴了IoT物联网理念提出了智慧物流概念，但随着CPS技术发展，借鉴了IoT技术与CPS理念，建立了中国智慧物流技术与理论体系。

三、LI（物流互联网）的底层逻辑与落地实施

关于PI，目前国内外均处在概念与理论的探讨之中，研究论文和学术著作有很多，但具体落地实施的却很少。笔者认为，更重要的不是解释概念、炒作概念，而是研究底层逻辑，找出发展路径，推进理念落地实施，并几十年如一日地踏踏实实推广应用。如上所述，PI（实物互联网）实际应该称为LI（物流互联网），其本质是推动实体物流网络的互联网化。互联网的发明建立在TCP/IP、HTTP、HTML、URL四大标准体系之上，蒂姆·伯纳斯·李等人就是在这四大标准体系之上落地实施创建了互联网。推进LI落地实施，需要研究探索物流互联网的相关标准体系，以及这些标准体系如何在实体物流网络中实际应用。在互联网中，TCP/IP是通信协议，对互联网中通信的标准和方法进行了统一规定，是互联网大厦的根基；HTTP是超文本传输协议，负责规定浏览器和服务器怎样互相交流，是互联网信息通行的规范，是互联网大厦的支柱；HTML超文本标记语言是定义超文本文档的结构和格式，实现互联网按数字化01模式信息传输，并实时实现文档结构与格式展现与存储，是互联网大厦的建筑主体；URL是地址资源系统，是互联网大厦中信息节点地址资源的分配与定位的系统。

根据LI（物流互联网）的概念定义，结合上述互联网四大底层标准体系的本质，笔者提出了LI（物流互联网）底层逻辑，即一单、一证、一码、一点四大标准体系。其中，一单指的是物流互联网的物流单元化标准体系，对应的是互联网TCP/IP；一证指的是物流互联网的实物网络通行证，借鉴的是互联网的HTTP理念的变革；一码指的是物流互联网单元化编码标准，对应的是HTML超文本标记语言；一点指的是物流互联网的节点，包括货物起点、网络枢纽、物流节点、末端配送终点，借鉴的是URL理念，标注的是物流互联网的节点资源解析与地址准确地理定位。

（一）一单：物流单元化标准体系

与互联网通信协议TCP/IP的功能类似，物流单元化可以统一规范物流实体网络的标准化的单元载具，以发送和接收可被标准载具承载的实体货物。单元化的标准载具可以循环共用、任意组合、自动化搬运、智能化分流与合流。在物流系统交接过程中，标准统一可以实现物流系统按标准载具进行交接与操作，相当于统一了物流互联网的跨系统标准接口。正如TCP/IP是互联网的基石一样，单元化和标准化就是物流互联网基石。在全球海运物流互联网

中，集装箱是基本的单元，集装箱技术应用改变了世界，推动了全球海运网络的集装单元的标准化，实现了集装箱装卸的机械化与自动化。在物流互联网的陆地网络中，通过以托盘标准化为抓手，推动带托运输和托盘循环共用，以托盘标准为核心，推动货运车辆车厢、物流周转箱、仓储货位、分拣输送线、装卸搬运设备、仓库门与通道、仓储货架等的规格标准与托盘规格标准协同一致，跨企业与跨系统按托盘进行货物交接与操作，同时推动上游生产企业产品包装模数标准与托盘标准协同统一，推动托盘标准与陆运集装箱、海运集装箱规格协同统一，实现整体物流互联网的跨系统交接操作接口标准统一规范、尺寸协同。在商务部的领导下，自2013年起，通过商贸物流标准化行动计划试点、流通领域供应链体系建设试点，以及十几个部委发文推进单元化物流等工作，推动物流单元化与标准化，为物流互联网落地实施做了大量基础性工作，取得了巨大成效。目前中国推广的1200mm×1000mm规格的托盘标准已经得到很多企业认同，并在实践中采纳；已经得到欧洲相关部门与机构认可，与北美主流托盘标准规格也基本一致；同时这个规格既可以与集装箱标准协同，又与世界主流的产品包装模数600mm×400mm协同。作为一个类似互联网TCP/IP协议功能的物流单元化的托盘标准，为今后建立全球物流互联网统一的跨系统接口标准打下了坚实的基础。

（二）一证：实物网络通行证

网络通行证是笔者的一个比喻性描述，它与互联网超文本传输协议HTTP的功能对应，是实现LI中货物跨系统与跨企业的传输通行标准协议，可通过电子编码实现。这个编码与货物来源、当前位置、未来去向信息相关联，同时也是货物跨企业与跨系统交接的授权凭证，类似于网络通行证功能。在实际的物流运作中，电商物流的电子面单国家标准就是物流互联网的网络通行证标准之一。当物流互联网中的包裹贴上了电子面单，通过扫描电子面单，就可以知道它来自哪里、目前在网络中的位置、最后应该去向何方。在物流互联网系统中根据这个电子面单，可以全程透明化监控货物走向，可以跨系统、跨企业提取该面单货物在物流全链条中全程的物流信息，可以实现一切流程数字化和一切数字流程化，并且不会影响物流网络中不同系统与不同企业间的信息安全。目前，在电商领域，电子面单的国家标准已经制定并实施，极大地推动了快递物流领域智慧物流发展与快递网络的物流互联网建设。在普通物流领域，借鉴电子面单成功经验，尽快制定物流通用的电子货单国家标准是当务之急。多年来，笔者一直呼吁尽快编制中国电子货单国家标准，为物流互联网中的货物发放可以跨系统、跨企业的网络通行证，打通物流互联网孤岛。更进一步，呼吁全球以中国电子面单、电子货单标准为基准，建立全球物流互联网的HTTP标准。

（三）一码：物流互联网单元化编码标准

笔者把这个编码标准也称为单元化的数字身份证。这个编码对应的是信息互联网的超文本标记语言（HTML）。通过这个编码标准，可以把标准的载具单元与载具上货物的信息相对应，实现单元载具循环共用，载具中货物又可实时标记和管理运筹。载具单元是抽象的、标准的，可以任意组合与装卸搬运，里面货物可以是标准化的单品类产品，也可以是集装的多品类货物，这就类似于互联网的超文本标记语言HTML。载具是跨系统、跨企业的，里面货物又可以借助编码标准与单元载具编码关联，标记各类货物，实现实时定位，实时根据编码提取货物信息，实现智能化运筹与调度管理，满足物流互联网操作需求。在实际落地过程中，经过调研分析，建议使用全球物品编码标准体系 GS1 作为物流互联网单元载具编码体系，由于中国物品也采用了 GS1 标码规则，这个编码规则也是世界各国通用的编码规则，借此可以实现全球物流互联网的编码统一，为建立全球的物流互联网打下基础。

（四）一点：物流互联网的节点

物流互联网节点包括起点、枢纽、物流节点、配送终点等地理地址资源，对应的是信息互联网的 URL，是物流互联网的标准资源地址库与解析系统。物流互联网由“通道+枢纽+网络”组成，物流互联网节点是地理的位置点，是地理大模型技术的底盘，网络中节点一般是物流园区、分拨中心与分拣中心，网络末端配送点与前端取货点分布密集。物流互联网节点需要标准化定位和数字化标记，需要制定标准。尤其是前端与后端的地址解析，目前电子化的新邮政编码或类似的编码可以界定。这种编码是对立体化的地理空间编码系统，可以定位到楼层和具体房间；在仓库中可以定位到仓储货架储位点。关于这方面如何制定标准体系，给每个物体在节点位置如何分配地址，需要进一步探讨分析，制定相关的国家标准体系。

就像蒂姆·伯纳斯·李等人是依靠 TCP/IP、HTTP、HTML、URL 四大标准体系发明创建了互联网，笔者认为 LI 物流互联网也是建立在标准化基础上的创新发明。与互联网四大底层标准体系对应的是物流互联网的单、证、码、点四大标准体系，这四类标准化就是物流互联网的底层逻辑。

根据上述分析，中国物流行业关于 LI（物流互联网）的实践探索与推广早已居于世界前列，落地实践成果超越了国内外的概念想象与理论架构，并经过十多年的大力推进，已取得了巨大成效，让实践走在了理论前面。

四、LI 物流互联网发展路径与创新维度

（一）物流互联网的发展路径

通过建立和完善一单、一证、一码、一点四大标准体系，推动标准的落地实施，推动全球标准体系的统一或兼容，在此基础上可以创建全球 LI 物流互联网。作为标准化的创新，物流互联网的发展路径遵循物流标准化的推进路径。

第一步：大力推进“物”的标准化。信息互联网面对的是纷繁复杂的信息文本不统一，需要建立超文本通信协议，规范和统一信息通信标准接口。物流互联网面对的是形状复杂、比重不同的纷繁复杂的“物”，超越“物”的形态，规范“物”的单元化标准，便于实操中“物”的发送和接收，这是物流互联网的首要任务，即“物”的标准化。制定和规范超系统、超形状的标准物流单元，便于物流作业中单元货物的排列组合、分发接收及载具循环共享，这也是统一实体货物交接的接口标准过程，是建设 LI 物流互联网最基础性的首要的工作。

第二步：大力推进“流”的标准化。在物的标准化基础上，要让“物”在物流互联网中快速流动起来，需要大力推进跨系统和跨企业的“流”的标准，其中最核心的就是统一制定货物在物流互联网中自动“流动”的网络通行证标准，其次是规范跨系统、跨企业交接流程

的相关标准。电商物流的电子面单提供了“流”的标准范例，下一步大力推进电子货单标准、免验货交接标准、货物交接流程标准等，在此基础上还要大力推动标准的全球化协同与统一。

第三步：大力推动“网链”标准化。在“流”的标准化基础上，需要把网络中“流”动的标准载具单元连接起来，形成网链。首先，需要借助标准的货物单元赋码，对流动的货物标记与定位。其次，对货物聚集地进行标记与定位，连接流动路径与节点，建立物流互联网中货物与节点的“超链接”，可以实现网络化存储、网络化调度、网络化运筹、网络化库存管理。货物超系统的标记需要统一编码标准，货物的跨系统操作与定位需要统一地理位置编码，即位置解析。涉及编码标准化和物流节点地理定位与解析的标准化。做好上述工作，物流互联网大厦架构就基本搭建完成了。

（二）物流互联网创新维度

当物流互联网基本架构初步创建起来后，就可以借助物流互联网的优势进行全方位物流模式创新。笔者认为在物流互联网上新物流的创新大体有两个维度：一个是智能化创新维度；另一个是平台化创新维度。

1. 智能化创新维度

物流互联网的智能化维度的基本路径是先在物流互联网基础设施上，实现数字化，再通过机器决策实现智能化，最后迭代升级让系统智能进化，实现智慧化。

（1）数字化。数字化与信息化的区别是系统的信息数据能不能由机器采集自动产生，在物流互联网中，实体网络（地网）必须与数字网络（天网）融合，二者是孪生的系统，其融合的关键就是数字化，编码标准为单元货物和单元载具赋码，相当于发放了数字身份证，打通了虚实融合的通道。在此基础上，借助物流互联网的网络通行证的授权，可以打通物流互联网跨系统的信息数据提取和跨系统的数字化运筹，实现一切流程数字化，一切数字流程化，让物流互联网跨系统与跨企业间操作可以全网协同、智能运筹和自动分发。围绕这一方向，可以结合各类场景进行无数的创新探索。

（2）智能化。智能化与数字化的边界是机器系统能否做决策，如果在数字化基础上还是由人来决策，那还不是智能化；如果机器系统可以根据数据分析实施决策，就实现了智能化。此时单元货物知道从哪里来、目前在哪里、将到哪里去，网络路径都可以清晰标记，可以被机器系统感知并操作。在物流互联网基础上的智能化创新，可以结合实际的各类场景，以及提升物流效率与服务质量的各类需求。这种创新也是无限的、空间巨大的。

（3）数智化。数智化是数字智能化和智能数字化的融合，数字智能化是机器智能的发展路径，智能数字化是把人类智能进行数字化，把人的智能融入物流互联网中，与数字智能化的机器智能融合。这方面更是创新无限。

（4）智慧化。智慧化是物流互联网创新的终极目标，这时物流互联网已经拥有了智慧，有了生命觉醒。现代物流要达到这一步还任重而道远。物流互联网是智慧物流基础设施，为物流沿着智能进化方向的创新搭建了一个大舞台。

2. 平台化创新维度

平台化创新重点是建立调度与管理物流互联网的智能大脑，对物流单元智能化操作，对局部的物流系统进行智能化的调度管理，以及建立物流互联网平台，推动物流互联网生态化创新。结合物流需求场景，在物流互联网基础设施上可以创新商业模式，创造出各式各样的新物流模式。

（1）单元创新：智能单元与智能硬件。从货物系统角度，一个单元载具如果赋予了网络通行证，就形成了一个智能单元；一个对物流单元操作的单体设备，可以借助物流互联网管理调度，对智能单元的信息自动感知，实现闭环的感知、分析、计算、决策、执行，就是一个智能硬件；智能单元管理可以进行循环共用、堆码装卸、优化利用、开放共享的各类创新；智能硬件可以结合作业特点与需求进行各类创新。在传统的物流操作各类单体机械设备的基础上，引入物流互联网技术思维，就可以进行设备改进与创新，可以进行开放自动化与开放智能化的各类创新。

（2）系统创新：系统操作与管理调度。物流互联网存在着各类局部网络系统，一个企业的物流互联网、一个分拨中心、一个自动化仓库、一个分拣中心都可以成为物流互联网的一个系统。局部的物流互联网系统，往往由各类不同的智能硬件操作设备和大量的物流单元货物所组成，有很大的创新空间。

（3）平台创新：开放智能化物流互联网平台。物流互联网平台可以由跨地区、跨企业的系统组成，是开放智能化的平台，应该具有物流大脑。物流大脑是物流互联网平台的灵魂，是实现物流互联网平台开放、交换、共享、协同、跨界的智慧系统，在物流互联网平台可以进行生态化、立体化的全方位创新，其创新空间、市场前景、创新模式都具备无限想象空间。

目前PI已经成为全球物流创新热点研究领域，如文中所述，PI概念名不副实，中国在相同领域中实践已经走在了理论前面，LI（物流互联网）比PI名称更聚焦、更准确。笔者建议：中国的专家学者没必要总跟在国外的专家后面空洞地炒概念，应该树立我们的自信心，创造中国新物流的概念与技术体系，创造我们的物流原创理论，掌握国际物流创新的话语权，物流互联网可以作为中国物流原创理论的研究课题。本文仅提出了物流互联网的基本理论架构，要完善物流互联网理论体系，需要做很多工作（如编著《中国物流互联网白皮书》等），创建和完善中国物流互联网理论体系，分享中国物流互联网成功经验。

中国仓储与配送协会副会长兼专家委员会主任　王继祥

冷链仓储企业存货融资的经济性评价研究

一、行业背景

2020 年 9 月，中国人民银行、工业和信息化部等八部门联合出台《关于规范发展供应链金融 支持供应链产业链稳定循环和优化升级的意见》（银发〔2020〕226 号），强调稳步推动供应链金融规范、发展和创新。随着政策环境的优化、金融科技的运用，供应链金融业务通过跨界融合与协同发展，成为破解中小企业融资难、融资贵等问题的重要抓手，供应链金融业务逐渐成为各商业银行的重点业务。供应链金融指金融机构通过将核心企业与上下游企业的资金流联系起来，分散供应链链条上的风险，整合成供应链企业群间可控风险的一种金融服务。在供应链融资模式下，相较于关注单个企业的信用风险，金融机构更看重整个供应链的风险。

寻求适合开展供应链金融业务的商品，是企业获得融资的重要因素之一。本文从商品的经济寿命周期、价格稳定性及商品流动性 3 个维度进行判断。其中，经济寿命周期足够长的商品，可以满足或适应银行的审批、放款、回款周期，在整个供应链金融业务周期中，不易发生抵质押物的损坏、折旧及灭失等情况，因此对于经济寿命周期较长的商品开展的供应链金融业务安全性会大大提升；针对价格稳定性强的商品开展供应链金融业务，一旦市场出现剧烈波动，抵质押物的价值波动幅度可控，可有效降低供应链金融业务风险敞口，对于银行的资金头寸的安全保障力度较强；针对商品流动性强的商品开展供应链金融业务，一旦发生融资人违约时，可以较高的效率对抵质押物进行处置迅速回款，节省额外的仓储、运输成本的同时，也节约资金成本，保障金融机构的资金安全，维护供应链金融业务的稳定。

本文以上海郑明现代物流有限公司（以下简称“郑明物流”）为例，从第三方冷链物流企业的角度，对冻品供应链金融的监管信用进行研究。

郑明物流是国内冷链仓储物流行业的头部企业之一，成立于 2011 年，在“2021 年全国冷链仓储企业排名”榜单中以 797.4 万立方米的冷库容积位列首位。

二、经济性分析

（一）经济寿命周期分析

从冻品的经济寿命周期角度考虑，主要参考各类冻品在多温带冷库不同贮藏条件下的贮藏期。当冻品作为存货进行融资时，其经济寿命周期应足够覆盖金融机构与融资方之间的审批、放款及赎货周期，因此贮藏期越长越好。冷库主要冻品的贮藏条件及贮藏期如表 1 所示。

表 1　冷库主要冻品的贮藏条件及贮藏期

冻品种类	含水量（%）	贮藏温度（℃）	贮藏间相对湿度（℃）	贮藏期（天）
干鱼	45	-9~0	75~80	90
冻鱼	-	-20~-12	90~95	240~300
熏制鱼	-	4~10	50~60	180~240
对虾	79	-7	80	30
牡蛎	80	0	90	60
冻猪肉	-	-18	85~95	60~240
冻羊肉	-	-18~-12	80~85	90~240
冻牛肉	-	-18~-12	80~85	90~240
冻禽肉	60	-30~-10	80	90~360
牛奶	87	0~2	80~95	7
奶油	59	0~2	80	210
冰淇淋	67	-24~-20	85	14~84
奶粉	-	0~1.5	75~80	30~180

存货质押融资业务流程包括准入、审批、放款、回款、赎货等，业务周期相对较长，给质押下的冻品贮藏周期带来压力，在合适的贮藏温度下，贮藏期在 3~6 个月的冻品比较适合存货质押融资业务的开展，因此生鲜水产品、牛奶等虽然也是冷库内常见商品，但并不适合作为存货融资业务的质押资产。相较而言，冻牛肉、冻羊肉、冻猪肉、冻禽肉、冻鱼、熏制鱼等，从贮藏周期的角度来看比较适合开展动产质押融资业务。

对郑明物流某冷库各类冻品进、出货周期进行统计，以统计其在库周期。主要产品包括冻牛肉、冻羊肉、冻禽肉及虾类水产品等，统计结果如表 2 所示。

表 2　郑明物流某冷库主要冻品在库周转情况统计

冻品种类	货物在库平均周期（天）	货物在库最长周期（天）	平均每日周转量（吨）
冻牛肉	5.51	25.00	14.33
冻羊肉	12.67	120.00	2.44
虾类水产品	12.50	51.00	3.52
冻禽肉	48.37	276.00	0.73
冻猪肉	96.75	229.00	0.80
奶粉	107.05	187.00	18.47

上述冻品的在库周转周期时间比较充足，针对在库周期过长的货物，第三方冷链物流金

融监管企业可积极配合金融机构开展库内监管，在保障货物货权安全的原则下，积极协助上下游客户开展供应链金融业务，盘活在库资产，打通冻品供应链堵点。

综上考量，从质押物经济寿命周期的角度考量，冻水产品、冻牛肉、冻羊肉、冻猪肉、冻禽肉等冻肉类及奶粉可以考虑作为冷库内存货融资业务的底层资产。

（二）价格稳定性分析

在考虑了冻品的经济寿命周期后，冻水产品、冻牛肉、冻羊肉、冻猪肉、冻禽肉等冻肉类及奶油、奶粉等乳制品可以作为潜在的存货融资底层资产考虑。基于这几类冻品，从价格稳定性的角度进一步考量其作为存货融资底层资产的可行性。

参照各冻品 2020—2022 年的统计数据，对国内水产品、牛、羊、猪、禽类现货价格统计，并对各冻品价格稳定性进行经济评价，以统计该冻品价格波动标准差与其价格均值比值，为长期波动率，如表 3 所示。

表 3　各主要冻品均价及波动水平

商品种类	价格波动率（%）	价格（元/千克）	保值率（%）
成人奶粉	1. 64	98. 20	98. 36
国外品牌婴幼儿奶粉	4. 29	248. 73	95. 71
国产品牌婴幼儿奶粉	5. 95	202. 22	94. 05
白条鸡	9. 76	26. 37	90. 24
冻牛肉	12. 16	68. 75	87. 84
冻羊肉	13. 78	63. 44	86. 22
冻猪肉	39. 98	46. 00	60. 02
冻禽肉	9. 76	26. 37	90. 24

除猪肉的价格波动率较大，作为质押品的保值效果较差，其余对各冻品价格波动率都相对较低。对于存货质押商品来说，过大的价格波动性会给开展质押融资业务时带来授信敞口风险，也会给一旦出现违约情况下的商品处置带来不便，因此冻猪肉不适合作为存货融资的底层资产。

（三）商品流动性分析

在考虑了冻品的经济寿命周期及价格稳定性后，冻水产品、冻牛肉、冻羊肉、冻猪肉、冻禽肉等冻肉类及奶油、奶粉等乳制品可以作为潜在的存货融资底层资产考虑。基于这几类冻品，从市场流动性的角度进一步考量其作为存货融资底层资产的可行性。

在流动性测算时，需要考虑各地区的居民消费习惯及人口数量两个维度，综合考量该地区对某类冻品的选择偏好及市场容量。在地区划分时，依据郑明物流的冷库布局，划分为东北、华北、华东、华南、华中、西北、西南、上海 8 个区域，其中东北地区冷库主要布局在黑龙江、吉林和辽宁；华北地区冷库主要布局在北京、天津、河北和内蒙古；华东地区冷库主要布局在江苏、浙江、安徽、福建、江西和山东；华南地区冷库主要布局在广东、广西和海南；华中地区冷库主要布局在河南、湖北和湖南；西北地区冷库主要布局在山西、陕西和甘肃；西南地区冷库主要布局在重庆、四川、贵州和云南；由于郑明物流在上海地区冷库布局较为密集，因此上海单独列为一个地区来分析。对各地区城镇人口数量进行统计，结果如表 4 所示。

表 4　2022 年各地区城镇人口数量

地区	东北	华北	华东	华南	华中	上海	西北	西南
城镇人口数（万人）	5242	9008	23720	11320	12703	2139	5809	9263
城镇化率（%）	46.85	77.04	61.42	64.96	56.50	88.10	56.66	54.95

根据 2020—2022 年的 3 年各省及直辖市城镇居民人均主要冻品消费量，再结合各地区的居民消费习惯，统计各区域的城镇居民人均主要冻品消费量如表 5 所示，以计量各类冻品在不同地区流动性。

表 5　各地区城镇居民人均主要冻品消费量（单位：千克）

种类 \ 地区	东北	华北	华东	华南	华中	上海	西北	西南
奶粉类	1.61	2.45	1.63	0.90	1.28	2.17	2.14	1.27
冻牛肉	3.27	3.35	2.65	2.7	2.43	3.1	1.6	2.38
冻羊肉	1.4	4.03	0.93	1	1.07	1.1	1.83	0.53
冻禽肉	5.5	5.98	10.57	19.67	8.07	12.1	4.33	9.25
冻水产品	12.73	10.1	19.42	21.8	12.43	24.5	4.33	7.4

由于上海在地理位置上嵌入华东地区，两者间有相互辐射作用，因此上海地区市场规模也纳入华东地区进行综合考量，由此可以计算出各地区冻品市场规模如表 6 所示。

表 6　各地区城镇冻品消费市场规模（亿元）

货种 \ 地区	东北	华北	华南	华中	上海及华东	西北	西南
奶粉类	154	404	187	297	793	228	214
冻牛肉	118	207	210	213	478	64	151
冻羊肉	47	230	72	86	155	68	31
冻禽肉	76	142	587	270	729	66	226
冻水产品	148	202	549	351	1141	56	152

综合比较同地区内不同冻品消费市场规模，及不同地区同冻品消费市场规模，分析各类冻品存货质押融资业务在各地区开展的适用性。

考虑到不同地区冷库的辐射范围及功能因素，一些地区的冷库依托本区域内强劲的消费市场，更适合在区域内开展存货融资业务；一些地区由于特殊的地理环境，虽然本地区消费市场一般，但依托陆海新通道、贸易港口条件等得天独厚的优势，在国家政策及国际、国内双循环大环境支持下，更适合在全国范围内开展跨区域存货融资业务。基于上述分析，建立各类冻品货押融资业务地区及功能适用性矩阵，如表 7 所示。

表 7　各类冻品货押融资业务地区及功能适用性矩阵

适用性／冻品种类	适合在本区域内开展存货融资业务的金融库所在地	适合跨区域宽辐射开展存货融资业务的金融库所在地
奶粉类	华北、上海及华东地区	东北、西南地区
冻牛肉	华北、华南、华中、上海及华东地区	东北、西北、西南地区
冻羊肉	华北、上海及华东地区	东北、华南、西北、西南地区
冻禽肉	华南、上海及华东地区	东北、华北、西北地区
冻水产品	华南、上海及华东地区	东北、西北、西南地区

三、商品融资模式

当前，主流融资类供应链金融服务主要有三种模式：动产质押融资模式、应收账款融资模式和订单融资模式。基于第三方仓储物流企业的场景优势，存货质押融资供应链金融模式的监管信用是研究讨论的重点。

在存货融资模式供应链金融体系中，物流公司凭借第三方的特殊身份将供应链上下游企业联系起来，负责企业交易生产中商品货物的仓储、运输及配送等工作，比金融机构更了解供应链各个环节的运作情况，可为供应链中的企业提供质押价值评估等其他金融服务。具体来说，融资企业按协议要求将冻品作为质押物存入金融机构指定的质押仓库，签订质押协议并向金融机构申请贷款，金融机构根据存放冻品的市场报价和历史波动水平给出贷款额度。物流公司将货物信息等提供给金融机构，提升金融机构对业务信息的掌控力，通过严格的操作流程实现金融机构及冻品加工企业的资金流、物流、信息流的互补，达到控制信用风险的目的。

因此，具备资信的第三方冷链物流企业在存货融资模式的冻品供应链金融中起引导作用，运用其对质押下冻品价值变化的监控，以及供应链金融中的信息整合、分析等专业化运营能力，通过对托管基础资产进行准确的经济性评价，并设置合理质押率，有助于冻品质押融资业务中的风险管理，支撑冻品供应链金融业务的顺利开展。

存货融资模式形式一般为“融资企业 + 第三方仓储物流 + 金融机构”，以第三方供应链服务商为主导，关注服务商的信息整合能力。在供应链金融服务模式中，金融机构带来资金流，农户及冻品加工商带来商流。

在存货质押融资供应链金融模式中，业务开展流程如下所示。

（1）加工企业（或贸易商）、金融机构（或银行）及具备资信的第三方仓储物流企业签署三方物流金融监管协议。

（2）加工企业（或贸易商）将质押货品等移交至银行指定的仓库。

（3）金融机构（或银行）对加工企业或贸易商进行放款。

（4）金融机构（或银行）向指定第三方仓储物流企业发出监管指令。

（5）第三方仓储物流企业向金融机构（或银行）及加工企业（或贸易商）反馈监管信息。

（6）完成下游销售回款后，加工企业（或贸易商）对金融机构（或银行）偿还借款。

（7）金融机构（或银行）向第三方仓储物流企业发出该批货物的解押指令。

（8）第三方仓储物流企业协助加工企业（或贸易商）配送货物至下游指定仓库，完成交货。

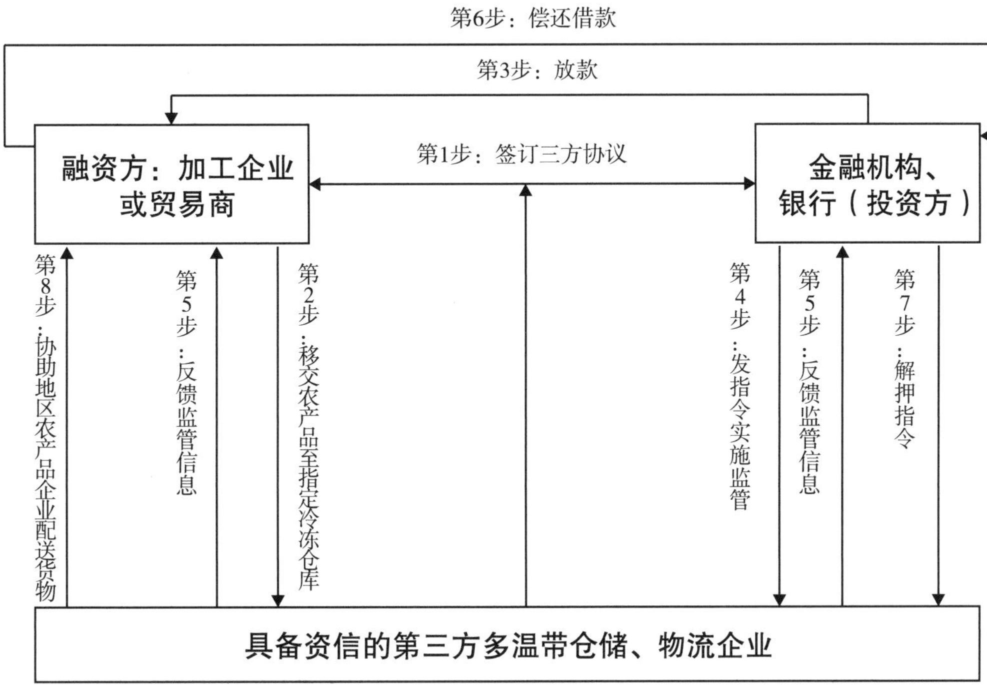

冻品存货融资模式供应链金融业务

考虑冻品在流通加工及消费领域的内生性存储需求，且居民对于冻品的消费节奏与预期相对稳定的特性，因此存货融资模式比较适用于冻品供应链金融业务的开展。

四、结论

仓储企业协助金融机构开展存货融资供应链金融业务时，对商品的经济性进行考量，从商品的经济寿命周期、价格稳定性及流动性 3 个维度进行判断，可在较大程度上保障供应链金融业务的安全性及稳定性。拟开展存货质押融资业务的商品，首先应具备较长的经济寿命周期，对其易腐蚀程度及历史价值贬值速度进行考量；其次应具备较强的价格稳定性，对其历史价格波动水平进行测量；最后应具有较强的市场流动性，在违约情形下可以迅速处置。

因此对该商品在拟处置区域内的消费历史及市场规模进行考量。基于上述方法对拟开展存货融资业务的商品经济性进行评价，可以在一定程度上保障供应链金融业务的安全。本文以冷链仓储为例进行了分析，梳理出适合开展存货融资供应链金融业务的冻品种类，并针对各金融仓所在地的情况进行了分析总结。

在3大主流供应链金融模式中，存货融资类供应链金融模式更契合以第三方仓储物流企业为主导的供应链金融场景，具备金融监管能力的仓储物流企业不仅应严格选择适合开展业务的商品、地区，还应严格把控监管流程，积极引入物联网技术等金融科学技术，协助供应链上下游实现全流程的风险管理。

上海郑明现代物流有限公司　王大山

城乡高效配送创新模式

一、共享仓储

（一）仓储企业仓配一体化

仓储企业依托规模化的仓库设施与社会化的仓储业务优势，完善服务功能，转型为仓配一体化的公共配送中心，组建配送车队或组织整合社会运力，立足仓内不同货主（生产商、批发商、连锁企业等）供应链物流需求，提供订单处理、分拣、加工、配送、退换货及其他延伸服务，为下游购物中心、百货商超、便利店、社区小店等零售门店开展共同配送，优化配送路径，提高车辆满载率和配送效率。

该模式特点在于，各类货主企业共享公共仓储配送资源，降低仓储、运输和管理成本。

（二）经销商统仓共配

众多快消品区域经销商以合伙人的方式联合组建新的仓配企业，或者有条件（具备规模化仓储设施、擅长物流管理）的快消品区域经销商直接转型为第三方仓储配送企业，运用统一的仓储管理信息系统管理众多经销商库存，通过搭建一站式采购平台连接经销商与末端门店，为众多经销商与区域内各类实体门店（百货商超、专卖店、社区店等）提供统仓共配服务。

该模式特点在于，经销商横向整合与共享仓储资源，提升仓储配送集约化水平，实现经销商向供应链物流服务平台转型升级。

（三）末端网点共建共享

快递、电商等在社区、校园等快件量较大的地区共建共享“驿站”“快递服务站”等末端网点，实现多家不同品牌快递末端统仓共配；社区小超市、杂货店、水果店、菜店等，提供快递代收代发服务；农村电子商务服务站、村邮站、益农信息社和农村个体商户等，为农村居民提供邮政快递、电子商务、代办代缴等多种类型服务。

该模式特点在于，多个市场主体共建、共享、共用末端网点，实现“一点多能”，降低配送成本。

（四）产地仓直发配送

电商企业或大型连锁商超，通过与农产品基地合作，创建新型农商互联关系，在农产品产地建设具有农产品集聚、产地预冷、低温保鲜、加工配送等功能的农产品产地仓，推行产地质检与源头追溯，通过周转箱（筐）等单元化载具和可循环包装将品牌化、规模化的农产品直接送达末端门店或消费者。

该模式特点在于，减少农产品流通中间环节，由产地仓进行跨区域直发配送，扩大销售半径与范围，降低生鲜农产品损耗。

二、共享运力

（五）零担运输“落地配”

众多零担运输资源聚集的物流园区，搭建或应用零担货物“落地配”公共信息平台，对接本地城市配送企业，集中组织零担货物的市内共同配送，将众多分散的零担货源与分散的城市配送资源无缝对接，通过货源与车源信息共享，实现车货匹配，避免众多收货人入园提货或零担运输商分别送货。

该模式的特点在于，实现零担干线运输与市内配送的有效衔接，提升整体配送效率、降低配送成本。

（六）县乡往返共同配送

针对县乡物流资源分散、末端收发货地点距离远及货运量较少等特点，具备条件的单位或企业（包括商贸、快递、邮政、供销、公交、报刊发行等），创新合作模式，整合或改造扩建县及县以下的仓储和运输资源，统筹工业品下行与农产品上行、线上与线下等渠道货源，进行集中仓储、规模化分拣、统一调度车辆，采用“客货邮快融合”“货运公交”等方式开展县乡往返共同配送。

该模式特点在于，集中资源，整合运力，保障县乡往返物流服务，分摊仓储配送成本。

（七）生鲜集采共配

农产品批发企业、团餐企业等在主要农产品产区布局，采取“公司+基地+农户”的模式，依托规模化的生产基地，提供农产品商品化处理、净菜加工、检测、低温保鲜、赋码追溯、全程冷链仓配等服务，通过农产品的集中采购、共享运力，为机关团体、学校、食堂提供农产品分拨、分拣、配送等服务。

该模式的特点在于，以订单为中心，实现对农产品的规模化采购和面向团体的共同配送，构建产销紧密衔接、稳定高效的新型农产品供应及物流配送模式。

（八）批发市场共同配送

由批发市场开办者主导建立批发商统仓共配平台，或者引入第三方配送企业建立公共配送平台，通过平台集中配备或整合运输车辆，为机关团体、零售门店等组织共同配送，减少采购者自提或各批发商直送。

该模式特点在于，批发市场内各类批发商外包仓配业务，共享配送资源，分摊配送费用。

（九）单元化配送

供应链上下游企业使用同一标准或租赁同一家服务商的托盘、周转箱（筐）等物流载具，以托盘或周转箱（筐）形成物流集装单元，从产地、工厂等商品源头出发，通过带托（箱）运输、带托（箱）存储、免验货交接等方式，实现“一托（筐）到底”送达末端零售网点。

该模式的特点在于，从上游到下游不同物流环节“不倒托”“不倒箱”，减少装卸搬运次数，提高流通效率，降低货物损耗。

三、共享技术

（十）无接触配送

快递、电商或配送企业在末端配送活动中，经与服务对象协商一致，将货物放置到智能快件箱或其他指定位置，通过电话、信息、App 等方式通知服务对象自行取件，整个配送过程中配送员与服务对象不发生面对面接触。

该模式的特点在于，非接触场景下进行货物配送和交接，能够降低疫情传播风险，有利于配送员灵活安排配送时间，提高末端配送效率。该模式经由疫情等因素进一步催生而发展壮大，应用智能快件箱作为最主要末端设备是该模式的主要服务方式和未来发展方向。

四、共享平台

（十一）城市配送公共信息平台

由政府部门主导建设具有信息共享、车货匹配、运力调度与通行管理等功能的城市配送公共信息平台，构建车辆购置、保险、金融等增值服务，实现平台市场化运营，成为城市配送的在线运营中心、车辆监管中心、统计分析中心。

该模式的特点在于，以城市为单元建立兼具管理与服务功能的公共信息平台，共享配送信息，整合配送资源，优化配送方式，提高城市配送效率。

（十二）云仓统一配送

云仓运营企业搭建信息管理平台，整合分散的仓储资源，构建区域性、全国性的服务网络，电商企业和线下商贸企业共享共用云仓平台的网络化仓库资源与信息管理系统，实现订单系统与云仓管理系统一体化运营，依据大数据优化商品库存布局，实现仓储前置，就近出库、发货，并通过中台与后端供应商系统对接，基于大数据及时进行库存补货。

该模式的特点在于，推动传统仓储与商贸企业、电商企业“上云赋智”，加强系统对接和数据共享，提升仓储资源利用效率和市场需求快速响应能力。

（十三）网络货运配送

网络货运经营者依托互联网平台整合配置运输资源，以承运人身份与托运人签订运输服务合同，委托实际承运人完成道路货物运输，通过管理和组织模式的创新，集约整合和科学调度车辆、站场、货源等零散物流资源。

该模式的特点在于，依托信息平台，做到合理配置车辆、有效提升运输组织效率，规范市场主体经营行为，优化物流市场环境，推动货运物流行业转型升级。

五、共享供应链

（十四）线上线下统一配送

以“线上平台+线下门店”方式，延伸消费场景，实现线上线下供应链一体化运营，通过数据和算法，优化配送中心、线下门店等库存管理和配送路径，加快商品周转，减少仓储成本，提高订单响应速度。

该模式的特点在于，通过线上线下供应链协同，提升末端消费体验，降低综合物流成本。

（十五）连锁企业统一配送

连锁商超、便利店、餐饮企业等自建自营配送中心，或者外包全部或部分仓配业务，对众多连锁门店实行统一采购、集中仓储与统一配送。

该模式的特点在于，统筹众多连锁门店的物流需求，优化库存和配送管理，降低单个连锁门店的仓储及配送成本。

（十六）城市社区集中配送

电商企业构建“中心仓—网格仓—自提点”的仓配网络，强化线上及线下渠道（门店自提点）的联动发展，实现集中订单，集中采购，集中直达社区消费者。电商企业通过平台发布商品信息，社区消费者在线下单，平台根据订单将商品从中心仓配送到网格仓，隔天配送到自提点，消费者自提商品。

该模式的特点在于，有效整合消费者订单，统一采购，集中配送，降低配送成本。

第三部分

行业典型案例

云仓配 | “数字化+统仓共配”助力民生消费品产业供应链变革

一、关于云仓配

云仓配供应链管理（厦门）有限公司（以下简称“云仓配”）是一家综合供应链服务企业，致力于为客户提供端到端的供应链服务，包括厂内物流、仓储、配送、信息化、金融结算等全流程供应链解决方案。云仓配通过“物流+科技+金融”的融合，赋能快消品产业链实现“短链”升级，助力产业“物流数字化”变革。

云仓配构建“省际+城际+城市配送”三级运输服务网络，覆盖全国除港澳台外的95%以上县级市；设有43个区域中心，80个自建实体物流网点，全国自管仓库面积达到33万平方米，业务拓展至西藏、新疆等偏远地区；自有及可调用运力车辆达3万多辆，配送服务可覆盖70万个零售终端，包含商超卖场、便利连锁、零售店、餐饮等场所。

2022年，云仓配的物流收入达到5亿元、流通货值达500亿元、在库平均存货约6亿元。云仓配曾荣获“厦门市龙头骨干民营企业”称号，也是商务部第一批物流标准化重点推进企业。

二、“数字化+统仓共配”模式

在产业数字化升级的大背景下，传统商贸物流长链模式的痛点日益突出，存在一系列的问题：物流节点多、商品调配链条过长；经销商自管仓储，运营成本高、仓库利用率低；经销商自行配送，专业度不够、效率偏低；商品管理混乱，商品串货、流货现象严重；市场价格体系易失控等。

当前消费者对时效性越来越重视，各类企业面临着商品供应不及时、价格不稳定、物流配送慢等诸多问题，每个环节都需要上下游稳定高效的供应链协同。针对上述问题，云仓配用赋能的心态，打造数字化能力，链接协同供应链通路各参与方，以“城市配送中心”为载体，结合“统仓共配”运作模式，打造快消品“短链模式”，为保障民生消费升级直供提供了高效的“短链”通道，助力民生消费品产业“供应链数字化”变革。

云仓配通过对供应链环节进行数字化升级，将分散在不同网点的货物集中存储于协同仓中，实现统仓管理，由云仓配直接配送终端售点，减少流通环节和搬运次数，提升订单履约时效，实现“短链”升级。

在仓储方面，云仓配运用“数字化+仓库”模式进行仓库管理，公司研发千隼系统，由

WMS 仓储管理系统、OMS 订单管理系统、TMS 运输管理系统、BMS 计费结算系统共同构成，建立了一个高效的信息管理系统，进行统一仓储。

在配送方面，云仓配应用 SaaS 化整合社会运力和配送末端，实现统一配送。内部千隼系统和 SaaS 相结合，实现货主、仓库、门店、社会运力等互联互通。

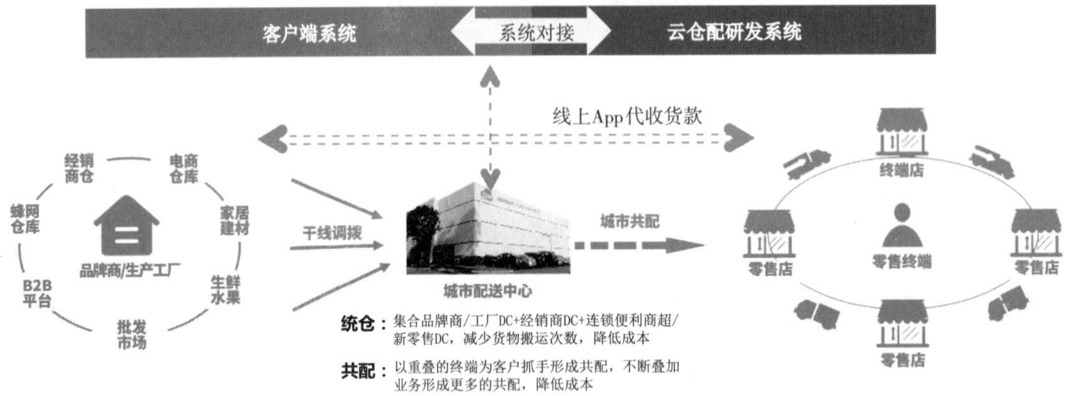

图 1　云仓配系统

云仓配以“数字化+统仓共配”模式的先行先试，取得了显著成效，多维度协同消费品行业客户重构物流模式，助力客户做大做强经销生意。线下，打通从入厂到生产到零售终端的端到端全流程流通环节，基于布局全国的仓库网络，提供仓配一体化、库存调拨等服务，降低成本、提升效率；线上，为客户提供数字化物流、数字金融的方案，助力客户实现“物流数字化”转型。截至目前，云仓配已与今麦郎、拼多多、美团、徐福记、中绿集团、百威啤酒等知名民生消费品龙头企业进行了多方面的合作，SKU 可达到 6000 件至 8000 件，可服务人群覆盖 450 万至 500 万人。

三、模式案例应用

（一）助力快消品打造流通短链

传统经销商模式：以天津为例，某大型啤酒生产商在天津有经销商 300 个，每个经销商自行管理仓储配送，因每月的订货不均衡，月初运力闲置、月底运力严重不足的现象普遍存在，导致商品配送效率低、时效差，且运输成本较高；加之，经销商仓库简陋、仓储管理乱，到货外包装破损、到货批次错乱、串货等问题一直未有效解决。

“数字化+统仓共配”模式：云仓配与该啤酒生产商合作以后，云仓配建立 4 个协同仓，取代经销商原有的 22 个仓库（约 2 万平方米），实现了天津地区全域覆盖。运用云仓配系统管理经销商原有的 22 个仓库库存，实现厂商主导供应链共享库存，通过搭建一站式平台代收货款连接经销商与末端门店，为众多经销商与区域内各类实体门店（百货商超、专卖店、社区店等）提供统仓共配服务，提升配送效率、跟踪管理透明。

啤酒生产商与云仓配合作后，通过千隼系统统一信息渠道，实时掌控了销配数据，优化了生产供应链计划，加速货物周转率，减少60%的市场维护费。所有二批经销商、门店配送统一由云仓配进行配送后，节约仓库面积20%，统一配送可实现带板运输，提升了干线带托盘运输率，降低装卸费、干线费等物流费用约5%。

经销商方面，维护了市场价格的稳定，避免了经销商之间的串货，极大地保障了经销商的利益，更好地聚焦销售，提升了10%左右的市场份额。剥离仓配，降低了10%左右的物流费用。做到了人员精简，减少了管理的成本与风险。经销商横向整合与共享仓储资源，提升仓储配送集约化水平，实现经销商向供应链物流平台服务转型升级。

终端售点方面，经销商更专注配送，提高了配送管理水平，整合供配链“最后一公里”，迭加了更多的品类配送。终端销售点的配货更及时，保证到货商品的品相，提升了销量和商品周转速度，减少了退换货率和商品积压。

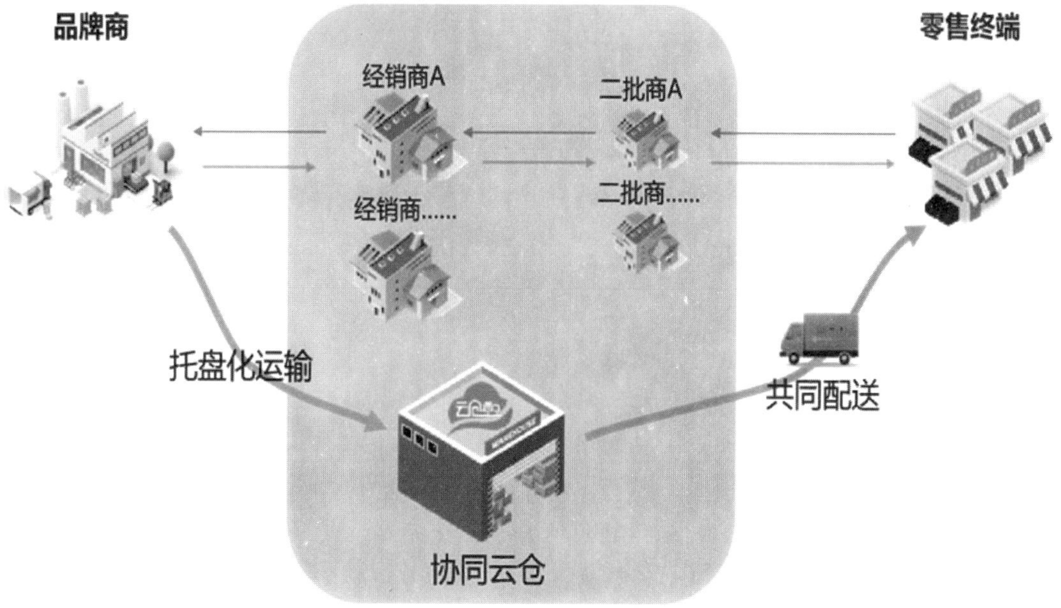

图2 “统仓共配”模式图

云仓配的“数字化+统仓共配”模式提升了企业的信息透明化、交易支付数字化、进一步降低了社会物流综合成本，极大地提高了企业的收入，真正实现了降本增效。

（二）助力工业品下行和快递下乡

2019年，云仓配对贵州地理位置、当地群众消费习惯、当地农产品特点等一系列调研，着力于前置仓的网络布局。云仓配在贵阳打造“中心仓+网格仓”模式，已建成逾5万平方米的中心仓和16个网格仓，直营网点已经达到88个，可服务人群已经覆盖到县级，城乡服务网点占比40%，仓配服务营收可达1.8亿元。

云仓配与京东“新通路”合作，为贵阳区域京东便利店提供仓储与配送服务，延伸至县级区域，SKU可达到3000~4000件。利用已布局的中心仓和网格仓，实现入黔货物200千米以内24小时达，48小时覆盖全域的高效模式。

云仓配与贵广网络旗下贵州省蔬菜集团生产基地建立了一件代发的合作模式，帮助直播卖货等新业态发展，助力农产品上行。云仓配县域“一件代发”的仓配业务深入到村村寨寨、家家户户，真正打通云仓配在全国城乡配送的统仓共配体系，从“黔货出山”转向农产品上行、工业标品下行的多元化城乡高效配送服务体系。

习近平总书记强调，坚持把解决好“三农”问题作为全党工作重中之重，举全党全社会之力推动乡村振兴。在国家乡村振兴政策的引导下、在商务部县域商业建设指南的指导下，云仓配将继续秉承和服务乡村振兴的目标，做中国值得信赖的数智化物流网络运营商，为振兴乡村、服务“三农”尽一份责、出一份力。

万邑通 | 科技海外仓一站式订单履约中心

一、关于万邑通

2012 年，万邑通（上海）信息科技股份有限公司（以下简称“万邑通”）在上海成立，品牌取意“万邑通商”，是以海外仓为支点的跨境供应链管理平台，致力于帮助全球的跨境电商企业具备更先进的供应链管理能力。多年来，万邑通坚持帮助卖家在契合平台政策的基础上，优化跨境全链路物流方案，缩短买家收货时效，丰富可售商品的多样性，提高退换货的便利性，给予海外消费者更多“本地化”的购物体验。万邑通通过灵活的全场景跨境履约服务，赋能品牌卖家、精品卖家打造柔性供应链，帮助卖家增强应对不确定性市场的抗风险能力，降本增效，提升核心竞争力。

万邑通在美国、加拿大、英国、德国、澳大利亚拥有 13 个总计 430 多万平方英尺（近 40 万平方米）的海外仓储中心，在大中华地区的广州、深圳、香港、上海、厦门、泉州、晋江拥有 7 大集货转运仓。万邑通通过自主研发的“万邑联”系统，帮助跨境电商卖家管控 100 多个全链路业务节点，为全球累计 20000 多家跨境电商卖家提供海外仓储配送、海外本地退换货、国际物流、贸易合规等一站式跨境服务。

万邑通依托自身专业的运营管控能力和优质的跨境服务水平，与跨境电商主流平台及生态圈伙伴携手合作，助力卖家稳妥、高效出海。2014 年，万邑通成为 eBay 全球物流合作伙伴；2019 年，万邑通成为 Alibaba 菜鸟认证仓之一，同年与 Amazon 及 Shopify 完成 API 订单物流轨迹对接；后陆续与 Walmart、Wish、Tik Tok、AliExpress、Shopee、OTTO、Cdiscount、Microsoft 等海外主流销售平台达成了战略合作。

万邑通作为商务部“首批优秀海外仓实践案例”，是较早一批专为跨境电商提供整体供应链解决方案的企业，自主研发“万邑联”管理系统，整合、打通国内外全供应链信息流。万邑通秉持初心、砥砺前行，受到业内的认可和肯定，近年来先后荣获“2019 年度 10 大信赖海外仓”“2020 年度海外仓十强企业”“2021 年度深圳市专精特新中小企业”“2022 优秀电商企业”等荣誉。

二、科技驱动，打造智能跨境履约中心

作为海外仓储服务的头部企业之一，万邑通持续为卖家提供专业、稳定、可靠的跨境订单履约服务，从 2012 年创办至今，已经为全球累计 20000 多家跨境电商卖家提供从国内揽收

至海外上架、再到尾程派送的可视化一站式跨境服务，见证了无数的“中国制造”和“中国品牌”逐渐走向世界舞台。

（一）保障稳定履约

万邑通自主研发“万邑联”管理系统，创建库存绩效智能管理体系；引进仓储机器人，实现智能搬运、拣选、分拣，提高仓库运营稳定性。仓储专业软件体系与智能硬件相结合，利用互联网技术助力卖家实现“信息流、物流、资金流”三流合一。

通过应用无人技术及部署无人设备，实现仓库智能自动化及数字化。仓库自动化主要专注于自动导引车（AGV）、自主移动机器人（AMR）、自动多层穿梭机器人（Multi-shuttle）、自动存取机（AS/RS）及自动分拣系统。通过将技术集成到专有 WMS 及仓库运营中，在科学化规划、智能化硬件、系统化软件的共同作用下，基于“货到人”的运作模式，优化整合入库、运输、存储、拣选、分拣及交接等作业环节，实现货物在配送中心的一次落地，减少作业人员，降低差错率，节省仓储面积，提高物流运作效率及整个物流中心的运作水平，实现以 3I（Intelligent，Integrated，Information）为核心的智能仓储物流。

万邑通的美国、英国及德国仓库已实现高度自动化，集成了多种类型的机器人，实现高效的多设备协同作业和全流程自动化。万邑通依赖自身精准的库存管理、专业的运营管控能力和优质的跨境服务水平，确保海外仓商品上架、出库准时，库存准确，以及商品准时投递到消费者手中。

（二）提供一站式、柔性化跨境服务

万邑通为卖家提供从国内揽收至海外上架、再到尾程派送的可视化一站式跨境服务，助力卖家尤其是中小卖家轻松便捷出海。一站式服务包括以下 4 点。

1. 免费商品注册咨询，以及专业清关，保障进出口合规与安全。
2. 多样化头程渠道，海运整柜、海运散货、空运、快递，卖家可自由组合选择。
3. 海外仓可视化存储管理、库间调拨、退换货、增值服务等全程托付。
4. 多种尾程派送服务灵活搭配，满足卖家不同场景的需求。

同时，针对品牌卖家、精品卖家开创了柔性跨境履约服务。例如，支持入库外包装查验、多样化自主标签和条码识别，支持单品和商品管理，支持裸货和客制化包装出库，支持投保服务，对高货值商品进行专门管理等。

（三）支持一盘货、全场景履约

针对卖家分割式管理库存，导致库存周转慢、库存积压多、资金占压等难题，万邑通推出一盘货、全场景履约模式，可同时支持各大电商平台、独立站、线下门店、第三方仓库等库存共享。依靠强大精准的库存管理能力，在不增加成本的基础上帮助卖家实现多个平台共享一个库存，提高库存利用率，降低库存压力，减少资金占压，加快资金周转，助力拓展销量，快速实现业务增长。

三、赋能中国卖家，走向世界舞台

（一）助力中国手机品牌商家 A 公司成功出海

A 公司既销售手机主机，又销售手机配件（如手机壳、耳机等）。A 公司的手机货值高，每台手机主机出厂时都有独特的 IMEI 单品条码，针对手机主机希望整个链路可以做到单品级的精细化管理；而手机配件的货值相对较低，出厂带常见的 EAN/UPC 商品条码，无须也无法定位到每个单品，希望使用商品管理。

万邑联系统支持同一个客户不同 SKU 使用不同的商品管理方式。通过精准定位客户痛点，万邑通依托自主研发的万邑联 OMS、WMS 等强大的系统能力，选择“单品/商品化混合管理+第三方条码识别+高货值管理”等服务组合形成 A 公司的解决方案，精准地满足客户混合管理的需求。

针对 A 公司的手机主机使用单品化管理，万邑通的第三方条码识别服务支持 A 公司直接使用出厂自带 IMEI 条码入库，省去额外贴标（仓库标签）的成本，帮助 A 公司降本增效。手机主机的单品化管理，一方面，可以全流程跟踪某一台手机的状态，实现对每台手机在仓库位置都了如指掌；另一方面，通过对入库、仓储、出库各环节的精准、可视化管理，一旦需要对某个或某些手机进行召回、换标或者其他增值服务时，仓库就能快速、有效地配合执行。对于手机这类高货值的商品，商家对稳定出库、库存安全的要求很高。万邑通的出库准时率达到 99.7%以上，对于库存的安全性，万邑通有一套专门针对高货值的库内管理服务，专门安保、全节点 360°高清视频监控、上架和出库享有优先级服务，以及针对高货值的投保服务等。

针对 A 公司的手机壳、耳机等配件，仍使用常规的商品化管理。A 公司的手机壳来自不同的工厂，存在同一 SKU 贴不同的 EAN/UPC 码的情况，但在销售端显示是同一款商品。依托强大的第三方条码识别系统，万邑通支持 A 公司将不同工厂的同一 SKU 通过条码捆绑的形式捆绑到一个商品上，即实现了同一 SKU 多源头供货但视为一盘库存管理的需求，大幅度提升库存利用率和库存管理效率。

万邑通和 A 公司沟通探讨，对于手机壳等配件 SKU 多，推荐使用“小批量、多频次”的模式备货。这源于万邑通海外仓引进智能仓储机器人，通过采用颗粒度小的料箱机器人，将库位缩小至 1/8，大大提高了空间利用率，强有力地支持了少库存、多 SKU 的卖家出海。卖家无须为满足存储需求而增加单个 SKU 的备货量，大幅度降低了库存压力，加快了资金周转。在瞬息万变的竞争环境中，万邑通通过实施有效的差异化服务，在出海 3 个月内，帮助 A 公司的商品交易总额（GMV）突破百万美元，实现快速增长。

（二）B2B2C 多场景履约解决方案

福建某铁艺公司，主要经营铁木桌椅、花架、置物架、铁床、摆件类、花园装饰等铁艺产品，该铁艺公司在海外多渠道布局，同时在 Amazon、eBay、独立站、Wayfair 等平台销售。近两年，越来越多的出海企业选择多渠道、多平台布局海外电商，铁艺公司的需求既要支持

2C 订单履约，又要支持海外仓 2B 转仓业务，同时希望 2B 形式入库，在库内部分 2B 可以拆箱为 2C 库存支持非 Amazon 渠道的发货。

万邑通在了解铁艺公司的需求和痛点后，为铁艺公司推荐了万邑通多场景履约的解决方案。多场景履约的核心在于共享“一盘”库存，履约多个渠道，打破原来多个渠道备多个割裂库存的做法，通过共享库存大幅度提高库存利用率，减少冗余库存，提升资金周转。实现多场景履约的关键在于以强大的第三方条码支持体系、2B/2C 双模式履约功能为基础。

铁艺公司在使用万邑通海外仓后，园艺装饰、摆件类产品采用 2B 方式入库，在库货物可按照客户的要求，部分直接 2B 转仓到 FBA 仓库，部分在万邑通仓库拆箱上架到 2C 库存，一旦 eBay、独立站、Wayfair 等平台的自营订单产生，直接用 2C 库存发货出库，实现 2B/2C 库存“两不误”。同时，当 2C 库存不足时，铁艺公司可以随时通过万邑联 OMS 系统发出指令让仓库继续拆箱 2B 库存上架到 2C 库存。

多场景履约的功能很好地满足了铁艺公司的需求，客户可以把更多的精力放在新品开发上，也可以利用优化释放后的储存空间进行新品 SKU 测试。

新华联合 | 打造现代化物流企业，实现一体化供应链服务

新华联合是由中国出版传媒股份有限公司、江西新华发行集团有限公司、江苏凤凰出版传媒股份有限公司联合出资建立的大型图书物流央企。新华联合的物流园区位于北京市顺义区，占地面积340亩，建筑面积20.29万平方米，日发货量可达3万件。

新华联合在建立时就确定，公司将围绕信息技术建立、运营，并以此获取竞争优势。所以库区在设计之初便有着高标准防火、防水、防震的全套安全保障，并配备现代化、自动化的设备。面对市场当下的多类型业务与出版社细化的需求，新华联合在软件系统、信息化能力提升上持续创新，努力从技术采购方向输出方转型，从To B物流服务向打造图书出版业一体化供应链物流服务生态圈迈进。

新华联合物流中心具有以下三大优势。一是兼容To B与To C。打通B端与C端系统，双仓业务并行运作，实时同步共享数据，实现库存高效调配、有效使用。二是信息系统互联互通。新华联合供应链管理系统包含自主研发的信息服务系统、物流支持系统、运输管理系统等。多系统有机结合，上下联通出版单位与电商平台，实现仓配全流程信息化、可视化管理，以及电商运营多平台店铺同步管理。信息系统不仅支撑现代化图书物流的运行，还为客户提供各项增值服务，社店通对接系统提供各省店的图书报订、书店采购单等的对接，辅助决策系统提供库存结构分析、库存预警、重印分析、库存管控等增值服务。三是提供多服务模式。细分模块化所有物流服务类型，让按照功能模块自由选择变成可能，提供融合营销、信息、物流、运营管理和贴合实际需求的一体化解决方案。

客户可以选择仅合作某一渠道或者某段链路。例如，只进行新媒体一件代发，只收发部分图书类型，或只承担部分地区货运。客户也可以选择合作供应链服务。例如，使用新华联合承运商与运输管理平台，辅助搭建自有的图书信息服务平台，或是要求在物流中心建设项目中提供技术咨询。

新华联合可以根据客户需求定制一整套“数智化”供应链及物流解决方案。其中包含一站式满足图书行业物流需求的多类型物流一体化服务，自主研发的供应链管理系统，依托系统提供的数据分析应用服务，以及信息技术服务等。

一、“全渠道+全链路”，多类型物流一体化服务满足多样化需求

新华联合建设了图书物流托管服务等囊括B端、C端、社群等全渠道的协同产品矩阵，涵盖从收、发、存、拣、包、退和门到门配送等物流全链路，可以一站式满足多样化物流需求。

（一）B端物流托管服务，全链路满足客户需求

新华联合以综合物流服务为核心，现已为20余家出版单位提供仓配一体化托管服务，客户只需转入单据和提出需求，其他涉及货品出入库及库存管理等繁杂和重复的作业均由新华联合完成，将运营中的复杂问题简单化。

新华联合以智能化信息系统为支撑，建立起一整套现代物流作业模式，并以精益管理方法为核心，以“流程优化、操作简化、调度智能化”为目标，通过信息技术持续再造流程，实现生产精准高效、提升物流环节运营能力。在库内，建立多元化生产模型和目视化管理，推进智能生产，不断提升作业效率；全方位筛选高质承运商并严格监管，多种运输方式无缝链接，全国各省专线基本覆盖，实现门到门运输。通过信息系统的集成与实时交互，运营人员让订单流转、查单售后先于客户需求一步抢跑，作业人员保证订单处理效率，管理人员快速定位问题节点改进优化，出版社随时查询订单进度和回单信息，有效拉动售前绩效和售后成效。

在此基础上，新华联合打造电商前置仓，与主流电商平台之间建立绿色通道，无须预约即可送货，实现“出库即入库”；提供专人客服和定制化服务与保障，通过多仓联动和供应链协同，以精准分析、节点把控以及系统支撑，高标准落实重点图书发货任务。

（二）开拓C端电商业务，实现物流业务全渠道覆盖

新华联合于2020年2月成立了全模式B2C物流业务项目组，组成专业运营团队，提供平台入驻、店铺管理、日常运维、售前售后客服和数据分析等服务。电商平台托管服务将提供专人运营，同步管理全平台店铺，店铺库存共享，营销活动同步，优化用户体验，实现回流复购；动态分析产品数据与用户需求，轻松定位爆品、热销品，挖掘潜在用户，有针对性地向需求用户投放推广，实现快速引流。

除了常规电商平台代运营，新华联合还可以为出版社在新媒体平台的营销提供店铺系统对接，用信息化提高发货效率和准确率；提供直播场地，以可视的作业流程和矗立的先进设备打造图书直播带货新场景体验；快递一件代发及在线客服的相关售后处理等一系列增值服务，满足出版社多元化的物流需求。

二、技术驱动一体化供应链服务，让客户专注核心业务

（一）提供数据分析应用服务，让每一条数据都有价值

新华联合的信息技术团队长期深耕图书出版业，提炼了一套适用于图书出版业的经营分析框架，通过系统整合，打通各业务板块数据，对企业数据进行检测、清洗、转换，并提供实时、可视化的量化分析，从而为企业的出版经营提供辅助决策功能。

（二）契合图书出版业的场景，研发垂直领域专属的承运商与运输管理平台

为了解决图书出版业物流运输管理中的痛点、难点，新华联合自主研发管理系统，实现

图书出版业运输及承运商管理全流程线上化。在平台上，发货方可以进行快速调度、实时监控运输路径、管理运输账单、查询由承运商上传的到货签单等操作。新华联合将平台通用化、标准化，作为图书出版业的承运商与运输管理工具推向市场，填补了行业空白，让运输更加透明、更加高效。

（三）提供信息技术服务，有效保障客户数据安全

新华联合通过制度建设、系统建设、软件监控、硬件安全防护等多项措施保证网络和数据安全。可以为客户提供一体化的计算、存储、基础网络安全等标准信息技术服务；按照计算机等级保护标准，提供网络与数据安全运维支持等增值服务；可专项定制，解除自管服务器的痛点，提供一对一的技术支持服务。

新华联合充分利用自身数字化转型的技术优势和经验，全面、长期、面向未来地助力客户和合作伙伴的企业数字化转型与智能升级，助力企业推动数字化变革进程，构建前沿业务模式，让图书出版业物流迈向数智未来。

万纬物流 | 全面践行 ESG 理念 助力行业净零碳发展

气候变化对人类社会的发展具有潜在威胁，已成为备受全球关注的议题。随着全球工业化发展，以二氧化碳为主的温室气体排放规模不断扩大，导致全球温度升高，进而造成海平面上升、极端天气频发、物种多样性遭受破坏等一系列环境和生态问题，威胁着人类赖以生存的地球环境。为实现《巴黎协定》目标，展现负责任大国的姿态，2020 年 9 月中国明确提出 2030 年“碳达峰”与 2060 年“碳中和”目标，向全世界展示了中国推进绿色低碳的雄心。

在双碳时代，万科物流发展有限公司（以下简称“万纬物流”）愿意承担起更多的社会责任，践行新背景下的企业发展战略，积极响应国家能源结构低碳化的目标，加速清洁能源对化石能源的替代。作为国内出色的多温区综合物流解决方案服务商，万纬物流深知物流行业，尤其是高能耗、高碳排的冷链仓储物流对环境产生的不利影响，因此始终重视、推动与绿色、低碳有关的各项工作，提出了“科技赋能，引领园区智慧碳中和”的碳中和理念，并制定了万纬物流未来的碳中和路径，致力于提升园区运营过程中的节能降耗。

一、关于万纬物流

2015 年，万科集团正式推出独立物流品牌——万纬物流，现已成为国内出色的多温区综合物流解决方案服务商。万纬物流可为客户提供高标准的仓储设施及多元化的冷链物流服务，核心业务聚焦全国六大城市群，覆盖全国 47 个主要城市，拥有超过 160 个物流园区，运营管理 40 余个专业冷链物流园，仓储设施规模超过 1200 万平方米。

“万纬 = 基本盘×服务^科技”是万纬物流的发展战略公式，而双碳时代赋予了这个公式新的诠释。首先，万纬物流在过去几年中通过构建现代化物流基础设施网络打造出的自身发展“基本盘”，将在未来融入绿色建筑的理念、要求和标准化设计，实现绿色建筑在“基本盘”内的全覆盖。其次，借助“基本盘”，万纬物流希望向客户提供更多元、更高品质的服务，“碳中和”则为这个目标提供了合适的切入点，万纬物流积极打造绿色供应链平台，利用绿色影响力为客户提供一体化的绿色供应链解决方案，助力企业提升供应链效能。最后，万纬物流将智慧管理手段和先进、高效的技术向旗下所有物流园区推广，不但使科技成为高效管理、优质服务的基础，而且成为减碳行动的倚仗。

万纬物流助力企业供应链效能提升，服务人民美好生活，致力于成为客户信赖的物流战略合作伙伴。

二、万纬物流“3+4+N”碳中和路径助力园区零碳发展

基于宏观市场分析、行业定位分析、专业技术研判以及企业内外部的调研，结合在可持续发展方面的优劣势分析，万纬物流将碳中和路径总结为“3+4+N”，即3个着力点、4个抓手、N个减碳行动。

3个着力点，即ESG。环境（E）方面，致力于打造行业领先的“低碳”仓储及冷链服务；社会（S）方面，以科技赋能安全管理，持续赋能员工成长；公司治理（G）方面，提升企业管治透明性，获取更多相关方的关注。

4个重要抓手，即管理理念转换、冷链智慧管理、绿色建筑推广和万纬“零碳圈”。万纬物流认为，管理理念转换是碳中和行动顺利开展的长期保障，是动态的思想改造过程，只有实现了全面、深入的运营理念转换，才能高效地实现减碳目标；冷链智慧管理是从日常运营减排的角度，对万纬物流旗下物流园区进行迭代性的、不断深化的智慧改造，最终在供应链层面实现减碳目标；绿色建筑推广主要是从开发减排的角度，通过新建、改造的方式，逐步扩大万纬物流园区内绿色建筑的覆盖度；万纬“零碳圈”是以分布式光伏技术为核心，基于万纬物流自身业务特征打造的全国尺度减碳策略，具有“地区先行、全国统筹”的特点。

N个减碳行动包括万纬“零碳圈”、碳管理数字化、分布式光伏覆盖、建筑低碳化等，万纬物流将探索契合自身特色的零碳转型路径，科学落实近零碳目标。

万纬物流已有多个园区获得LEED铂金和绿色仓库三星的称号，示范园区已在设备、模块、系统三个层面实现智慧化，具备不断迭代的能力，并能够采用自主研发的IoT智慧管理平台指导园区的节能降耗。此外，万纬物流已经在试点园区布置屋顶分布式光伏电站，通过本地可再生能源供应抵消园区运营中的碳排放，成功实现了零碳物流园区。上海奉贤临港园区作为万纬物流国内首个净零碳物流园区，已实现电力自给，园区能够实现运营阶段零碳排放。

三、“万纬物流上海奉贤临港净零碳园区”项目

万纬物流上海奉贤临港园区（以下简称“万纬物流临港园区”），地处中国（上海）自由贸易试验区临港新片区，园区面积约为3.7万平方米，为单栋三层坡道库，装卸作业平台37个，仓库可容纳托盘19583个。园区1号库作为鲜果供应链中心，是我国鲜有的集预冷、仓储、越库、质检、库存管理、催熟、包装于一体的综合运营中心。2、3号库主要用于新能源汽车零配件仓储。“万纬物流上海奉贤临港净零碳园区”项目于2019年10月29日开始建造，于2022年3月25日起陆续开始招商运营。

目前，万纬物流临港园区已获得一系列国际绿色建筑认证机构的认可，如德国莱茵T V大中华区携手英国建筑研究院颁发的首个国内物流园区净零碳建筑认证项目，并获得LEED V4 BD+C Warehouse and Distribution Centers（仓库与配送中心）铂金级预认证。该案例也入选生态环境部宣传教育中心与大道应对气候变化促进中心（C Team）联合发布的《2022企业气候行动案例集》，并亮相第27届联合国气候变化大会（COP27），是27个案例中唯一入选的

物流行业案例，为行业及客户供应链减排提供了可复制的实践路径。

万纬物流临港园区主要从三个维度实现节能减碳。一是绿色规划设计，通过选址来缩短卸货、入库时间，并将《万纬绿色冷库产品标准》纳入设计底线要求，设计安装高性能机电系统、人体感应LED节能灯具、屋顶分布式光伏应用和高效节水器具，营造绿色建筑。二是绿色建造，围绕污染控制、资源节约、废弃物管理等方面展开。三是绿色运营，按照国家能效标准选用高效变压器、空调、水泵、风机等设备，合理利用夜间“谷价”，热氟融霜代替电融霜，同时在卸货口增加门帘和充气门封来实现节能降耗。

（一）绿色规划设计

万纬物流临港园区临近上海两大重要港口——洋山港和南港，对于进口鲜果客户来说，该地理位置极为优越，可大大缩短卸货、入库时间，降低超期还柜风险，节约成本。此外，场址靠近工业用地周边，有助于周边资源的综合利用。项目还设置充分的自行车停车位及充电桩车位，鼓励低碳出行。

室内洁具均采用高效节水器具，项目整体节水率达到50%以上。同时对项目室内卫生器具和配件进行计量，通过跟踪用水量来进行用水管理，并找到更多节水的可能性。

园区选用高性能机电系统和人体感应LED节能灯具，并在三个仓库的屋面铺设太阳能光伏系统，屋顶面积达27568平方米，总装机容量接近3.534MW。经初步估算，屋顶光伏年均发电量约345万度，年均电力消耗约224万度，屋顶光伏所产生的电量足以覆盖园区1~3号库及综合楼的能源消耗，园区能够实现运营阶段零碳排。在园区绿色运营阶段，通过节能降耗及分布式光伏的应用节约的能源相当于标准煤近2.6万吨，减少二氧化碳排放近6.8万吨、减少二氧化硫排放超200吨，减少氮氧化合物排放超1200吨，减少粉尘排放超2.3万吨。此外，为满足综合楼的热水需求，项目在综合楼屋顶设置有竖插式真空管集热器，屋面总集热面积达到260平方米。经核算，以ASHRAE90.1-2010 Energy Standard For Buildings Except Low-rise Residential Buildings标准为基础，项目节能率达到50%以上。

（二）绿色建造

万纬物流严格遵守《建筑工程绿色施工规范》，在施工过程中综合考虑环境和周边社区的需求，围绕节材与材料资源利用、节水与水资源利用、节能与能源利用、节地与土地资源保护，降低施工期间给空气、水、土地带来的影响，营造干净、整洁、舒适、安全的施工环境。园区还回收利用废弃的旧模板做外架楼梯踏板、水管防护等，使用钢筋废料用于制作马凳等。

（三）绿色运营

园区选用螺杆式冷水机组，蒸发式冷凝器，相较常规活塞式水冷冷水机组能效提升30%以上。采用丙二醇载冷系统和R507制冷剂，可大幅降低制冷剂充注量。园区主要作为鲜果供应链中心，合理利用夜间“谷价”，减少白天制冷压缩机的运行时间，降低运行成本。此外，在卸货口增加门帘，以减少除装卸作业以外引起的跑冷，同时在车辆停靠道口后，利用充气门封将大车与道口的空隙填满，减少跑冷，降低能耗。在由室外进入穿堂时设置缓冲间，并在缓冲间进入穿堂处设置门开启声光报警器，以减少穿堂的冷量消耗。

同时，园区内将以 13 个智慧产品模块为基础，围绕安全、高效、质量、节能等 4 大运营优化主题打造智慧运营体系，其中节能板块依托自主研发的冷链 IoT 平台，为园区内的能耗数据采集、分析以及优化提供整体解决方案。针对碳排放管理工作，园区搭建了数字化的碳管理平台，既能够对园区内碳排放情况进行实时监测，又能够对分布式光伏能效进行逐时跟踪，用于制定减排策略。

四、全面践行 ESG 理念助力行业净零碳发展

万纬物流正在推动更多绿色园区项目，截至 2022 年 12 月，累计已有 490 万平方米绿色仓库，其中 59 个为绿色三星认证项目，6 个 LEED 铂金级认证，2 个 LEED 金级认证。未来万纬物流还将继续推动绿色全覆盖，确保所有新建冷库 100%通过绿色仓库认证，新建冷库分布式光伏 100%覆盖，推动项目实现近“零碳”目标。

为推动物流行业低碳、可持续发展，万纬物流还积极与行业伙伴、协会、咨询机构等多方协力合作，由万纬物流参与起草的国家标准《绿色仓储与配送要求及评估》（GB/T 41243-2022）、团体标准《零碳物流园区创建与评价技术规范》已正式发布实施。

未来，万纬物流将在既有优势的基础上持续践行碳中和理念，通过技术驱动创新，为行业节能减排与绿色发展贡献力量，持续助力全社会可持续发展和国家“双碳”目标的实现。

万纬物流知道助力行业、社会乃至国家实现碳中和的目标仅靠自身的力量是不够的。万纬物流搭建的 ESG 平台，意在加强万纬物流与客户、伙伴们的协调与合作，促进交流与学习，共同探索碳中和路径。在不断完善自身工作的同时，万纬物流希望能够与行业内、供应链上的伙伴们共同推进碳中和进程，携手共创绿色低碳的未来。

碳中和并非一蹴而就的事业，而是一场漫长的马拉松，必将面对诸多挑战。万纬物流将上述思考作为碳中和初心，鞭策自己，也期待更多的同行者。

怡亚通 | 基于模式创新的产业供应链探索与实践

一、关于怡亚通

深圳市怡亚通供应链股份有限公司（以下简称“怡亚通”）成立于1997年，是以物流为基础，以扁平化、共享化、去中心化的“1+N”模式为载体（全面覆盖、全域营销、全程服务），以品牌运营、产业运营为核心，帮助核心客户保量、增量市场份额，提升核心竞争力的整合型运营服务商。怡亚通是深圳市投资控股有限公司旗下企业，中国首家上市供应链企业，2022年业务量超1000亿元，2022年《财富》中国500强排名193位，获评国家AAAAA级物流企业、2020年全球最有价值的50大商业服务品牌等荣誉资质，并被商务部等八部门评定为首批全国供应链创新与应用示范企业。

怡亚通倡导“专注核心业务，非核心业务外包”的供应链思维，服务网络覆盖中国大陆320多个大中城市及中国香港特别行政区、新加坡、美国等国家或地区，服务宝洁、GE、飞利浦等100多家世界500强企业及2600多家知名企业，覆盖全国200多万家终端门店，帮助客户提升供应链效率，实现总成本领先，推动“供应链改变中国”。

二、产业供应链服务模式

产业全球化使现代市场经济体系中的企业嵌入某一个甚至多个供应链和产业链之中，产业供应链上的各企业间相互依赖程度加深。我国产业结构在向全球产业链中高端迈进的同时，已成为全球价值链中间产品的重要参与者，产业结构已经融入全球，产业经济任意环节的破坏都可能严重影响企业产业链的完整性。2020年，新冠疫情在全球蔓延这一“黑天鹅”事件，使我国企业产业链供应链在叠加传统矛盾与问题的同时，面临着供应链“断链”造成的产业链外迁、失去全球产业链战略布局先机、国内产业链供应链重构等困扰，产业链和供应链平稳有序运行受到了不同程度的冲击。

中央经济工作会议、“十四五”规划及涉及多个领域的多项政策中将产业链与供应链深度绑定，维护产业链供应链稳定成为近几年宏观经济调控的重点目标，强调产业链供应链的安全与自主可控。党的二十大报告中再次明确提升我国产业链供应链的韧性和安全水平。利用中国的超大市场规模，围绕产业链核心企业，集聚上下产业企业，打造区域产业新链条，倒逼形成相对独立而又非封闭的国内供需匹配的产业链供应链市场。

（一）落地产业供应链服务，激发区域中小企业生长动力

面对当前产业经济环境，怡亚通立足现有产业优势、产业分工、产业协作、区域布局，深入垂直产业供应链领域，不断实践产业供应链发展新模式，通过整合产业资源、提升发展方式、加强市场资源配置等手段，将实现产业链上的精准连接和优化管理，加速产业升级作为发展方向。

2018 年 12 月，怡亚通正式开启“嵌入式产业供应链”发展路径，联合当地国企成立综合商业合资公司，整合当地国企资源、社会资源、区域资源及行业资源优势，将自身商业模式、品牌、网络、管理、运营等各方面专业化供应链管理能力与“供应链平台+”赋能体系进行整体打包输出，共同搭建产业供应链服务平台，为当地提供产业配套的一站式供应链服务。采购、物流、分销、金融、品牌营销等各功能模块之间不再是单打独斗，紧密聚合、协同管理，在产业链中打通或重构企业链、数据链、价值链，形成“企业+产业”双轮驱动的供应链协同体系，帮助当地强化产业链供应链自主可控。

（二）深挖“1+N”供应链服务，以核心企业带动产业链创新发展

供应链核心企业与上下游企业基于原材料或零部件供应、产成品分销等业务，形成密切的产业关联。通过掌握的关键技术、核心产品、稀缺资源等，核心企业成为驱动整条供应链有效运行的引擎。

从业务流方面来看，在产品全周期过程中，核心企业的生产销售水平、市场地位与规模、产品研发能力和产品结构等，极大地影响着整个上下游的业务量。

从物流方面来看，上游供应商与下游客户围绕链条核心企业的生产与销售活动，进行着不同环节、时间与产品的物流配送，其运转的顺畅决定着物流的整体调度与有效运送。

从资金流方面来看，核心企业不但是整个链条实现资金往来的中心，而且金融机构也更倾向于考察核心企业来决定对上下游企业的借贷额度，同时核心企业通过为上下游提供承诺回购、信用担保等方式参与整个供应链的金融服务。

怡亚通着眼于供应链业务核心企业，创新“1+N”供应链服务，凭借自身资源整合、产品创新、渠道创新、营销创新四大核心能力，拓展怡亚通综合供应链服务平台的供应链运营、采购管理、销售推广、市场营销、产品创新、营销创新、渠道创新等服务。为核心企业做到补充完善（找到更多 N）、深度绑定（高效运营 N）、充分激活（用 N 裂变出更多 N）供应商、渠道商体系，助力实现“1”与“N”之间商业的扁平化、共享化、去中心化。

（三）加强数字化转型，夯实产业供应链服务数字化基础

怡亚通紧紧围绕业务驱动和客户驱动，以“供应链+科技”开启供应链数字化服务转型之路。以建立统一流程、统一数据、统一系统为数字化服务转型方向，以“一个怡亚通、一个体系、一个标准”的整合型数字化平台为目标，将“业务+管理+运营”工作流聚焦于 1 个功能端口，构建数据协同的柔性供应链体系。

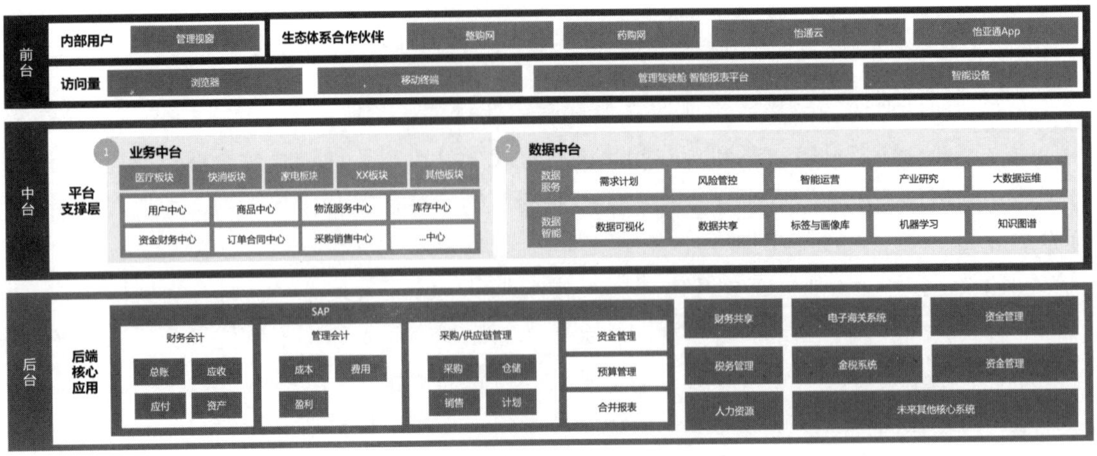

数据协同的柔性供应链体系

怡亚通基于现有客户关系管理、供应链业务运营、物流仓储及运输、财务管理、人力资源管理、智能办公等信息系统，将“数字化转型技术与实施能力”产品化，将原有单纯业务系统打造为业务、财务融合的系统平台，将信息化管理从存货管理延伸到采购环节、生产环节、销售环节，建立横向协同化、纵向专业化、分类分级操作的模式，将传统的单一化企业发展目标分散决策改变为以供应链为主体的整体效益协调决策，并与外部第三方金融、海关、税务、银行、工商各个系统互联互通，形成对供应链服务全链条的系统支撑。同时，怡亚通不断完善“怡亚通 App”供应链服务平台，“整购网”“怡通云”“药购网”等新流通平台与“供应链云”“运多星”等第三方服务平台，实现多系统、多企业、多环节间的数据协同、资源协同、商务协同、人才协同、财务协同及业务协同。

（四）加速推动物流与产业供应链融合发展，提升物流管理能力与协同水平

不同于一般物流，产业供应链需要高效物流加持作为保障供应链的正常运行。一方面，基于产业链上货物流动的功能性需求，对产品进行运输、包装、仓储、装卸、配送、信息服务等物流服务；另一方面，产业供应链物流连接上下游企业，是一个复杂的开放式系统，需要着重考虑组织物流过程管理中的计划、控制等要求。

怡亚通依托 CDC、RDC 和市级、县级 FDC 四级仓网结构，以及在深圳龙岗、深圳前海、上海金桥、上海洋山港、大连、长沙和重庆建立的 7 个一站式智慧供应链整合物流基地，形成拥有产地仓、保税仓、销地仓、分拨仓、前置仓等类型的物流网点 500 多个，可控仓储面积约 220 万平方米。通过智慧化物流管理信息系统为工具，集合收货、仓储、拣选、包装、分拣、配送等功能的物流服务模式。随着物流场景的多元化与渠道的碎片化，服务要求逐步向移动端、小程序、公共服务平台等领域覆盖。打破供应渠道、物流平台、服务场景、消费需求等多维度的界限，怡亚通进行产品、物流服务、渠道和触点等各方面的深度融合，在原有传统服务模式基础上进行优化、提升，不断探索升级“仓—配—运—服”网络服务模式，为产业客户提供个性化、场景化、定制化、全球化的产品和服务融合解决方案。

三、案例应用

我国县和县级市数量共计 1866 个，与城市形成分工协作、经济功能互补。县域经济作为相对独立运行的国民经济基本单元，约占全国的 40%，与城市经济空间衔接、相互支撑。2023 年中央一号文件中 13 次出现“县域”，切实推动县域经济高质量发展成为未来重点工作之一。

围绕“打造县域特色产业供应链生态圈”目标，怡亚通与河北交投物流有限公司共同出资成立河北交投怡亚通供应链服务有限公司，充分发挥自身供应链整合优势，通过总结河北省 107 个重点县域特色产业，以石家庄、保定、邢台等产业特色较为明显的县市为先导，逐步发展县域特色产业的拓展路径，促进科技、资本、延伸产业等加快向县域流动，扎实有序地服务河北省县域经济发展。

在产业供应链服务方面，怡亚通围绕望都辣椒、高邑氧化锌、博野橡胶、宁晋食品、藁城糖果、井陉装备制造等产业集群，打造产业集聚、协同创新、产融结合的“供应链+互联网”发展模式，输出优质的供应链资源和丰富的管理服务经验，以服务县域产业为目标，量身定做了一县一策的产业扶持方案，为当地企业提供集供应链运营、分销、物流、金融和增值服务于一体的线上线下全链条供应链服务。例如，针对博野橡胶项目，怡亚通经过 5 个月的实地调研、产品工艺研究、寻找原材料源头等，成功对接柬埔寨天然橡胶主产区，解决博野县橡胶原材料采购零散、议价能力弱、资金匮乏等顽固问题，打通了从橡胶原材料产地到产品生产地的链条，为博野橡胶产业提供了充足、优质且廉价的原材料。

在产业数字化建设方面，怡亚通结合河北省内县域特色产业集群发展现状，借力怡亚通数字化平台建设经验，开发完成“冀诚通”数字化产业平台一期建设。平台以助力交易为重点，对接产业链上下游企业供给与个性化需求，集原材料采购、物流管理、订单处理、资金结算、产业信息展示、招投标发布等功能于一体，上线后短期便吸引了 10 家县域产业集群企业正式入驻。

在物流服务方面，怡亚通积极对接物流数据商、第三方物流服务商，聚焦当地产业的原材料采购、供应链管理、物料需求、产品销售等供应链环节，从多式联运、仓储保管、运输配送等方面进行深入探索，以信息化服务平台为支撑，促进运力供需高效匹配。

四、亮点与成效

（一）创新产业供应链发展新模式，以供应链弹性提升产业链发展韧性

怡亚通针对产业供应链上存在的薄弱环节，探索双链融合发展方向。依托不同地区产业结构，从供给侧方向发力，分类施策、统筹推进企业之间、企业与相关产业之间的协同发展模式。怡亚通紧抓产业链主体企业、核心诉求、关键环节，以构建完整产业链的理念，通过创新嵌入式产业供应链服务模式、“1+N”供应链服务模式及多元化供给方案，向“微笑曲线”两端延伸，不断提升价值链，成为实现“两业融合”，增强我国培育现代产业体系、实

现高质量发展的重要途径。

（二）培养产业发展整体视角，实现资源整合与供需匹配

怡亚通产业供应链服务模式从大的经济市场环境及企业发展的需求出发，“横向”转换供应资源，集成外部相关企业的资源，形成“优势共享，互补互惠”的战略联盟，提高服务质量，降低成本，快速响应顾客的需求，并给予顾客更多的选择。“纵向”通过数字化转型深度融合供应链，可以让企业实现产品全生命周期的服务集成，将设计、采购、生产、物流、分销、营销等环节聚为一体，简化从订单到产品的输出流程，个性化定制服务产品，实现资源的最大利用率和资源的有效配置，提高整个供应链的市场价值。

（三）紧抓产业供应链发展新机遇，提升企业经济效益

怡亚通形成从模式创新到行业整合，从区域集聚到内外协同的发展路径，不仅体现了产业发展模式的创新性，还通过充分发挥供应链服务在产业溢出辐射和产业资源虹吸效用，强调综合供应链服务下产业链企业的紧密性、区域间产业的协同性、产业链治理的现代性。目前，以嵌入式产业供应链服务模式立足白糖、有色金属、农产品、医药、食品、造纸、电气等特色产业，实现 10 多个省 40 多个城市产业供应链服务覆盖。以“1+N”供应链服务助力飞利浦、奥克斯、欧莱雅、云南白药、资生堂等知名企业，将技术、市场、品牌等方面的优势在产业链上进行更广泛的延伸，实现品牌在业绩与利润上的双增长。

微分格 | 存货（仓单）融资监管平台建设及运营案例

近年来，随着物联网、区块链、人工智能、北斗等技术的快速发展，技术控货被广泛接受和应用，“科技思维、风控思维、运营思维”在存货（仓单）融资监管业务实践中不断完善。本文结合微分格自身经验，从案例分享、平台建设、平台运营以及业务开展建议等方面做一个详细分享，助力存货（仓单）融资监管业务高质量发展。

一、公司介绍

北京微分格科技有限公司（以下简称“微分格”）是一家物联网金融公司，致力于成为数字信用科技的引领者，通过物联网、人工智能和区块链技术，帮助客户实现资产数字化监管与交易，创新数字信用，赋能产融场景，让商业更可信。

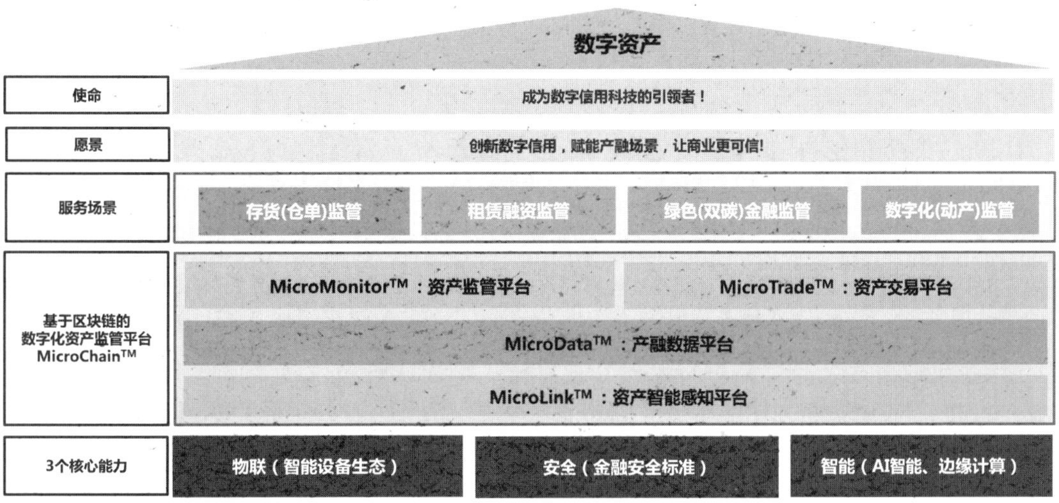

图 1　公司介绍

（一）微分格重点打造四类应用场景

1. 存货（仓单）监管

面向存货融资业务，提供金融监管仓改造，存货（仓单）融资监管平台建设，业务运营与咨询规划等，助力技术控货和业务运营。

2. 绿色（双碳）金融监管

面向绿色产品、绿色工厂、绿色园区、绿色供应链等绿色监管业务，提供智能化改造，双碳监管平台建设，以及绿色信用评估，助力绿色金融模式创新。

3. 租赁融资监管

面向租赁业务，提供智能化改造，租赁物监管与运营平台建设，实现租赁资产数字化，租赁物风控督导，助力租赁物数字化运营。

4. 数字化（动产）监管

面向保险、融资、证券化等监管业务，为工业产线、自动化设备、医疗设备、工程机械、生物资产等提供定位、跟踪、计量等服务，助力资产数字化运营。

（二）微分格重点发展三个核心能力

1. 智能设备能力

微分格拥有80多个设备生态服务商，覆盖资产标识、资产定位、资产计量、资产安防、资产巡检、边缘计算、环境检测等各类设备；同时在全国各省市拥有30多个设备安装与维修网络，实现设备安装、维修与抢修、日常巡检等。

2. 安全应用能力

微分格专注于建立安全体系，实现各层次的安全、硬件安全、系统安全、数据安全、运营安全等，积极参与并应用相关安全标准，助力平台自主可控运行。

3. AI应用能力

微分格不断为客户提供场景化AI智能服务，实现存货价格预测、目标识别、数量识别等服务。

二、存货（仓单）融资监管平台建设

微分格通过与各类银行、金融机构、供应链公司和仓储物流公司的合作，以及行业协会、行业专家的悉心指导，共同积累了不同场景下金融监管仓改造、平台数字化建设的实践经验。

存货（仓单）融资监管平台是服务于开展存货（仓单）融资监管业务的银行、供应链企业、仓储企业的存货（仓单）融资监管作业系统。可以实现技术控货、仓储监管、货物监管、风控规则、仓单评价、工单督导、仓单全生命周期管理和仓单融资等，提升存货数字化监管水平。

（一）平台关键服务

存货（仓单）融资监管平台主要包括金融监管仓智能化改造、仓货全过程监管、风控预警与风险事件督导、仓单授信融资、“区块链+司法存证”等五个关键服务。

1. 金融监管仓智能化改造

根据金融监管要求和仓库数字化水平，微分格可按需进行监管仓改造，包括资产标识设备（电子标签等）、资产定位设备（北斗、GPS定位等）、资产计量设备（数量扫描仪、无人地磅秤等）、资产安防设备（AI摄像头等）、资产巡检设备（品质检测仪等）、边缘计算设备

（边缘服务器等）和环境监测设备（温湿度传感器等）等。

图 2　AI 硬件及物联网技术

2. 仓货全过程监管

实现仓单全生命周期管理，多品类、多仓库、多监管设备的管理，多维度数据监管，作业全流程监管（入库、过磅、质检、盘点、出库等），针对过程中产生的各类事件工单，进行工单跟踪处理。

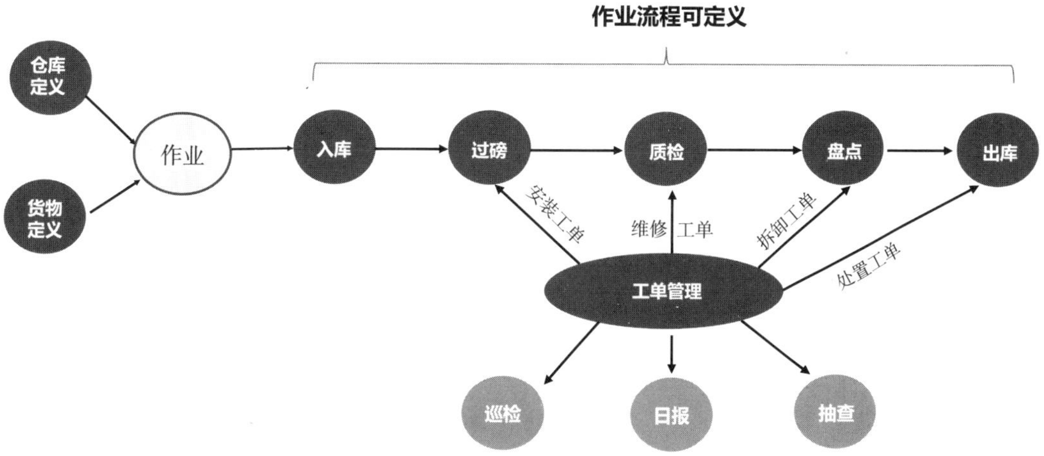

图 3　仓货全过程监管

3. 风控预警与风险事件督导

根据金融机构风控要求，微分格运用物联网、区块链、人工智能、大数据等技术对存货安全、品质、数量、价值、确权、数据真实性进行全方位实时监控，发现异常立即告警，生成对应事件工单，跟踪、督导风险事件的处理过程。

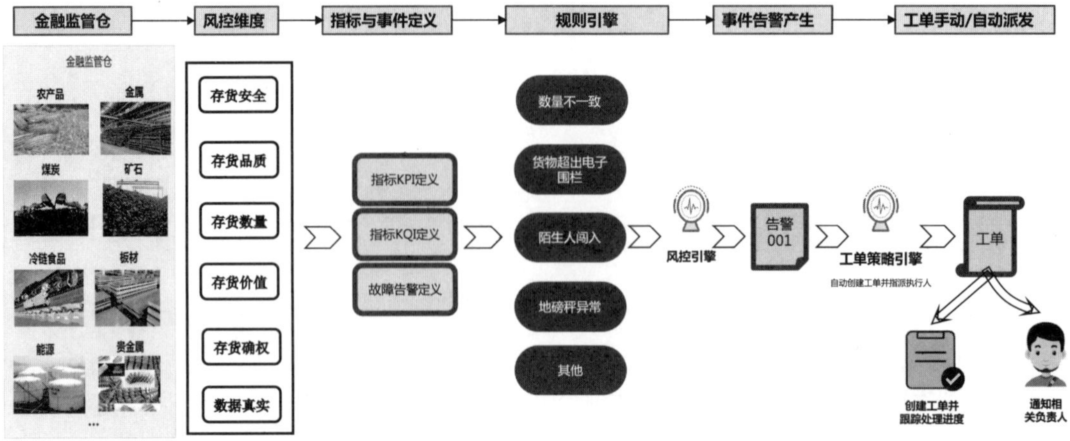

图 4　风控与工单督导

4. 仓单授信融资

实现金融产品管理、仓单授信、借款用款、资金管理、融资管理等。

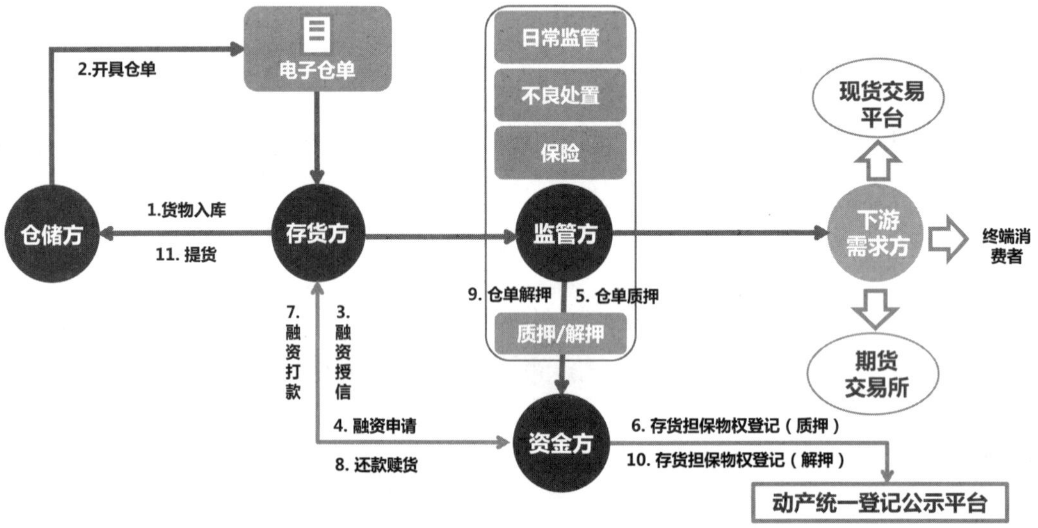

图 5　仓单全生命周期管理

5. “区块链+司法存证”

根据司法存证要求，微分格将为客户提供“区块链+司法”综合服务，连接全国各地可公开服务的互联网存证机构、互联网法院。

（二）平台系统架构

微分格通过物联网系统、仓单监管系统、仓单融资系统、大屏展示系统和移动端 App，实现仓储的数字化改造、智能化监管、风控督导和仓单融资。

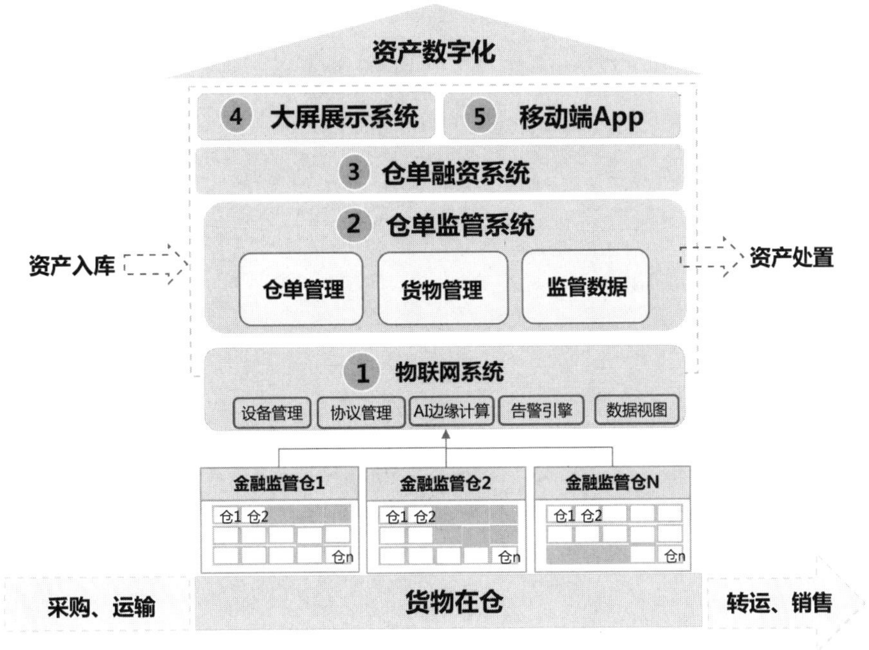

图 6　平台系统架构

1. 物联网系统

基于物联网技术，提供设备管理、AI 边缘计算、人工智能等服务，实现 AI 智能化能力。

2. 仓单监管系统

基于大数据、规则引擎技术，实现存货监管、风控告警预警、工单督导、互联网法院存证等服务，实现存货全流程监管能力。

3. 仓单融资系统

基于区块链技术，实现存货授信、借款用款、资金管理、融资管理等能力。

4. 大屏展示系统

提供存货作业风控大屏和数字仓单风控大屏的数据展示能力。

5. 移动端 App

提供小程序端的移动接入能力。

微分格根据存货监管与运营要求，实现了端到端（PC 端、大屏端、移动端）的系统架构能力，平台总体部署架构如图 7 所示。

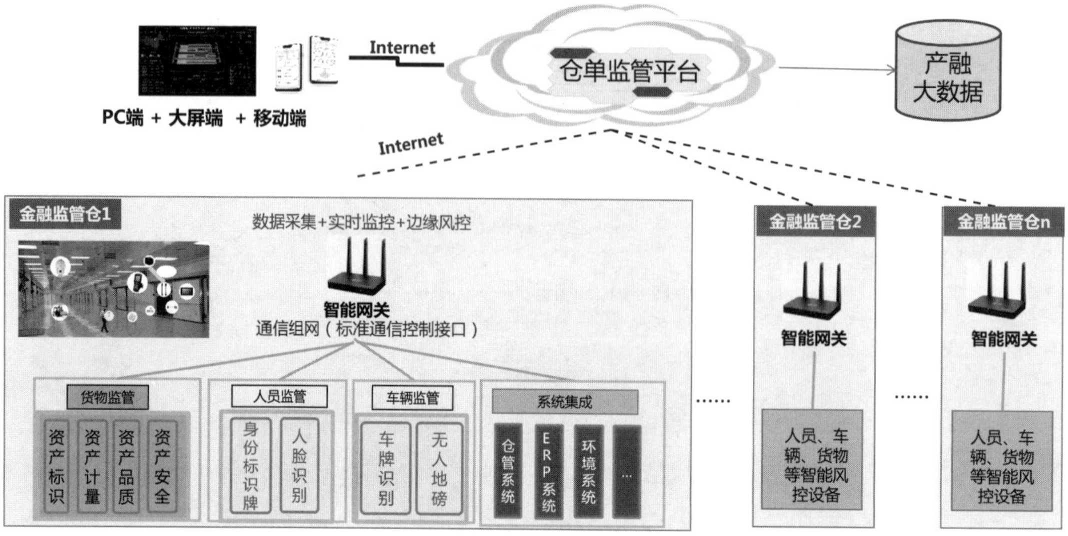

图 7　平台总体部署架构

（三）平台系统功能

微分格平台系统功能架构包括物联网接入系统、存货（仓单）监管系统、存货（仓单）融资系统、资产风控大屏系统和移动端小程序等，如图 8 所示。

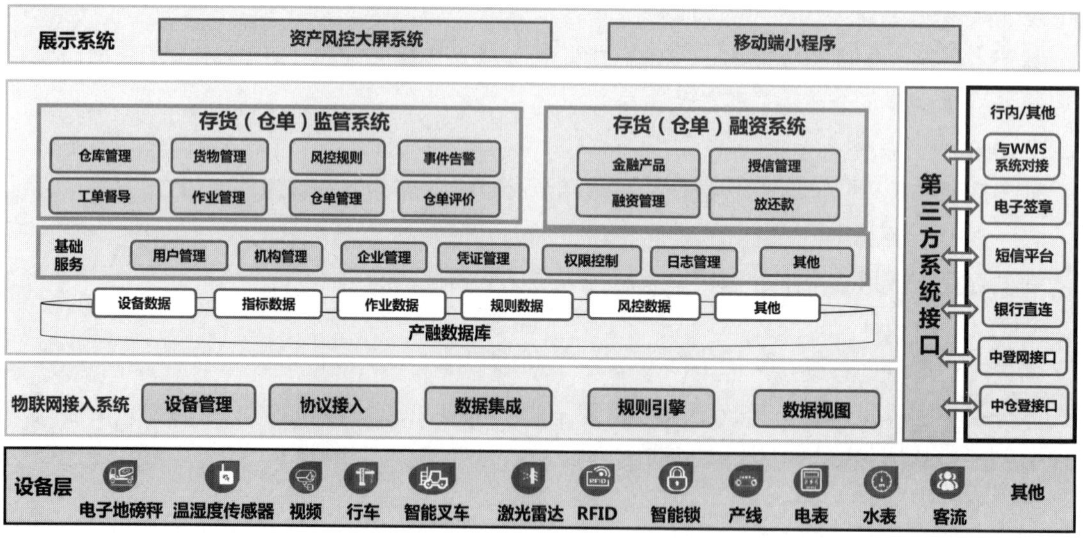

图 8　平台功能架构

1. 资产智联化：物联网接入系统

实现仓库内外智能设备的互联互通、物联监测和边缘风控能力，对监管空间中的目标识别验证，连接激光雷达、电子地磅秤、温湿度传感器、智能叉车、RFID、智能锁等，实现智能预警和实时报警。

2. 资产数字化：存货（仓单）监管系统

资产数字化是将现实存在的各种实物或非实物资产进行数字化标识，使资产在网络空间也具备线下各种属性，如权属、流通等，实现仓库、货物、工具、人员、关联系统的监管等，实现技术控货，保持货单一致。

图 9　仓单监管系统

3. 资产交易融资：存货（仓单）融资系统

实现仓单授信、借款用款、资金管理、融资管理等。

4. 资产可视化：资产风控大屏系统

实现作业监控大屏、数字仓单风控展示、价格风控大屏等。

5. 监管移动化：移动端小程序

提供微信小程序，方便资金方、资产方移动化接入办公等。

三、存货（仓单）融资监管平台运营

微分格可提供业务运营规划、业务运营管理和风险控制三方面的咨询和培训服务，帮助客户提高业务运营、人员培训、风险管控等服务水平。

（一）业务运营规划服务

业务运营规划服务包括选择运营模式，搭建运营体系，建立风控标准，完善法务协议。

1. 运营模式

根据资金方不同的风控逻辑和金融产品，对应不同的运营模式，包括存货监管、动产（存货）质押、仓单质押、保兑仓、订单融资等。

2. 运营体系

从仓单运营的整体层面，搭建业务运营体系，包括产品结构、操作流程、岗位职责等。

3. 风控标准

根据银行的风控要求，建立仓单融资风控标准，包括动态质押、静态质押、权属确认、质量确认、价格监控、处置流程等。

4. 法务协议

一整套与仓单运营和技术匹配的法务协议，包括授信借款类协议、质押担保类协议、质押监管类协议、延展类协议等。

（二）业务运营管理服务

微分格可为客户提供业务运营管理及培训服务，包括参与试点仓咨询、协助梳理业务环节、设置岗位职责、共同参与仓单标准制定等。

1. 参与试点仓咨询

“试点仓”是指为了快速定位押品种类、业务模式和金融监管仓改造要求，确定的第一个改造仓库。在符合质押货品的基本特征前提下，结合当地的产业特色和主要货源结构，协助客户因地制宜地选择适合的质押货品及试点仓库。

2. 协助梳理业务环节

根据业务流程，协助客户分析并梳理货物入库、质押放款、还款解押、巡查盘点、风险管理等环节，探索“技防+人防”的综合解决方案。

3. 设置岗位职责

根据监管要求，协助客户设立业务岗位、风控岗位、技术岗位和运营岗位，制定规章制度，进行岗位培训。

（三）业务风险控制服务

根据监控要求，微分格将提供法务风险、确权风险、监管风险、质量风险、价格风险和处置风险等六方面风控方案及咨询服务。

1. 法务风险应对

协助客户、法务律师一起起草各类协议，保存完整证据链，进行法务风险预防。

2. 确权风险应对

利用区块链技术的数据不可篡改的特性，与全国性独立的第三方平台合作，包括中登网、中仓登和互联网司法存证平台合作，完成监管全流程的权属确认。

3. 监管风险应对

运用物联网+区块链技术，并通过对仓库的数字化改造、搭建存货（仓单）融资监管平台，采取技术与运营的结合，保证全流程的风控监管。

4. 质量风险应对

通过区块链技术进行货物质量溯源，保证全流程的质量管理和数据真实、准确、唯一、不可篡改。

5. 价格风险应对

通过人工智能技术，实现价格盯市、价格预警、警戒线管理。

6. 处置风险应对

协助客户明确处置责任，建立处置流程，对接 B2B 等处置渠道。

四、存货（仓单）融资监管平台应用案例

微分格已服务的客户包括中国银行、浙商银行、民生电商、城商行和农商行等金融机构，以及钢铁、粮食、石油、贵金属、汽车等产业集团企业，帮助客户实现农产品、工业品、冷链产品、贵金属、生物资产、车辆监控、产线监控等几十个场景的物联网监管服务。

（一）存货（仓单）融资监管案例小结

表 1　存货（仓单）融资监管案例

序号	业务类型	品类	方案描述
1	农产品存货（仓单）监管	玉米、大米、小麦、棉花等	通过出入库单据 OCR 识别、车牌 AI 识别、出入库地磅秤、激光雷达扫描、智能门锁、粮权牌识别等监控手段，构建粮食数量、品质、安全、价格、确权、数据等 6 个维度的监控手段，以及 60 多种不同的风控策略和风控规则，实现农产品入库、质检、在库、出库、盘库等各类作业的全流程监控；通过与金融机构合作，微分格为多个大型集团和粮食仓库提供综合的存货融资监管技术服务，并累计完成近百亿授信融资
2	冷链存货（仓单）监管	冻品、生鲜等	通过 AI 摄像头、RFID 标识、智能锁、温湿度传感器等监控手段，实现数量、进出库、仓储环境监测；通过与农商行等金融机构合作，打造冷链数字化融资监管平台，在冷库内加装 RFID、智能锁、智能摄像头等，帮助企业实时了解货物数量和动态，实现了冻品监管准入和融资，品类包括冻牛肉、冻羊肉、冻鱼、冻虾、黑鱼片、开心果等，并与多个金融机构和冷链仓库对接
3	钢材存货（仓单）监管	螺纹、卷材、板材、钢坯、管材等	通过行车的移位监管、RFID 标识、出入库地磅秤、车牌识别等监控手段，构建钢材数量、品类、作业、安全、确权、数据等 6 个维度的监控手段，以及 50 多种不同的风控策略和风控规则，实现钢材入库、质检、在库、翻库、出库、盘库等各类作业的全流程监控；通过与股份制银行、金融机构等合作，打造物联网融资监管平台，对钢材库进行智能化改造，解决了货物出入库监管、地磅秤监管、实时盘库、行吊车作业设备监管、人员监管，以及货单一致性问题，加速了银行数字化业务创新
4	铝锭存货（仓单）监管	铝锭、电解铜、锌锭、镍锭、铅锭等	通过出库入地磅秤、智能叉车称重、UWB 叉车定位、RFID 标识、电子围栏、智能人脸识别、智能车牌识别、智能门锁等监控手段，构建 40 多种不同的风控策略和风控规则，实现铝锭入库、质检、在库、翻库、出库、盘库等各类作业的全流程监控
5	生物资产监管	奶牛、肉牛等	通过智能耳标、数量 AI 识别、车牌识别等手段，实现活畜的智能化跟踪监控

续表

序号	业务类型	品类	方案描述
6	贵金属存货（仓单）监管	金、银等贵金属	通过智能微电子秤、振动传感器、AI 摄像头、智能门锁等手段，实现贵金属的入库、质检、在库、出库、盘库等各类作业的全流程监控
7	绿色（双碳）监管	产线监管	实现产线各类能源设备、转子设备、震动设备等监管，以及企业经营动态的监管
8	车辆监控	车辆	通过出入库 RFID 标识、UWB 定位、AI 摄像头、OBD 或 Tbox 监控等监控手段，构建 20 多种不同的风控策略和风控规则，实现车辆入库、在库、出库、盘库等各类作业的全流程监控
9	设备监控	医疗设备、生产设备等	通过 UWB 定位、RFID 标识、用电状态监控等监控手段，实现设备状态、设备跟踪、设备标识等维度监控
10	液态化工品监控	油品等	通过智能压力仪、液位仪、智能消防、车牌识别、AI 摄像头等手段，实现油品的入库、出库、在库、盘库等全流程监控
11	农作物监管	农作物	通过气象监测、虫情监测、虫情识别等手段，实现农作物的长势监控

（二）农产品（粮食）存货（仓单）融资监管案例

从金融监管仓改造、风险技术管控手段和端到端系统建设三方面进行案例剖析。

1. 金融监管仓改造

微分格可根据仓库的数字化水平不同，及银行监管要求的不同，为客户提供按需、快速安装和部署服务，改造周期在 10 天至 30 天不等，硬件改造方式如表 2 所示。

表 2　金融监管仓改造方式

序号	类型	功能描述
1	激光扫描仪	采用脉冲激光测距传感器，对粮食表面精确测距，计算出的粮仓库容和粮堆体积准确率达 95%以上
2	无人机盘点	通过遥控无人机在室外对粮堆体积及粮面变化进行激光扫描，通过点云成像技术实现粮堆体积和重量计算
3	粮面 AI 对比	通过仓内监控摄像机自动抓拍粮面照片，通过 AI 算法智能比对，判断临界线上或粮高标尺的变化
4	地磅秤称重	实现出入库称重的自动上报和管理
5	智能门锁	在仓门加装蓝牙智能门锁，只有经过资金方、监管方的授权，才可以打开门锁作业

续表

序号	类型	功能描述
6	磅单 OCR 识别	结合仓库的磅单、出入库单、质检单等业务单证，通过 OCR 技术，直接读取单证业务要素和数据采集
7	温湿度监测仪	通过水分检测仪，对在仓粮食温湿度进行实时监测
8	视频监控	在库内安装视频摄像机，实现库内监管状态可视化
9	粮权牌 AI 识别	通过智能摄像机，对粮权牌定时抓拍，OCR 识别内容
10	仓门异常开启	结合摄像机监控画面，通过人工智能图像识别技术，实现仓门开闭状态的实时监测
11	人员车辆识别	结合摄像机监控画面，通过人工智能图像识别技术，实现陌生人员和陌生车辆的智能监管
12	人员车辆定位	结合仓库的人员、车辆、出入库记录，通过 UWB 精准定位技术，实现实时精准定位（10CM 级）、运动轨迹跟踪、电子围栏告警

2. 风险技术管控手段

微分格重点帮助客户解决粮食数量风控、粮食品质风控、粮食价格风控、粮食存储风控、粮食权属风控等技术性问题，如表 3 所示。

表 3 风险技术管控手段

序号	类型	功能描述
1	粮食数量风控	通过物联网硬件采集的数量信息、单据信息与仓库管理系统（WMS）数据交叉验证，保证单货一致
2	粮食品质风控	通过对粮仓温湿度监控与质检单据的交叉验证及定期巡检，保证粮食品质入库时合格、在库时稳定
3	粮食价格风控	通过采集粮食第三方交易平台价格、国家最低收购价格搭建价格模型，与粮食质押价格做比对，做好价格盯市及警戒线管理
4	粮食存储风控	通过对出入库车辆和人员、在库状态监控、装卸设备管理及仓门出入作业管理，保证粮食监管期间的安全
5	粮食权属风控	通过区块链技术的溯源及存证，配合供应链纸质材料及系统数据的交叉验证；与第三方公示平台和司法存证平台对接，保证质押粮食权属的真实性、有效性

3. 端到端系统建设

微分格主要提供物联网接入系统、存货仓单监管系统、仓单融资系统，以及 PC 端管理、大屏端展示、移动端接入等系统能力，如表 4 所示。

表 4　端到端系统

序号	类型	功能描述
1	PC 端	物联网接入系统；存货仓单监管系统；仓单融资系统
2	大屏端	仓库作业大屏；仓单风控大屏
3	移动端	通过移动端小程序实现移动接入能力

作为一家存货（仓单）监管与融资领域的科技实践者，微分格希望通过把科技、风控和运营三者结合起来，提供一站式的综合性服务，助力存货融资行业健康发展。

京东物流 | “京调”一体化供应链下的智慧运力调度平台

随着京东物流业务的不断发展、物流开放业务的收入不断增加，目前京东物流已经服务了30余万家不同规模的企业客户。京东物流运力平台结合京东物流一体化供应链战略在综合运输体系（公路、航空、铁路、多式联运业务）的全面布局、行业发展趋势以及新型技术，建设赋能业务（体验、效率、成本最优）和行业领先型的综合运力系统。

京东物流始终重视技术创新在企业发展中的重要作用，基于5G、人工智能、大数据、云计算及物联网等底层技术，持续提升自身在自动化、数字化及智能决策方面的能力。通过自动搬运机器人、分拣机器人、智能快递车、无人机等，在仓储、运输、分拣及配送等环节大大提升效率；自主研发仓储、运输及订单管理系统等，支持客户供应链的全面数字化；通过专有算法，在销售预测、商品配送规划及供应链网络优化等领域实现决策优化。凭借这些专有技术，京东物流已经构建了一套全面的智能物流系统，实现服务自动化、运营数字化、决策智能化。

中国经济数字化快速发展，终端消费者碎片化、多样化、复杂化的需求，促使企业需要更为迅速灵活的响应。在端到端一体化供应链物流服务的帮助下，可以实现更佳的原材料寻源采购、生产规划、运输配送，帮助企业实现效率提升。据测算，一体化供应链的市场规模约2万亿元，预计2025年规模达到3.5万亿元，发展空间巨大。

在此背景下，京东物流基于一体化供应链的管理理论，依托物流业务的海量数据和每年数百亿元的运输业务，搭建了“京调”一体化供应链下的智慧运力调度平台。

依托“京调”一体化供应链下的智慧运力调度平台，京东物流通过技术驱动，基于运力产品化能力的不断沉淀，带来运营能力提升的同时，为内外部货主提供一体化运输解决方案，并为多端用户提供体验、成本、效率最优的运力输出平台。

一、产品定位及核心能力

京东物流支持一体化供应链服务有4大基石“仓、拣、运、派”，体现了京东是网络式公司，具有调度场景复杂的特点，不仅要考虑各网点的场地因素的约束条件（如卡位），还要考虑基于时效的分代码配载等，需要打破当前各个操作环节的固有模式经验，重塑操作流程等。基于京东物流需要支撑6张网络的运输运营，所以要考虑跨网（快递、快运、B2B、大件、冷链等）融合调度等更为复杂的场景。通过人机演进的不断研究，机器学习大量的知识和优秀的人工经验，而这些知识和经验就是数据，京东物流用工程建设不断去沉淀人工经验数据，而不断沉淀的经验数据将更好地反哺机器学习替代“规则+人工”的演进。

"京调"一体化供应链下的智慧运力调度平台，通过科技的力量实现客户、承运商、司机三赢，对上游客户进行需求规划、对下游承运商进行运力规划、对司机进行执行规划。为客户降低物流成本，提高货物周转效率、履约时效和综合体验；为承运商增加收入，减少运力的空时时间、闲置等待时间，提高运力的周转效率；为司机增加收入，提高运输效率。整体上带来了运输效率的极大提升和碳排放的极大减少。

"京调"一体化供应链下的智慧运力调度平台的核心技术，由3个模块组成，分别为一体化供应链需求规划、一体化供应链智能调度、一体化供应链运力优化。

（一）一体化供应链需求规划

需求规划模块完成上游需求的统一对接，需求类型分为3种：上游业务通过路由（标准网）传达的运输需求、通过算法预测产生的当日运输需求、人工手工录入的临时性运输需求。

（二）一体化供应链智能调度

在需求规划环节产生的总体需求货量的基础上，通过实时车辆调度系统，在保证运输时效要求的前提下，完成需求与车辆的最优匹配，从而实现运输车次和成本最优。

（三）一体化供应链运力优化

提供公铁空在内的统一运力支撑，包含资源入驻、资源招采、资源池管理、运能推荐、运力评价等在内的完整闭环服务，为业务在时效、成本、质量、安全等不同维度提供高质量的运力输出。

目前，"京调"一体化供应链下的智慧运力调度平台已向社会全面开放，服务于六大物流网络——仓配网络、最后几公里配送网络、大件网络、冷链网络、跨境网络、综合运输网络，服务30万家企业客户。

"京调"一体化供应链下的智慧运力调度平台，集成全球定位系统（GPS）、配送路径优化模型、多目标决策等技术，把运单需求分配给可用的车辆，实现配送运单信息的电子化、配送决策的智能化、配送路线的实时显示、配送车辆的导航跟踪和空间配送信息的查询显示，实现全数字化调度。

依托上述核心技术，"京调"一体化供应链下的智慧运力调度平台产品如图1、图2所示。

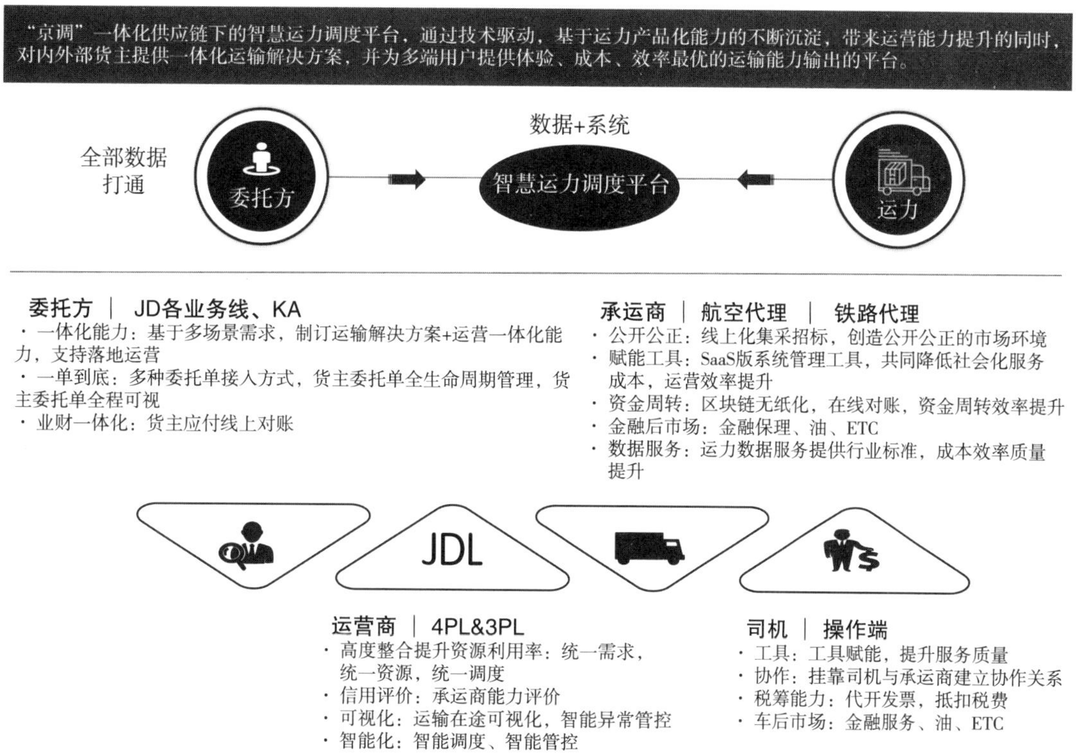

图 1 "京调"一体化供应链下的智慧运力调度平台产品定位

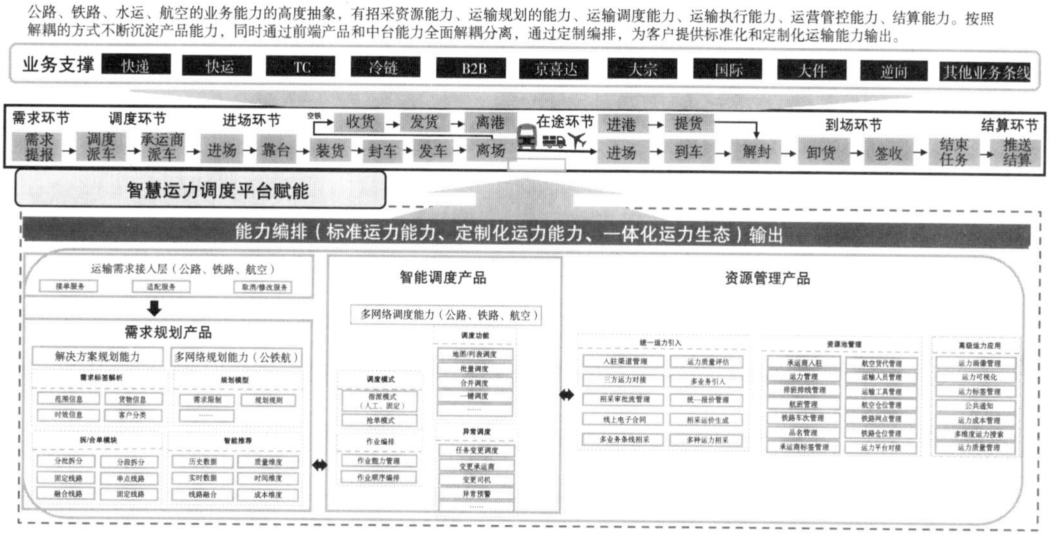

图 2 "京调"一体化供应链下的智慧运力调度平台产品全景图

二、主要技术创新点

（一）全动态的路由规划、货量预测、智能派车相结合的智能调度引擎技术

在物流业内，部分外单揽收的公司货源和货量稳定，只需要做路由规划的静态规划即可；部分市场化运输需求和运力平台，只需要做好实时需求和实时供给的匹配即可。京东物流基于一体化供应链内外单相结合的特点，打造“干支传摆城”全场景，包含自营运力、三方运力、个体运力的统一运力资源池的智能调度，要求京东物流在行业内做到全动态的路由规划、货量预测、智能派车。

（二）一体化供应链下人机演进方法论

相比传统的算法应用项目，京东物流更多考虑算法逐步提升、逐步替代人工和规则建设，同步兼顾用户体验最大化进行建设。在建设中，从货主的委托单接入（运输需求创建）、运输计划生成（结合接单诉求产品、时效、运输要求等及资源能力，规划分批、分段、融合等方式，输出运输计划）、运输调度任务（基于计划需要最优资源生成运输调度任务），以及基于运输调度任务的派车、司机任务（执行作业单据），最后到承运商的委托书（交接单，即结算单据）回单的整体闭环设计，处处体现人机演进下的应用场景。深度是算法建设，广度更多是工程级建设。从用车需求生成开始，到调度匹配（用车需求与资源自动匹配），再到资源执行的整体递进数据。京东物流的终极目标是所有需求系统自动生成，所有需求与资源的匹配由系统推荐自动匹配，所有任务自动传递到对应的承运商、车队及司机执行。在整体递进过程中，因存在人为取消和操作等场景而非全自动化的信息传递，是逐步递减的过程。因不断地关注深度和广度问题，为算法的逐步递进并兼顾体验最大化，提供了最新的技术演进方法论。

如何平衡数智驱动，其核心是理解人机协同重要性。机器和专家有非常大的区别。在信息层面上，机器拥有有限维度的海量数据，而专家拥有海量维度的有限数据；机器不善于对长尾场景下鲁棒决策，而专家不善于对头部场景下极致决策。在决策层面上，机器中立且在已知场景下能保持客观标准，专家难以绝对中立但是在异常场景下能够灵活应对。基于以上分析，数智化进程就是一个人机协同演进过程，从简单计算器到通用人工智能的过程，京东物流用人机演进来描述在运输场景中的过程。“人”指的是“规则+人工”，“机”指的是机器学习，机器学习算法逐步提升，替代人工和规则的经验，同步兼顾用户体验最大化。在机器学习大量的知识和人工经验的过程中，京东物流用工程建设不断去沉淀人工经验数据，更好地反哺机器学习替代“规则+人工”的演进。

（三）一体化供应链北极星指标方法论

北极星指标作为指引未来、需求提炼、结果导向的主要指标，可以清晰地指出团队努力的方向。所有工作都是由此展开；通过数据验证核心需求，帮助明确任务优先级；以业务效果而不是业务数量来衡量团队的工作成果。项目组要以北极星指标开展工作需要进行以下五

个步骤：一是 L1 指标及群星指标的确定；二是根据指标找出现状；三是影响群星指标的关键问题和事项（流程、规则、算法、系统）；四是根据优先级解决关键事项和问题；五是复盘事情解决效果，去推进项目开展的所有工作。北极星指标及群星指标的定义、口径、范围、取数的逻辑等，要共同认知并共同制定，保留指标的科学性、真实性和可执行性。北极星总指标和协同部门指标①确定下来，作为整个项目的风向标，以项目管控的方式，不断监控指标的提升变化，寻找项目场景洼地，不断迭代优化。

三、经济和社会效益

"京调"一体化供应链下的智慧运力调度平台已经在京东物流运输干支传摆的运输网络上投入运营，覆盖运营六大网络并为 21 种类型的运输业务赋能，支持一体化供应链下近 30 万商家的运输支撑，为 70 万车辆提供服务，平均每日为 10 万次车辆提供运输优化，并获得了经济效益。

自动化配载，结合分拣 4/8/12 小时货量预报的准确率提升，加入算法能力，在满足时效的情况下，进行动态配载（线路和资源动态线路串点、往返等配载方式）实现需求的有效整合及资源的充分调配。智能线路规划，结合货量预测和预告进行线路融合、串点、往返等线路规划，提高装载率，减少车次，实现任务可跨业务线统一调度；实时配载，实现在全网范围内的资源利用率最高。干支自动化推荐车次车型，通过算法选取特征+挖掘推荐周期性稳定的干支传摆线路再结合招采，通过调度确认的方式，实现车次车型由系统自动生成。正常调度定线定资源部分，即正常 70%的调度由算法模型找到固定规律来自动生成。通过固定规则配置中心承载算法模型生成的规划和人工确定的规律，固定线路固定资源能力的由系统自动生成带承运商和车型的运输任务发送承运商、固定线路固定承运商不固定车型发送调度确认。通过算法找出小车换大车，装载率低线路合并带来直接合理车辆使用的业务价值，需要具体测算。这部分初步计算年度节约成本在 1.1 亿元。

传摆自动化派车，建立摆渡、传站的调度算法模型，如智能车辆排班、动态跟踪车辆营运能力情况（特别是自营车）等，实现最大化提高自营车的使用率，达到 70%的调度任务由系统下发。结合自营车管理体系建设和智能排班，达到自营车利用率最大化。智能资源规划（排班），合理规划运力资源，提高自营车辆利用率和里程。拟提高每辆自营车每天有效里程 10 千米，降低空驶里程 5 千米。

基于京东物流丰富的业务场景，依托京东物流行业领先的智能化研发能力，沉淀出一整套涵盖需求规划、智能调度、运力优化的智慧运力调度平台，高效服务京东外部各类型客户的运输服务，既提升了京东物流的收入水平，同时为客户降低了不必要的物流费用。同时，京东物流沉淀的智能物流产品能力，已部分向社会开放，作为全球供应链基础设施服务商，在社会层面提供提升物流供应链整体效率的工具，进一步降低无效搬运，有效降低物流车辆、物流设施能耗，提升资源利用率。

---

① 北极星 L1 指标（目标）和 L2 群星指标（对应上下游各角色）。

慧仓科技 | 高速立体存储系统助力杰克科技仓储智能化升级

一、关于慧仓科技

杭州慧仓信息科技有限公司（以下简称“慧仓科技”）是一家以高速立体仓储自动化核心技术为核心，聚焦标准化、模块化的高速立体存储和分拣两大创新产品线的研发与生产制造，在业内颇具高端智能装备水平的高科技公司。

慧仓科技由机器人及实时控制领域的两位美归教授联合创办，目前已累计完成5轮融资，投资者包括GLP、经纬中国、CGVC、顺丰产业基金等顶级机构。核心团队凝聚了物流装备、仓储运营等行业精英人士，拥有强大的自主研发实力和完善的生产实施能力。

慧仓科技持续秉承“技术为本，客户为先”的发展理念，客户群涵盖工业制造、工业品流通、电商、冷链生鲜等诸多领域，从世界五百强到中小企业。现已为伍尔特、希音、林德、杰克、京东物流、百世供应链、星巴克、屈臣氏、伊芙丽、DHL等国内知名企业提供智能仓储解决方案。慧仓科技胸怀“中国创造，服务全球”的发展愿景，销售服务网络覆盖全国，并与日本、韩国和美国的行业龙头合作，成功打入日韩和欧美市场。

慧仓科技主推两条产业线的四款产品，分别为存储产品“慧仓穿云箭”“慧仓摩天轮”“慧仓迷你库”；分拣产品“慧仓闪电播”。产品广泛应用于制造、流通和终端消费环节，以“省人省地、双管齐下”为突出优势，可节省70%以上的人工成本和占地空间。慧仓科技的产品具备快速实施、灵活搬迁的显著特点，为客户提供高投入产出比、高灵活性的仓储自动化解决方案。

二、慧仓摩天轮系统

慧仓摩天轮是一种新型的密集存储立体库，也叫摩天轮货到人拣选系统。可根据仓库高度和面积，灵活定制的大型高速立体存储系统，满足大规模、高效率、高准确性的拆零拣选需求，适用于大型物流仓储中心的拆零拣选、整箱缓存等应用场景。高速立体存储技术可提高仓储利用率，节省项目用地；更能提升货品存储量，使单个订单履行成本更低，有针对性地解决仓储难题；集约化设计可使整个系统小型化、轻型化。目前该系统已成功应用在制造、医药、汽车等大型物流中心。

慧仓摩天轮系统主要有以下7个特点。

（1）密集立体存拣一体化系统。

（2）操作界面动态显示，料箱激光指示，确保货到人拣选无差错。
（3）基于料箱或托盘式的密集存储，根据订单实时量进行及时优化。
（4）多机多组并行操作，冗余设计无宕机。
（5）机器人数量随业务增长而增加，进一步提高系统产能。
（6）物料精准管理，库存动态调整。
（7）输送线对接摩天轮即可直接使用，安装调试简单、标准。

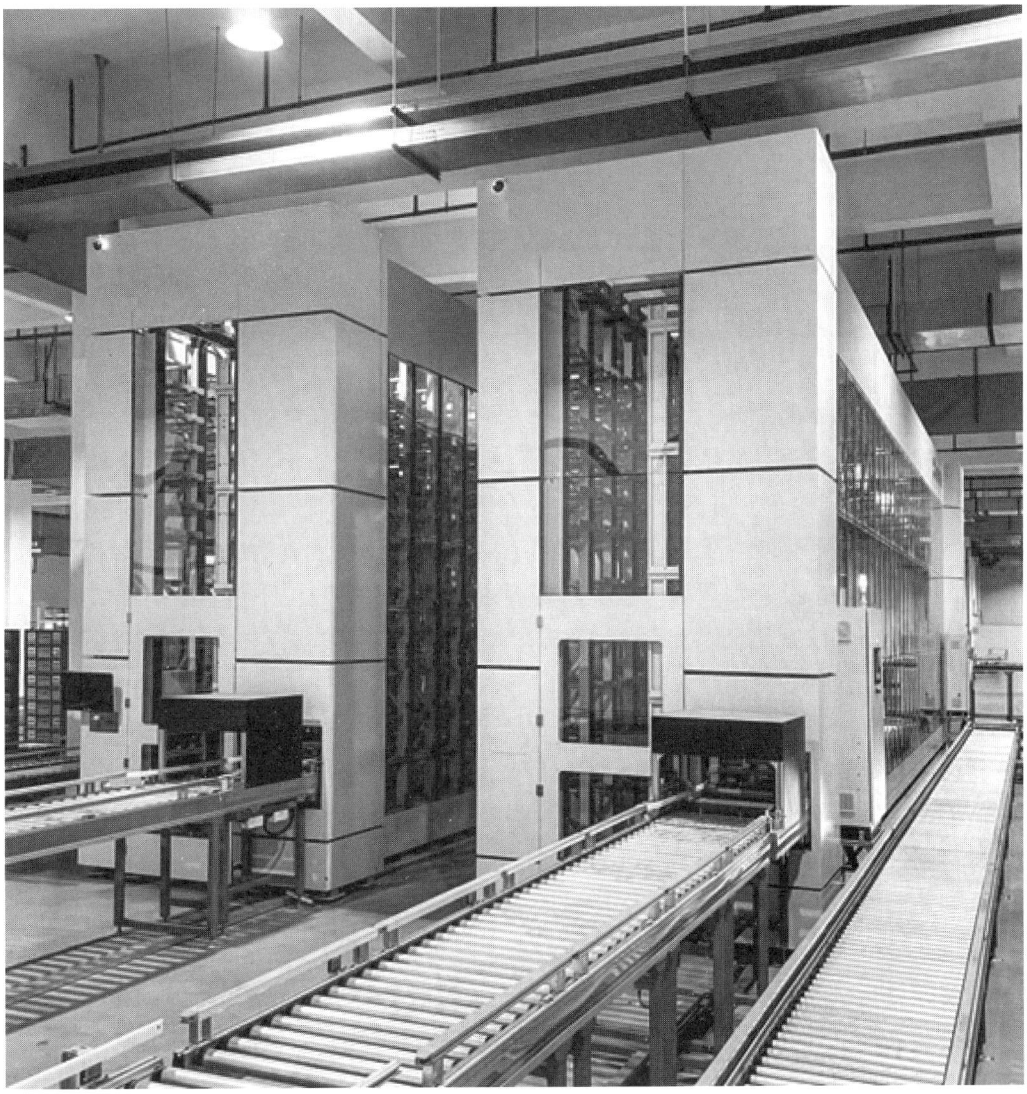

图 1　摩天轮对接输送线

三、慧仓科技产品核心技术部分

慧仓科技采用 WCS 系统，可以稳定、快速、高效地协同任务引擎和消息引擎，优化分解任务、分析执行路径，为上层系统的调度指令提供执行保障和优化，实现对各种机器人系统接口的集成、统一调度和监控。主要具有以下5个特点。

（1）全面对接：支持与MES、ERP、OFS、PLM等系统无缝对接。

（2）仓库作业：支持包括入库、出库、盘库等各项出入库作业需求。

（3）功能全面：层级、权限配置管理，全面完善的报表功能，异常处理清晰、简洁。

（4）界面丰富：根据实际展示立库的世界模型，方便查询。

（5）智慧仓储：多台机器人路径自动优化，通过商品的出入库频次自动优化库位选择，多任务自动分配。

四、慧仓摩天轮系统案例实践

杰克科技股份有限公司是缝制设备行业产销规模大、综合实力强的全球化企业，是集数字版房、面辅料仓储、智能验布、智能裁剪、吊挂缝纫、后道分拣、成品仓储等服装智能制造全流程，以及MES、WMS、APS等软硬件于一体的服装智能制造成套解决方案服务商，服务于服装、鞋业、箱包、家具、皮革、汽车、航空等多个领域，产品惠及全球150多个国家和地区。

随着人工成本的不断攀升、人工招聘难及人员流动性大等因素的影响，应用自动化智能化设备已经成为未来发展的必然趋势。在本项目中，慧仓科技为此客户打造并上线2套慧仓摩天轮系统及16台穿梭车，用于分类储存密封件及生产所需的辅料、工具等，并按照客户要求精准保管。用以代替传统人工作业，缩减人工招聘成本及人员流动成本，充分利用仓库面积。通过慧仓摩天轮系统化管理，将上下游资源进行整合，打通上下游业务，打造高效、智能、全业态的新一代数智化仓库。

（一）慧仓科技的解决方案

慧仓科技所提供的解决方案，是由导轨货架、机器人以及配套的软硬件组成的自动化设备。机器人在导轨货架上按照内部系统指定的路径行走，对于指定位置的物料进行存取操作。机器人运行路线如“摩天轮”一样采用循环走圈式，先在一端尽头的竖向轨道上升，再通过横向轨道到达对应的竖向轨道后下降，最后取还物料后下降至底部横向轨道。为避免所有机器人都经过某处造成堵车等现象，系统内部会有更灵活的调度方式（特殊情况下的机器人倒车、反向行驶等），但总体仍是摩天轮循环走圈式。机器人采用电刷与滑触线配合的方式进行充电，蓄电装置为超级电容，系统内不同位置设有多条滑触线，当机器人行驶经过该位置时，电刷则与滑触线接触并充电。

有别于传统多层穿梭车系统，慧仓智能穿梭车机器人可在导轨货架内自由移动并可到达任意一个位置，完全消除传统多层穿梭车系统提升机所带来的单点瓶颈问题。多台慧仓智能穿梭车机器人通过实时智能算法进行调度，实现超高吞吐量的仓储作业模式。

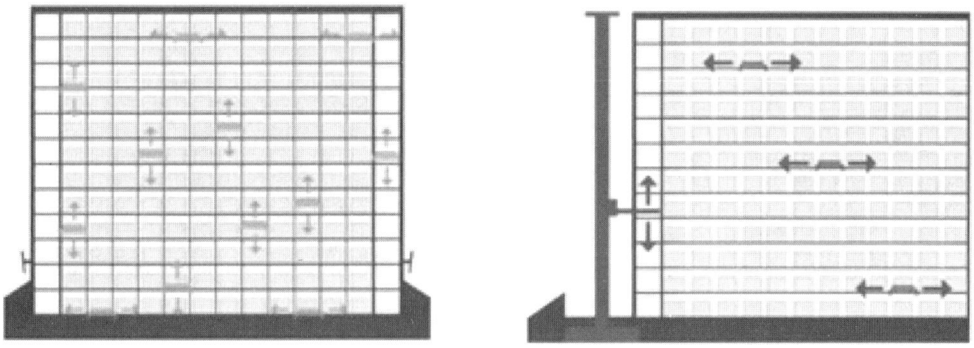

慧仓科技的解决方案
· 机器人数量灵活增减
· 多机并行工作
· 系统无单点瓶颈

传统立库方案
· 基于提升机的多层穿梭车或堆垛机系统
· 提升机为单点瓶颈
· 系统效率低下

图 2 慧仓科技的解决方案与传统立库方案对比

（二）项目布局模式

项目整体分成三部分：入库端、出库端以及库体部分。入库端有一套滚筒型入库工作站，库区由巷道和库位组成，库位通过专用塑料托盘，满足纸箱以及各种非标料箱的存储；出库端采用环线滚筒线，将两库进行连接，采用动态扫码自动读取拣货台，工作人员根据一体机提示完成任务。拣货任务只需要一个拣货人员即可满足至少 32 条产线的物流需求。

（三）项目整体能力

（1）单库尺寸（L×W×H）：23 米×3.5 米×5.6 米
（2）项目占地面积：200 平方米
（3）单库储位数：2082 个
（4）双库储位数：4164 个
（5）穿梭车机器人数量：16 台
（6）单库吞吐量：230 箱/h
（7）项目总吞吐量：460 箱/h
（8）项目总功耗：220V，18kW

（四）项目作业流程

入库流程：利用慧仓科技 WCS 系统，将供应商的商品送至入库区进行入库作业，并按照 WMS 系统下发的入库单要求将料箱准确送入目标库位，人工通过系统提示放置入库线，进行物料的存储和输送，实现物料快速、准确地入库，减少原有单据、账务处理。

图 3　零件入货口

图 4　零件入库图

出库流程：系统按照 ERP 出库订单，有序地运输对应物料至拣选站，操作员对物料进行拣选。“货到人”相比传统的人工拣货形式，减轻了操作员的工作强度。

图 5　设备拣货口

图 6　零件拣选出库

图 7　零件拣选完成运往产线

（五）项目优势

（1）降低成本：慧仓摩天轮实现物料快速运转，大大节省运营成本，增加近 2 倍的收益。

（2）提高运营效率：慧仓摩天轮与输送线对接，全自动化操作，大大提高仓库的运营效率。

（3）SAP 系统一体化：使物料精准管理，库存动态调整，无须人工盘点。

（4）节省空间：充分利用仓库高度，相比普通货架节约了 70%的占地面积，大大节省仓库空间。

（5）高效准确率：货到人拣选准确率为 99.99%，并伴有激光指示，确保货到人拣选无差错。

（6）设备产能柔性：多机多组并行操作，冗余设计无宕机，系统无单点瓶颈。

目前，物流市场常见的多层穿梭车等虽然能够有效提升仓储密度和仓库管理效率，但其高昂的改造成本、较长的施工周期和投资回报周期都让很多企业望而却步。慧仓摩天轮经过多应用场景的打磨，已经为客户打消顾虑，有效消除物流断点、降低智能仓储投入成本、提高运行效率，高度信息化也助力企业实现作业全流程的可视、可管、可回溯。

现今，制造业的自动化、数字化、智能化已不是企业的选修课，而是生死攸关的必修课。慧仓摩天轮以其高速、立体、智慧等优势，助力制造领域实现准确、快速的运营目标，协助更多制造型企业“走出去”，服务更广阔的全球市场，对构建智慧仓储新格局具有深远而重大的意义。

慧仓科技未来将不断提供高可靠性、高性价比的产品，为客户的仓储智能升级助力；持续深耕物流行业，为客户提供存储全流程解决方案。

金峰集团 | 智能分拣技术助力东南亚电商快递业蓬勃发展

一、东南亚电商快递发展情况

（一）东南亚电商市场发展潜力巨大

东南亚是当今世界经济发展最有潜力和活力的地区之一，据统计，2022 年东南亚六国 GDP 约 3.5 万亿美元，人口约 5.9 亿人，占全世界人口的 7.4%。互联网的普及，为东南亚电商市场打下了坚实的用户基础。过去 5 年来，东南亚的电商市场正处于高速发展期，是全球电子商务增长最快的地区之一。2022 年东南亚电商市场规模约 1450 亿美元，增长超 20%；预计 2025 年，东南亚地区电商市场规模将达到 2340 亿美元。

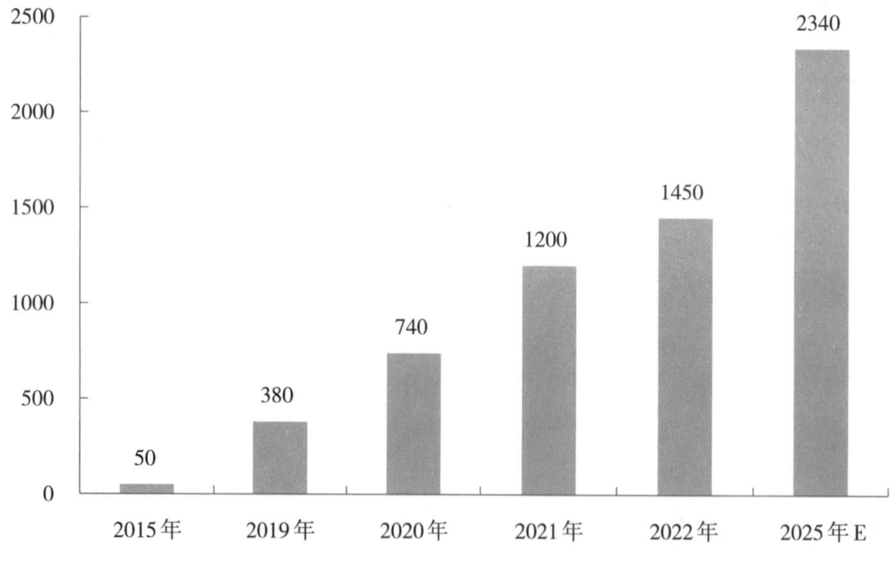

图 1　2015—2025 年东南亚电商市场规模及预测（亿美元）

数据来源：招商证券等

目前东南亚（除新加坡外）电商渗透率均低于 5%，其中印尼的电商渗透率相对较高，达到 4%，但相比中国（24.9%）和英国（19.3%）等成熟的电商市场，东南亚电商市场渗透率存在 8~10 倍的提升空间。根据研究机构 E-Conamy 预测数据，2022 年全球电商增速率

TOP10 中有 5 个东南亚国家，东南亚地区电商市场依然有着巨大的潜力。

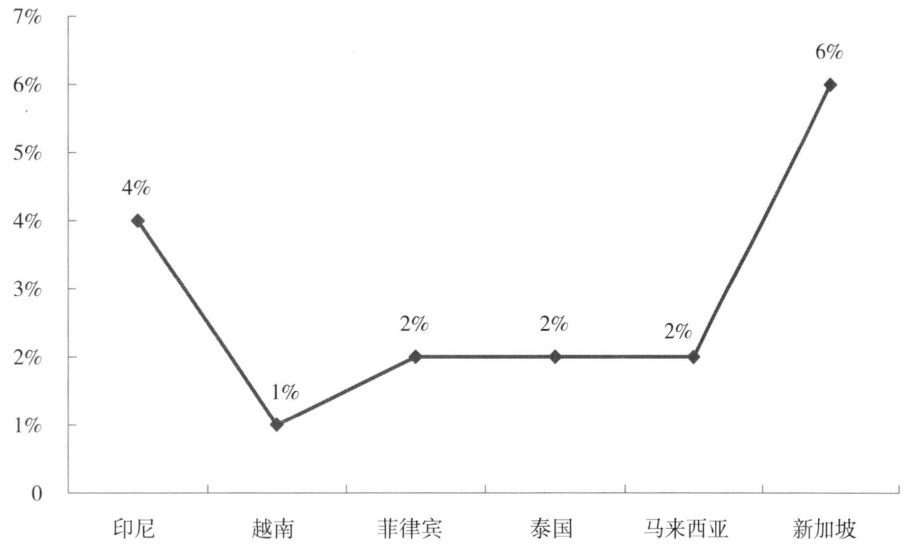

图 2　东南亚电商渗透率

资料来源：谷歌、淡马锡和贝恩 2020 年报告、广发证券研究所等

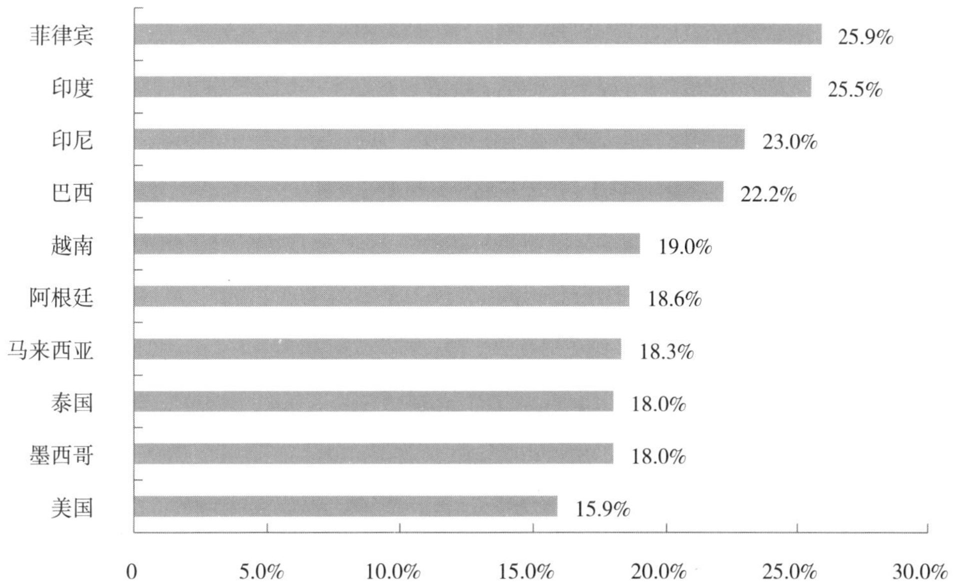

图 3　2022 年全球电商增速率 TOP10

资料来源：谷歌、淡马锡和贝恩 2020 年报告、广发证券研究所等

（二）电商带动快递飞速发展，中国快递出海东南亚

东南亚电商的高速增长，是东南亚快递发展的核心驱动力，电商的需求对当地物流提出更高要求。2022 年东南亚快递市场已形成一定规模，约 1503 亿元，同比增长 24. 7%。据不

完全统计，2022 年东南亚市场快递包裹总量约 100 亿件，其中印尼约 36 亿件，泰国约 21.5 亿件，越南约 14 亿件，马来西亚约 13 亿件，菲律宾约 11.5 亿件，新加坡约 1 亿件。

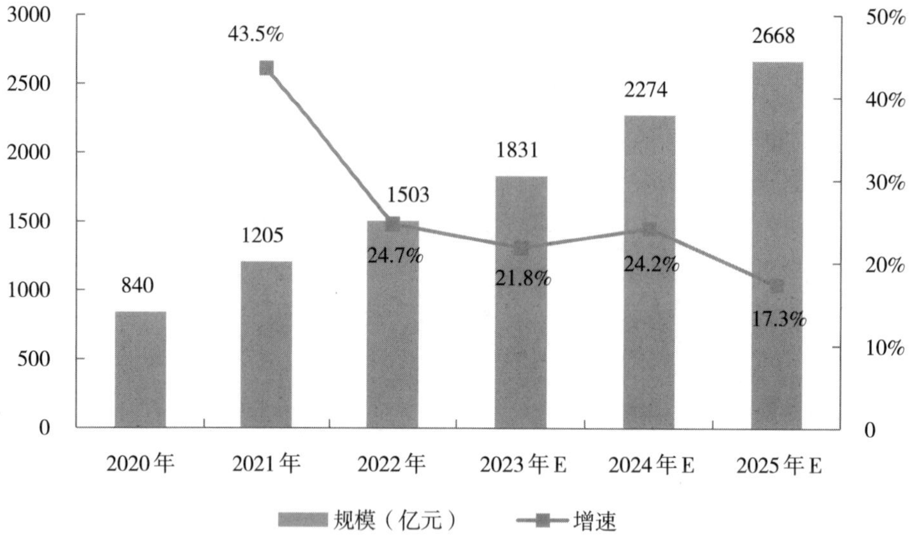

图 4　东南亚快递市场规模及预测

资料来源：华安证券研究所等

近年来，中国多家快递企业纷纷出海东南亚。东南亚目前物流基础设施相对落后，中国快递企业有较大的发展空间，基于在国内积累的丰富经验，可在东南亚迅速复制。

表 1　中国快递企业出海东南亚

企业	说明
极兔	极兔借助 OPPO 的网络基础，与东南亚电商展开合作，短短几年就进入东南亚电商快递企业的第一梯队，有“东南亚顺丰”之称；极兔抢占市场主要采取价格竞争，以泰国为例，曾推出“1~3 公斤 9.9 泰铢包邮（折合人民币 1.9 元）”的低价促销活动
顺丰	自 2010 年以来，顺丰就通过在新加坡设立营业网点，开始试探东南亚市场，之后便将国际业务逐步覆盖到马来西亚等国家
百世	2019 年下半年，百世集团将国际化列为五大发展战略之一，采用独具特色的“自建快递分拨+末端网络加盟”方式，在泰国构建起快递网络，并将东南亚市场作为战略重心
圆通	自 2018 年便开通了首条东南亚航线，并与云南国际班列共同开发中国—老挝铁路货运市场
韵达	韵达重点布局海上航运，已与十几家船东开展合作，打通海外市场

资料来源：网络搜索

二、金峰智能分拣在东南亚市场中的创新应用

（一）越南邮政项目：中国团标首次落地东南亚

1. 项目背景

随着海外电商的快速发展以及受新冠疫情的影响，人们的消费习惯逐渐改变，大量消费场景从线下转为线上，促使快递行业驶入发展快车道，这在东南亚市场尤为显著。因蕴含较大的市场渗透潜力，东南亚市场也被国内快递业视作下一片“蓝海”。近年来，越南包裹量激增，这主要受益于越南零售电商规模的快速增长，带动了多家快递企业进军越南布局设点、群雄逐鹿，迫使越南本土的快递企业在传统邮政服务产量下降的背景下，急需增加技术应用。

在此背景下，2019 年，青浦圆桌会议总干事邵钟林先生和金峰集团总裁蔡熙先生赴亚太邮联调研走访，双方达成共识，要将中国快递物流自动分拣技术的相关标准翻译推广至东南亚市场，积极助力东南亚快递物流行业自动化分拣技术的升级。2020 年，由青浦圆桌会议组织，作为干事的蔡熙和金峰集团参与翻译的 3 个涉及快递物流客户权利义务的中英文对照版团体标准成功交付，金峰集团主导编写的交叉带主要零部件的标准也在本次越南项目中得以实施，助力金峰集团成功交付越南邮政交叉带分拣机系统项目。

图 5　蔡熙先生与邵钟林先生一起赴亚太邮联调研走访

越南邮政总公司目前已建立起覆盖越南全国各乡村、公社的邮政网络，服务点超过

13000个，年均增长率为20%，分拣量占据整个国家快件量的26%，是越南最大的邮政服务供应商。在此背景下，投资建设邮件自动分拣系统是提升越南邮政总公司服务质量的有力且必要的举措，同时也为邮政、物流、电子商务等服务提供了重要的基础设施支持，旨在满足广大客户在公共时代日益增长的需求。

2. 项目概况

项目位于越南岘港市庆和工业园区的中部仓储物流研发中心内，占地面积达5万平方米。岘港市的中部仓储物流中心定位非常重要，既承担越南中部地区9个省市的货物的收发、运输与投递任务，又作为越南北部、南部地区各邮政物流中心进行邮件、货物转运的重要枢纽。金峰集团受邀参加了此项目自动化分拣系统的建设，为邮政、物流、电子商务等服务提供了重要的基础设施支持，逐步满足越南邮政总公司乃至整个邮政行业未来的发展需求。

图6　越南邮政交叉带分拣机系统

（1）项目时间：2020年12月进场，2021年3月投入使用
（2）项目地点：越南岘港市
（3）客户名称：越南邮政总公司
（4）仓库面积：11000平方米
（5）处理量：最大为36万件
（6）产品名：单层交叉带分拣机
（7）分拣产品重量范围：0.1千克~30千克
（8）产品系列：全自动分拣系统集成（网箱车系统、自动升降系统等）

3. 项目解决方案与亮点

金峰集团对越南邮政总公司进行充分调研，了解到越南邮政总公司的分拨中心未使用过先进的交叉带分拣机系统，随着邮政件量的不断增长，越南邮政总公司越发注重自动化设备的投入，目标是为广大客户提供一个封闭的邮件流通系统，旨在缩短邮件投递时间，确保客户的所有包裹得以准确、安全、高效地投递；应用先进科技最大限度地节约人力资源，推动

整个邮政网络的效率迅速提升。

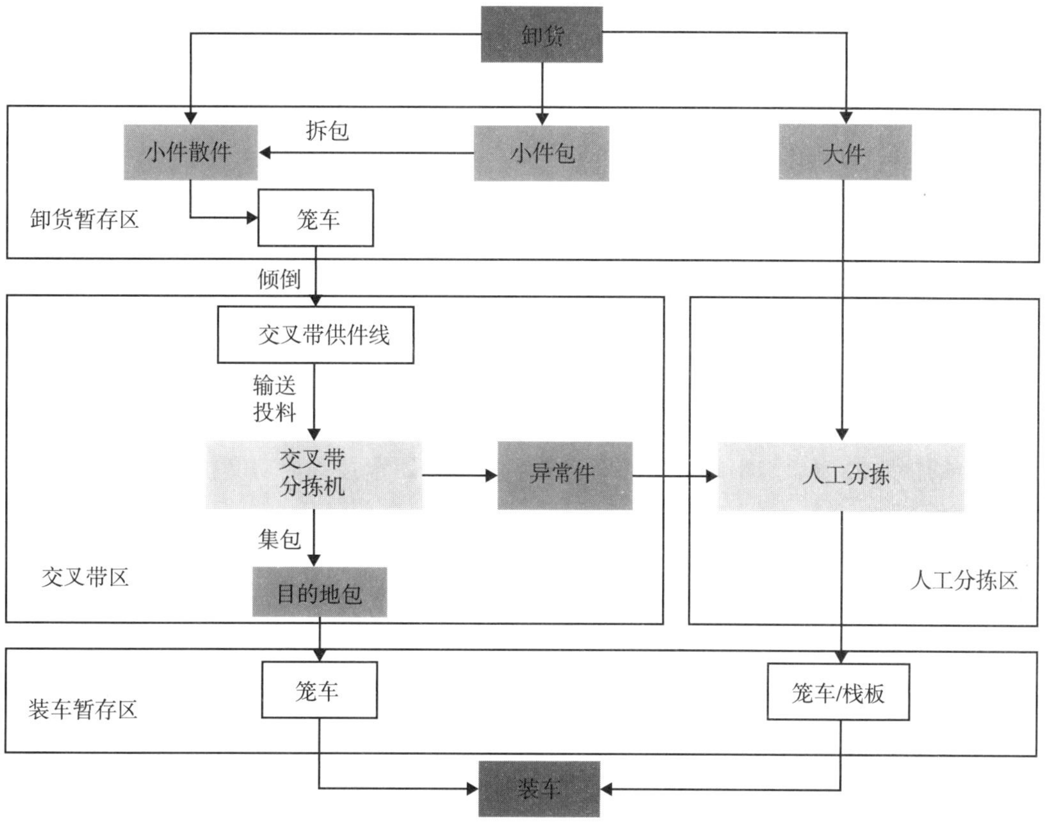

图 7　高效作业流程

从货车上卸下装置物品的笼筐，通过人工倾倒在输送线上，再人工取货放入供包台，通过 DWS 扫描采集邮件、邮包的各类信息，读取邮件所带的识别码并将相应的信息传递到交叉带的对应接口，交叉带分拣机系统将货物分拣到相应的格口，集包后由人工装车向越南中部地区各省份的乡、坊地区准确分拣分发物件。项目具有以下 4 个亮点。

（1）越南邮政首套交叉带分拣机，满足邮政领域年均增长率超过 30%的需求。

（2）提高空间利用率，降低人工成本，提高分拣准确率和时效性。

（3）自动化程度高，适应各类邮政物品分拣。

（4）自动化分拣系统与信息技术系统、数字地图、数字邮政地址码等应用程序集成于一体。

青浦圆桌会议紧跟国家战略部署，在以“交流、标准、服务”为平台宗旨的基础上全力紧抓“标准先行”，联合国内快递物流行业知名企业，陆续在全国团体标准信息平台上发布实施团体标准 14 个，其中交叉带式分拣机全流程闭环 10 个团体标准的发布，在设备制造行业和快递物流行业掀起巨大反响和热烈拥护，解决了物流设备分拣领域发展速度过快且标准缺失问题，给该领域的政府部门、行业专家、制造商、使用方以及广大从业人员带来可操作依据。金峰集团承担交叉带式分拣机主要零部件（机械部分的主编）及本交叉带团体标准系列的英文翻译工作，并成功将其在越南邮政项目落地实施，采用了以下10个标准。

（1）《自动分拣设备采购合同范本》（T/GJSH 000001—2020）

（2）《交叉带式分拣机检测验收》（T/GJSH 000003—2020）

（3）《交叉带式分拣机市场需求范本》（T/GJSH 000004—2020）

（4）《自动分拣设备采购合同范本》（T/GJSH 000005—2020）（中英文对照版）

（5）《交叉带分拣机》（T/GJSH 000006—2020）

（6）《交叉带式分拣机检测验收》（T/GJSH 000009—2020）（中英文对照版）

（7）《交叉带式分拣机市场需求范本》（T/GJSH 000010—2020）（中英文对照版）

（8）《交叉带式分拣机安装施工规范》（T/GJSH 000011—2020）

（9）《交叉带式分拣机主要零部件（机械部分）》（T/GJSH 000014—2021）

（10）《交叉带式分拣机流程设计规范》（T/GJSH 000015—2021）

4. 项目推广价值

2021年3月22日，越南邮政总公司启动了金峰集团承接并成功交付的岘港市分拨中心项目，此项目是迄今为止越南国内面积最大、技术最先进的邮件自动分拣中心并投入运营，越南人民日报等官方媒体纷纷进行跟踪报道。

越南国家通讯部部长莅临越南岘港中部仓储物流中心参观，对越南邮政投产的首套交叉带式分拣机系统的高效运作给予充分赞许。越南邮政总公司相关负责人表示，该自动分拣系统通过有效运用科学技术，提升越南邮政总公司的服务质量，搭建提升生产效率等数字化平台，并注入新的动力。

越南邮政总公司大力推动自动分拣系统在胡志明市、岘港市、河内市、海防市的仓储物流中心有效运营。未来，金峰集团将持续助力越南邮政总公司把该自动分拣系统向越南全国区域推广，全力满足广大客户在国内国际市场对邮件、货物投递转运等领域的切实需求。

（二）泰国极兔项目：远程调控，人未到亦可交付

1. 项目背景

2018年，极兔快递业务布局到泰国，经过几年的发展，极兔成为东南亚龙头快递企业。在电商崛起的大背景下，极兔与Shopee开展紧密合作，与电商企业协同进化。为助力极兔快递在泰国业务的稳步拓展，金峰集团凭借先进的技术和当地专业施工团队的优势与极兔深入合作，为其打造泰国快递行业标杆项目。

2. 项目概况

（1）项目时间：2021年5月进场，9月投入使用

（2）项目地点：泰国曼谷

（3）场地面积：1.8万平方米

（4）摩擦式偏转轮数量：96台

（5）摩擦式偏转轮分拣效率：4000件/小时

（6）双轨双层交叉带分拣机数量：3套

（7）单套分拣效率理论值：125万件/天

（8）产品系列：全自动分拣系统集成（DWS动态一体称、摩擦式偏转轮分拣机、双轨双

层交叉带分拣机、装车伸缩机等先进的自动化设备）

3. 项目解决方案与亮点

本项目的核心问题点是如何最大限度减少货物的破损率。

所有小件包从第一个偏转轮分下，和小件散件一起，直接输送到交叉带 Induction 区域，取消独立的集中拆包区，将拆包地点放在每个交叉带 Induction 的平台上，工人直接将小件包拆开，倒入滑槽，小件散件通过手工推入滑槽。

小件散件：第一个偏转轮分拣至交叉带供件线，人工推入滑槽（23000PPH）。

超小件散件：在卸货口集成小件包后，第一个偏转轮输送至交叉带 Induction 区域，人工拆包后倒入交叉带供件线（10000PPH）。

小件包：通过第一个偏转轮输送至交叉带 Induction 区域，人工拆包后倒入交叉带供件线（60000PPH）。

表 2 优化后的破损率情况

序号	风险点	流量 PPH	假设破损率	破损件数量	说明
1	输送皮带机之间有缝隙，较大件通过不会有太大问题，但是小件尺寸较小，货量大时，被压在最底下的小件容易夹在两个输送机之间的过渡板中，无论目前市场如何优化过渡板，也无法百分之百保证小件不破损	小件散件 23000	1/10000	3 件/小时	小件包拆开后直接上分拣机，不通过输送线输送，没有破损风险，只有小件散件会在输送线上运行；未来可以将这些小件散件在卸货口集包，这样破损率可以降为 0
2	通过摆臂分流器，将小件分流至供件滑槽中，货量大时，被压在最底下的小件容易夹在摆臂分流器底端，造成破损，虽然市场优化了摆臂的设计，也无法百分之百保证小件不破损	破损件为 0	0	0 件/小时	人工供件，不会产生夹件风险

本项目有以下 5 个亮点。

（1）项目做到“人未到亦可交付”，金峰云系统预警设置、全盘调节，中控室人员通过移动端及时发送指令，调度现场工程师现场施工。

（2）同步金峰服务热线，多方共同在线解决。

（3）开展“三位一体”服务建设，建立区域商服务网点及供应商服务网点，积极推进公司、项目外包团队、区域合作伙伴三位服务一体化建设。

（4）质量把控，实施产品质量检测，从性能指标、工艺设计、耐用与可靠性等方面严格把控指标。

（5）以项目管理为主线，打造强有力的项目实施及服务体系，用卓越的服务，保障及时交付。

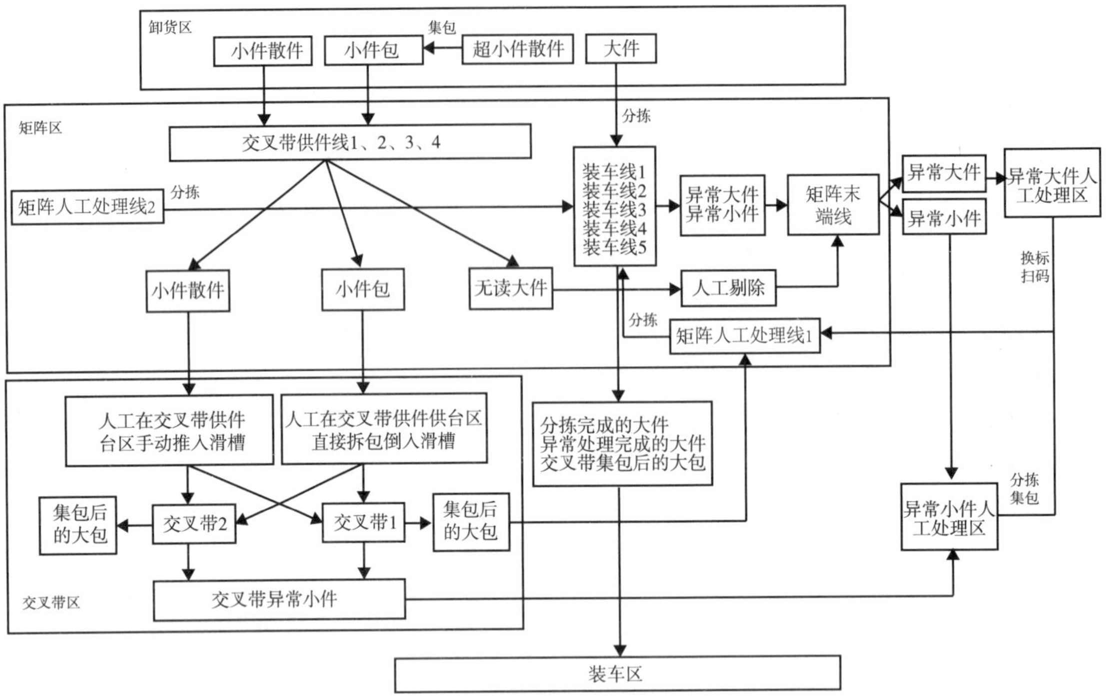

图8　高效作业流程

4. 项目推广价值

极兔曼谷分拨中心是极兔在泰国的最大项目中心，承接整个曼谷的订单分拣工作，通过引入金峰智能化分拣设备，提升了转运中心大、小件处理能力、分拣准确率，降低操作人员的劳动强度和分拣成本，使其分拣流程更加智能化、信息化、规范化，提升了企业效益和服务质量。

三、金峰集团国际化战略的借鉴和经验分享

（一）明确战略，实施差异化竞争，建设完善的销售渠道

金峰集团从创业之初便致力于成为行业技术引领者，核心技术团队实力雄厚，会集了国内外一流行业专家，拥有3个海外研发及顾问团队。在新加坡、日本等海外区域设立子公司，并在东南亚建设了较为完善的经销商、代理商销售网络，深挖海外客户的需求特征，并为客户量身打造适宜的解决方案。

（二）使命必达，建设完善的海外销售渠道和项目执行团队

金峰集团经过多年的探索和努力，目前在东南亚已拥有较为成熟和完善的海外项目执行和管理制度，项目执行中全员协同配合，以项目管理为主线，打造强有力的项目实施及服务体系，用卓越的服务与交付能力，提升客户满意度和忠诚度。同时，金峰集团重视提升海外销售人员的素质，在语言交流、技术规划、产品性能、项目服务等专业技能均形成较为完善

的培训体系，不断提升多维度服务能力，保障金峰集团的服务质量。

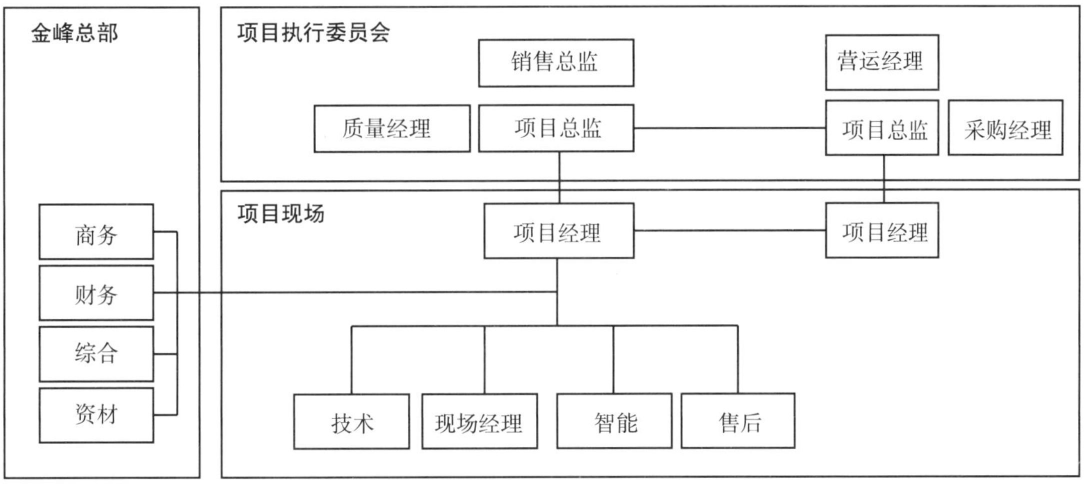

图 9　金峰集团海外项目组织架构

（三）远程服务，建设先进海外项目技术平台

金峰集团通过金峰云、智能分析系统、SCADA 等技术信息平台，实时监控各场地所有运输、分拣设备的运行状况，如处理量、能耗和各重要节点位货物流量数据等；中控室人员可以通过移动端及时发送指令，调度现场工程师前往预警点进行检排查，同时同步金峰服务热线，多方共同在线解决。

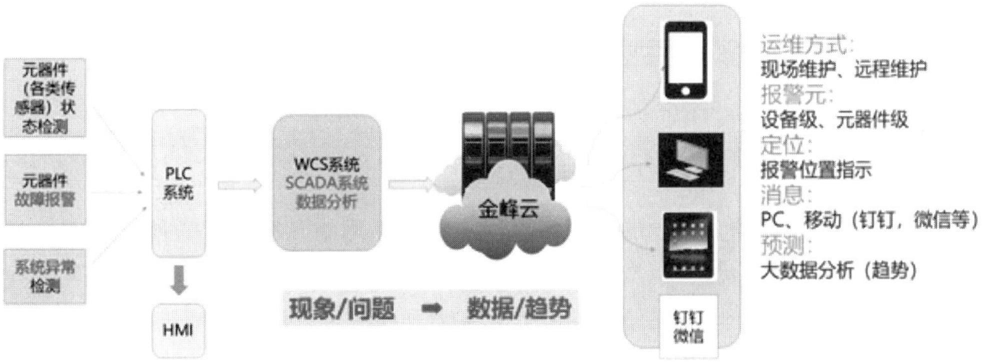

图 10　金峰集团技术平台

金峰集团　蔡熙、刘登峰

郑明现代物流 | 产学研支持下的多温带多元化冷链服务体系

一、关于郑明现代物流

上海郑明现代物流有限公司（以下简称“郑明现代物流”）由1994年成立的上海郑明汽车运输有限公司物流板块整合而成，是一家在冷链物流、温控仓网、工业品物流、商贸物流、供应链金融等领域共同发展的专业供应链解决方案提供商，也是国内最早从事冷链物流服务的知名物流企业之一。现拥有冷链运输车辆600余辆，特种集装箱运输车辆50余辆，厢式及其他运输车辆300余辆，另有可控外协车3000余辆，自有叉车及长期租赁叉车500余辆，每日货物吞吐量超10000吨。

郑明现代物流是专业冷链物流标杆企业、国内5A级物流企业及首批五星级冷链物流企业，始终秉承“郑明冷链——只为品质生活”的使命，以“开放、信任、创新、成就”的价值观，快速成为集商流、物流、资金流、信息流、人文流五流合一的“领先的专业供应链解决方案提供商”，为广大客户提供从“最先一公里”到“最后一公里”全程温控供应链服务。

二、服务体系：多温带多元化

（一）布局仓云配网络，构造地网

郑明现代物流运行着覆盖全国的仓网系统、冷链运输网络和冷链配送网络体系，提供冷链仓储和冷链运输一体化服务，以及流通加工、集采分销、供应链金融等增值服务，满足农产品、肉制品、冷冻食品、水产品、连锁餐饮等各类产品的全程温控供应链服务需求。

郑明现代物流基于多年积累的行业经验，以物流为切入点，结合仓干配、流通加工、集采分销、供应链金融等服务，构建全流程温控供应链服务。目前，郑明现代物流服务网点已覆盖全国90%的重要城市，拥有仓库运作面积约130万平方米，在上海、北京、天津、广州、成都、重庆、昆明、贵阳等地规划布局了86个仓储基地，并在上海嘉定、昆山、平湖、重庆、张家港、莱阳等地投资建设占地面积10万平方米以上的大型温控供应链产业园，打造集温控仓配、保税与流通加工、食品检验检疫、产品展览展示、商务与政务服务、跨境电商服务、供应链金融等功能于一体的温控供应链服务平台。

表 1　郑明现代物流冷链仓网布局

地区	冷库数量	面积（平方米）
西北地区	3 个	45000
华北地区	10 个	100000
东北地区	8 个	70000
西南地区	10 个	100000
华东地区	37 个	715000
华南地区	12 个	120000
华中地区	8 个	150000

郑明现代物流是以运输业起家，现在以冷链物流为主，旨在成为领先的、专业的供应链物流方案提供商。通过干线网、配送网的建设，链接了冷藏车辆、冷库和供应链上的贸易、金融、信息等市场主体，形成价值链，再通过 WMS、TMS、OMS、SCM 等信息平台的建设形成天网互联、地网互通，实现以天网信息网和地网配送网为核心的基于大数据驱动的冷链生态圈。

表 2　郑明现代物流冷链干线运输网络

京沪线	南通、无锡、常州、南京、济南、青岛、北京、沈阳、哈尔滨
沪粤线	杭州、江西、福建、广州、深圳
沪川线	合肥、武汉、长沙、重庆、成都
西北线	太原、西安、呼和浩特、银川、新疆、甘肃
西南线	昆明、贵阳、南宁
京港线	北京、郑州、武汉、长沙、广州、中国香港
定班冷链专线	北京往返上海、北京往返成都、上海往返广州

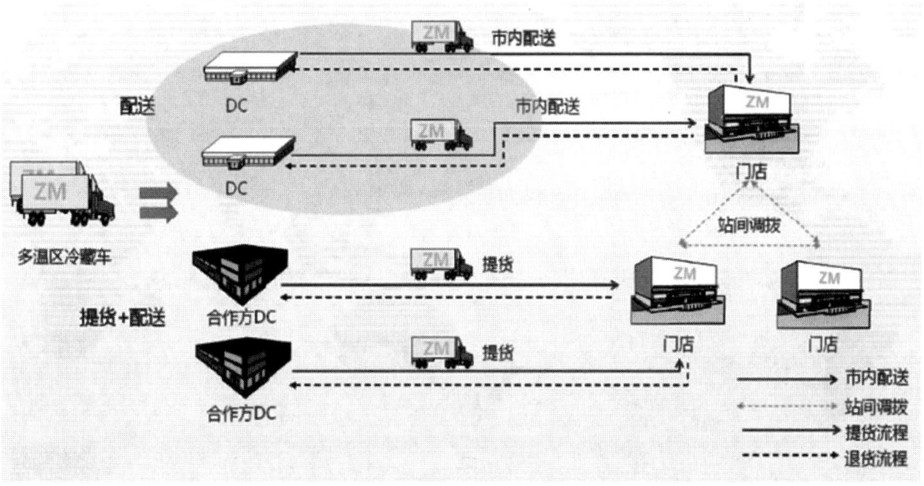

图 1　郑明现代物流冷链城配运输示意图

（二）构建数字化体系，打造天网

郑明现代物流依托多温区温控仓储及冷链运输配送两大优势，辅以 IT 信息、供应链金融为核心服务手段，打造统一、安全、高效、协同的温控供应链系统，为供应链上下游企业提供从“最先一公里”到“最后一公里”全程不断链的温控供应链服务体系，集商流、物流、信息流、资金流、人文流“五流合一”，驱动产业转型升级，促进产城融合。

郑明现代物流的信息化平台，有 50 多个应用系统，其中已申请软件著作权的有 40 个以上，包含 Oracle、MySQL 等多个数据库。将仓储物流各环节的操作，包括人、车、货、仓，通过系统实现业务的数字化，进而实现对业务全流程的追踪、监管，即可视化管理，形成精细化管理的基础，帮助客户实现异地化库存管理。

目前，郑明现代物流已经配备了全方位的智能管理系统、智慧大屏、可视化系统、RPA 机器人、OTB 系统、WMS 系统，实现库存最优化管理，“数字化+物流”双擎驱动，助力产业数字化转型。发展至今，郑明现代物流已经深入众多垂直场景进行实践应用和布局，为冷链物流、汽配物流、商贸物流、电商物流、农产品物流、医疗器械物流等提供定制化解决方案。

WMS 系统：郑明现代物流基于核心数据库架构及业务需求，在库内通过 WMS 系统实现包括接单、派工、下发、始发出库、中转入仓、中转出仓、所属入库、所属出库、网点入库、网点出库、签收等环节的全流程可视化操作。基于多年行业经验的积累和数据沉淀，协助客户有效预测物流量、仓储面积、高峰时段，帮助客户量身设计供应链优化方案。

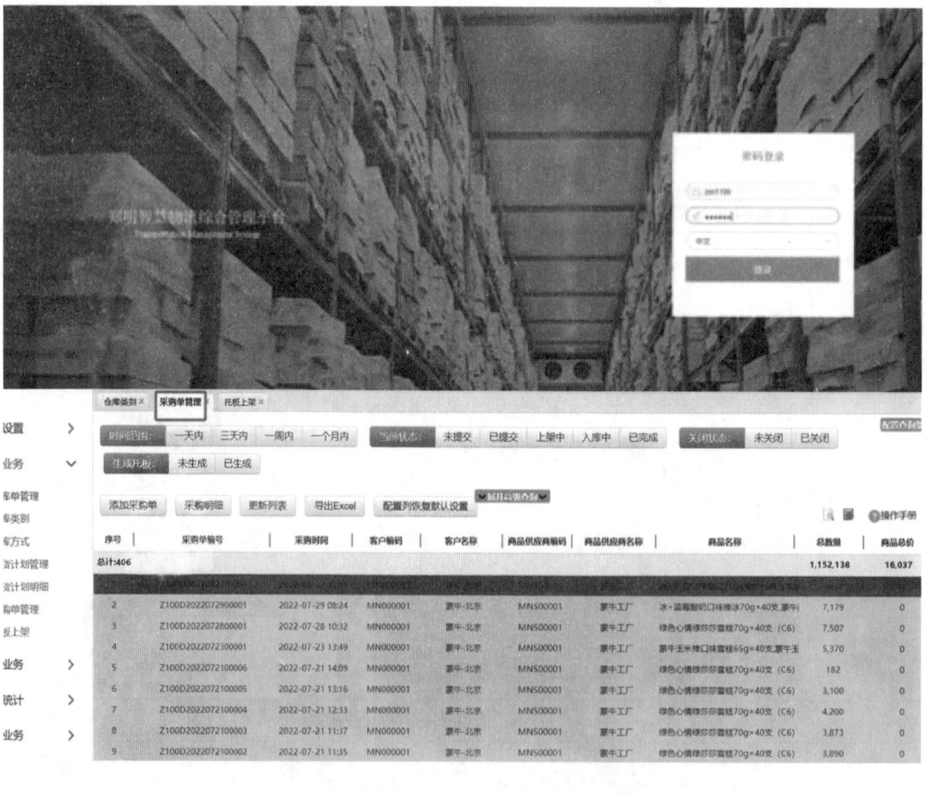

图 2　郑明现代物流 WMS 系统操作界面

RPA 机器人系统：相较于普通物流的人力成本逐年上升，为提升效率，可将有规则、重复量大的工作交给机器人来做。郑明现代物流引用 RPA 机器人系统，通过自动化数据采集、录入、校验数据，以及精细化管理，实现数据完整性、一致性、准确性、及时性。在 RPA 机器人系统应用前，操作人员需要完成订单整理及转换，再循环执行订单、调度、计费操作，花费时间较多，且易出错。在 RPA 机器人系统应用后，操作人员只需打包下载的文件并上传给 RPA 机器人，后续工作由 RPA 机器人执行，不仅减少了重复性操作的时间花费，还将业务数据录入、处理过程中的错误率降低至 0，效率提升 400%以上。

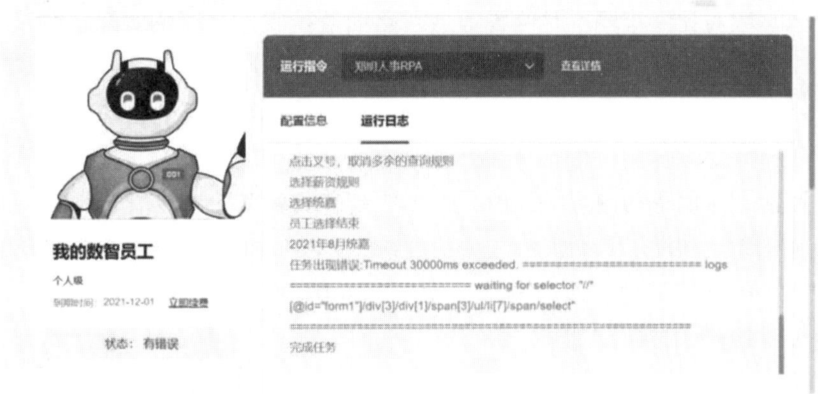

图 3　郑明现代物流 RPA 机器人操作界面

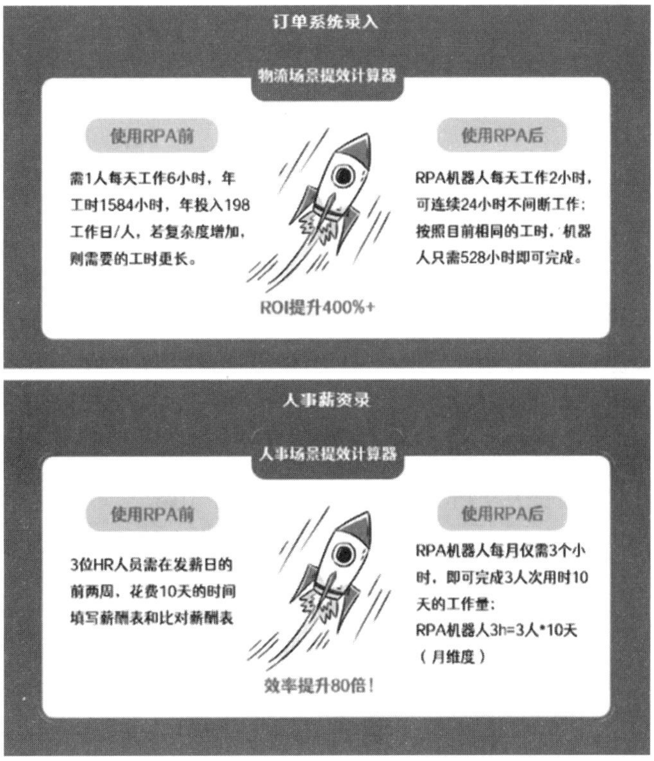

图 4　郑明现代物流 RPA 机器人提升效率对比

车辆调度平台：郑明现代物流开发车辆招标平台和车辆调度系统平台，通过信息系统升级打通产业链信息流。确认车辆符合标准后，系统会自动将车辆纳入运输车辆范畴。利用车载定位技术实现全程物流运输可视化，对运输过程中的环境进行检测，实现运输温湿度可追溯。通过建立信息化系统整合各基层项目运营情况，监管车辆及客户信息；通过开放平台，订单数据直接通过线上进行流入系统；通过自动调度实现车辆调度的实时性、预排班；通过全程可视化实时展现，定位跟踪运行车辆，并优化车辆运输路径。

系统可视化大屏分为以下 8 个模块：仓库的实时地址和相关参数；订单量排行 TOP5；月度运输订单常用车型；自有车辆里程数据分析；市场商机与客户分析；物流业务信息管理系统每日订单录入总数对比；车辆实时位置信息及路面监控状态；车辆实时运营及安全风险分析看板。

（三）产学研体系赋能技术发展

通过技术赋能物流服务的内容与价值，是郑明现代物流的企业文化理念。郑明现代物流积极与高校合作，先后建立了郑明现代物流研究所、郑明现代物流博士后科研工作站、郑明学院及技术中心等产学研基地。通过发展技术，支持郑明现代物流服务的标准化、规范化，积极进行业务模式的研究与探索。

1. 郑明现代物流研究所

郑明现代物流研究所成立于 2012 年，现有合作专家教授 23 人，软件著作权 6 项，专利发明 2 项，与复旦大学、上海大学、上海海事大学、上海海洋大学、上海海关学院、上海对外经贸大学、上海工程技术大学和中国人民大学合作，参与多个行业标准的制定工作，如冷链物流专业委员会制定的《冷链物流从业人员执业资质》《冷藏车应用选性技术规范》，上海冷藏库协会制定的《氨冷库安全生产规范》等。

2. 郑明现代物流博士后科研工作站

经中华人民共和国人力资源和社会保障部、全国博士后管委会批准，2015 年 10 月郑明现代物流博士后科研工作站正式获得通过，与复旦大学、上海大学、上海海事大学、上海海洋大学联合培养博士后研究人员，目前已先后签约 2 名博士后研究人员。针对“‘一带一路’倡议下郑明现代物流有限公司发展跨境电子商务”展开了研究工作并取得了相关成果。2021—2023 年科研课题“农产品供应链金融监管信用研究”获上海市人力资源和社会保障局“超级博士后项目”基金资助。

3. 产学研基地

郑明现代物流与上海七所大学物流学科专业“产学研用融”理念建立了产学研基地，在人才培养、先进技术成果与信息资源共享等方面进行全方位合作，高校将郑明现代物流的成功商业模式编制在案例教材中，丰富教学内容；郑明现代物流得到高校科研和人才的支撑，建立与研究中心技术合作、共同发展的双赢模式。

三、服务案例：快速响应，助力上海速度

郑明现代物流在冷链生鲜供应链的过程中一直承担着温控仓储与物流运输的角色，服务

盒马鲜生、山姆会员商店、大润发等诸多知名品牌客户。以上海郑明物流为例，其配送范围辐射全上海，包括商场超市、电商平台、批发市场、社区门店等。郑明现代物流作为上海市疫情防控生活物资保障重点企业，依托“天网+地网”，快速启动各项保供机制，紧急向上海增派运力资源，同时与全国各地郑明冷库及温控园区形成联动，倾力保障疫情防控期间上海市人民生活物资的供应，在疫情防控期间为上海保障物资供应做了突出贡献。

2022 年 4 月，由于新冠疫情的影响，上海的盒马鲜生的业务量激增。郑明现代物流增派车辆与司机，全天 24 小时作业，每日增加至 200 余车次，配送范围辐射全上海的 70 余家盒马鲜生以及 300 余家盒马邻里，配送货品包括蔬菜、水果、肉类、海鲜、调味品等千余种商品，每日发货量增加到 150 余万件。

如何连接产业上下游生产、流通各个环节，构建商业生态，是郑明现代物流下一阶段的发力重点。郑明现代物流将结合资源、场景、数据、技术等优势，一如既往地为客户提供优质、高效的服务，在保证货物品质、保障运输时效、降低物流成本的基础上，构建“冷链物流+品质服务”护城河，持续赋能合作企业，实现商业上的共同成长。

卓一智能叉车 | VNA窄巷道叉车赋能郑州锦和冷链物流密集存储

一、关于卓一智能叉车

（一）企业简介

苏州先锋物流装备科技有限公司（以下简称“卓一智能叉车”）是以“工业车辆”为主体的装备制造企业，专注于窄巷道智能叉车、AGV无人驾驶等电动工业车辆的研发、制造，公司已形成窄巷道系列叉车、AGV无人叉车、电动前移式堆垛车、电动托盘搬运车、电动牵引车、非标定制叉车等多款系列产品矩阵，全面覆盖和满足多行业的需求。

卓一智能叉车立足物流装备发展全局规划，以自有电动叉车本体为基础，整合公司资源、加大科研力量，持续提升在窄巷道密集存储领域产品的研发和制造，持续助力企业仓储高质量、快速发展。帮助客户快速优化仓储管理、提高物料周转效率、减少物流运转过程中的人力需求，为企业提供更经济实惠的物流解决方案。卓一智能叉车是一家聚焦国际化市场需求的公司，在全球有100多个长期合作的经销商，产品输出范围涵盖墨西哥、俄罗斯、德国等近60个国家和地区，在国际上已打开了品牌知名度。目前，卓一智能叉车的产品已广泛应用于冷链、电子电力、服装、家具、纺织、汽车、航天、机械制造等领域，凝聚了丰富的行业经验。

卓一智能叉车长期积累的国内外物流解决方案、产品和技术精细化、模块化，以贴合不同行业、不同工况下的客户需求，推动仓储物流走向科技化、智能化。

作为卓越的物流装备制造商与智能物流解决方案提供商，卓一智能叉车以“让搬运更简单！”为使命，一切以客户需求为中心，为客户提供标准化及定制化的物流解决方案，致力于成为全球搬运解决方案极具竞争力的企业。历经多年发展，卓一智能叉车受广泛认可。2019年，被授予国家知识产权优势企业；2021年，被评为江苏省工程技术研究中心；2022年，荣获江苏省“专精特新”中小企业认定，通过“国家知识产权优势企业”复审，通过江苏省认定机构2022年第二批高新技术企业认定。

（二）产品与技术优势

卓一智能叉车以差异化为核心，致力于产品、技术、管理、品牌等多维度构建竞争优势。窄巷道密集存储作业及无人化技术是卓一智能叉车目前重点聚焦的赛道。卓一智能叉车在窄巷道密集仓储领域研发的4大类窄巷道产品——人上行三向堆垛车、人下行三向堆垛车、双伸位剪叉车以及长物料搬运专用的全向叉车经过多年的市场检验，获得客户的交口称赞。

卓一智能叉车窄巷道系列重新定义了仓储物流解决方案，为企业节约了土地扩张成本，缩减了人力需求，增加了仓储容积率，可完全替代进口产品。

人上行三向堆垛车：最新一代的电动叉头高位堆垛、拣选叉车。最大载荷1600千克，最大起升高度15.5米；采用三向电动叉头专利技术、三向交流控制系统、稳定高效的电磁线导向技术和高效能量回收系统，自适应不平整地面；全车多重主动安全防护，操作环境舒适，应用场景广泛，可选配置丰富；可增加仓库容积270%。

人下行三向堆垛车：适合窄巷道堆垛作业的叉车。起升高度3米~9.5米；采用专利产品电动叉头，更节能，作业效率更高；全车多重主动安全防护，操作环境舒适，可选配置丰富；最窄的作业通道仅为1.5米，能快速助力企业提升仓储容积率，可增加仓库容积65%。

双伸位剪叉车：不惧“高”“深”，作业半径从传统的两排货架增加到四排货架，大大节约了空间，增加存储能力；标配OPS及SAS安全管理系统，提升车辆作业安全；控制系统采用CANbus总线，有效提升电机性能发挥，减小整机能耗；多场景浮动驱动设计，适应各种路面；可增加仓库容积20%。

长物料搬运专用的全向叉车：可360°旋转作业，最大额定载荷3吨，最大起升高度10米，可搬运3米~10米的长物料，最小货架通道可低至2.3米；采用独有的全轮转向技术，可实现车辆的直行、侧行、斜行、原地回转、全轮转向多种行驶模式，能够适应长物料在窄巷道作业时的各类工况。

二、密集存储窄巷道叉车的发展与优势

土地资源是仓储业发展的基础要素，也是关键要素。近年来，土地资源日趋紧张，企业想要实现高质量发展，就必须破解土地瓶颈，推动物流产业转型升级。在电商、汽配、家具、食品、酒水、电子、电力等行业中，产品规格不一、品种繁多、拣选次数多、仓储空间不足等问题长期存在，如何在不扩充土地的基础上，通过物流技术方案创新、物流装备升级实现企业效益最大化，是当前阶段众多企业面临的问题。

针对这些难题，密集存储窄巷道叉车越来越多地受到仓储企业的青睐。然而，长期以来，窄巷道叉车研发技术多被外资品牌垄断，高昂的购置成本和维护成本让众多亟须改善仓储环境的使用者望而却步。卓一智能叉车基于自身在电动叉车领域的技术优势，经过多年的研发、试制、测试，最终推出了数款窄巷道产品，可解决单位仓储能力不足、货物吞吐量无法突破、工作效率低下、用地紧张、用人成本高昂等企业物流痛点。数款窄巷道产品经过市场的检验，可完全替代进口产品。目前，窄巷道密集仓储解决方案已被越来越多地运用到企业物流运营中。

密集仓储的优势在于单位面积存储量大、仓储空间利用率高、出入库效率高、助推生产力发展。相比传统仓库，冷库因其存储的特殊性对密集仓储的需求更为迫切，因此，现代化的密集仓储设备在冷库中的应用也越来越广泛。除了能够大幅提高冷库吞吐量、减少土地扩建成本、提高现有空间利用率以外，窄巷道高位堆垛设备的效率也是有目共睹，可有效降低生鲜冻品损耗率、节省人力资源。

随着医药、食品生鲜、化妆品类需求呈现爆发式增长，冷链仓储、物流的规模不断扩大。根据中国仓储与配送协会冷链分会统计数据，2022 年我国冷库容量年增长率保持在 9%以上。冷库的施工工艺复杂、建造金额高昂，而密集仓储技术能够充分利用有限的场地资源，是企业提升冷库项目空间利用率、加大货物吞吐量、降低运营成本的明智之选，使引入冷库型密集仓储设备以支持冷链物流运行也成为大势所趋。

三、冷链窄巷道密集存储案例

（一）项目背景

郑州锦和冷链仓储园区是依据国家标准《物流企业冷链服务要求与能力评估指标》、按五星级标准打造的冷链物流仓储园区，从规划、设计、选材、施工等各方面全面践行绿色环保节能理念。园区集全温区冷链仓储中心（低温库、速冻库、保鲜库、常温库）、冷链分拣中心、食品深加工中心、食材配送中心四大功能，通过提供一站式冷链仓储服务，实现食品生产、冷藏、运输环节的无缝对接，确保冷库高效运转及食品质量安全。

郑州锦和冷链仓储园区占地面积 100 亩，设计总建筑面积 7 万余平方米，总投资 2.8 亿元，其中冷库 1.5 万余平方米。在冷库建设运营中，面积越大，制冷系统的日常运营费用越高。为充分利用库内空间，实现高效、高密度存储，冻库内规划了窄巷道货架，巷道宽度 1.95 米，总托盘位 19000 托。

锦和冷链 1 号库（以下简称“锦和冷库”）采用国内先进的制冷系统，引入卓一智能叉车人上行三向堆垛车，严格按照规范流程，牢牢把控-18℃这一关键指标。制冷压缩机、蒸发冷设备运转不停，确保具备开仓纳货条件。作为-18℃冻库，在选购叉车时针对产品续航能力、工作效率、仓储空间利用率以及设备稳定性等方面做出了要求。

（二）物流方案

结合锦和冷库的日常存储量需求和实际作业工况，卓一智能叉车人上行三向堆垛车可适用其窄巷道作业通道需求，实现窄巷道作业的高效、安全、稳定的作业目标。配备的卓一智能叉车人上行三向堆垛车有以下 5 点功能。

（1）最大起升高度为 11.5 米，降低高位堆垛难度；作业通道仅需 1.75 米，巷道内作业畅通高效。

（2）采用三向电动叉头专利技术，具有一键回中和一键联动功能，提高作业效率和安全性。

（3）拥有宽敞的驾驶舱，有足够大的作业空间供人员移动，拣选作业更加便捷安全。

（4）驾驶舱配备两个电子锁定格栅门、全方位无死角的摄像系统、应急操作手柄等一系统多方位、全环节的设计功能，为窄巷道作业的安全性、稳定性保驾护航。

（5）德国进口集成手柄操作，操作简单，降低作业人员疲劳强度，提高了工作效率。

同时，在为锦和冷库制订的冷库车辆方案中，卓一智能叉车配备了常规电动堆垛车，助力物流运输更加流畅、高效、便捷。

冷库的高效运行还需考虑低温作业对于设备的影响。以电池为例，环境温度越低，电池实际可使用的容量就越小。因此，在低温环境下使用的叉车，通常要考虑低温对叉车门架、油管、电池容量、液压系统、机械系统以及车体的影响，叉车自身的防滑、防水、续航性能也至关重要。卓一智能叉车在冷链行业拥有丰富的产品应用经验，尤其了解冷链行业的作业特点，经全面改造适用于冷链行业的叉车可在最低-25℃的环境下仍然保持持久耐用的性能。

针对冷库低温条件，卓一智能叉车将普通的人上行三向堆垛车改制成冷库专用型设备：装配特种高性能电池，保障电池不受低温环境干扰，延长工作时间；对车架表面进行特殊处理，大幅提升车体的防锈等级；基于防冻等级划分，对油管、油缸、液压油、齿轮油、电磁阀等均采用专业防冻处理，防止低温凝结；对电气元件采取防冻防锈措施，保持关键元件的干燥环境，主板、接触器、控制器、转向控制板、微动开关、线束等电气元件均为冷库专用件，在经过防水和耐低温处理后，能够有效应对冻结、凝露导致的电气故障，延长零件使用寿命；采用专用的防滑轮胎，可以确保设备在冻结路面上充分发挥驱动力和制动力，避免在行驶时出现侧滑、倾翻。

（三）案例优势

通过一段时间的运行，卓一智能叉车的物流解决方案保证了锦和冷库的日吞吐量、货物流通速度，为企业减少了人员需求；标配的三向电动叉头，相较于传统液压叉头而言，节能降耗可达30%以上；人上行兼具拣选功能，仅需操作人上行控制驾驶室起升，即可完成各层货物的拣选，保证了员工查验、分拣货品的效率；专业的耐寒、防冻防锈处理，避免了设备冻结、锈蚀，免去大量的故障维修成本；三向交流控制系统和稳定高效的电磁线导向技术，保证了设备高速行驶的能力，优化了订单处理流程，减少冻品损耗率。

此次与郑州锦和冷链仓储园区的项目合作，为高效、智能的冷链仓储物流打下了坚实的基础，助力郑州锦和冷链仓储园区不断增强团队运营实力，为双方持续共赢、深化合作创造了一个良好的开端。

居然之家 洞车｜技术赋能数智提效，开创家居物流新模式

一、国内家居物流行业现状

近年来，随着居住条件的改善，我国家居行业的市场规模稳步增长，带动了家居物流市场需求的快速增长。目前，中国家居大件物流行业表现出“市场大”和“痛点多”两个核心特征。

亿欧智库数据显示，中国家居建材市场2022年市场规模4.2万亿元，且呈现逐年增长的趋势。在家居建材的瓷砖、地板、卫浴、软体、成品家具、门类、定制及电器等八个品类的后端费用中，平均物流费用占比在6.32%~7.04%。按照平均7%的后端物流费率，超过4万亿元的市场流通量，中国家居建材物流市场规模约在3000亿元以上。

家居物流市场不仅市场体量大、覆盖范围广，还面临着痛点多的问题。一是运营效率低。电商模式导致家居市场订单越来越趋于平台化、碎片化，订单密度越来越低，送装效率逐步降低。单个商家承担仓储、加工、配送服务，服务处于不饱和状态，却按饱和状态支付成本，不但效率低，而且浪费社会资源。受环保、功能完整等因素影响，很多加工企业都已经疏解出中心城市，家居商户的二次加工大多需要返厂，不但周期长，而且成本花费高，这也导致二次加工的效率非常低下。二是消费者服务体验差。家庭装修少则三个月，多则一年以至更长时间，装修期间不同品类、不同品牌的家具逐一送货、安装，导致消费者在购买后一直在等收货、等安装。不同的品牌商、经销商的后端服务标准及收费标准不统一，导致消费者很难有效识别合理性，这些问题都影响消费者的满意度。三是交付过程中物流信息不透明。业内不同品牌、不同环节的标准不一、协同不足，数智化程度比较低。从工厂DC仓、干线运输、RDC、支线运输、FDC、配送安装，这一过程中的信息孤岛太多，导致决策中的数据完整性不足。

为引领行业发展，解决行业痛点，中国家居行业龙头和商业流通领域的知名品牌居然之家，以数字化为载体对各项业务进行升级，特别推出洞窝物流服务平台，建设智慧物流园区，为行业赋能。

二、关于居然之家

居然之家是以“大家居”为主业、以“让家装家居快乐简单”为企业使命的全国性商业连锁集团，业务涵盖室内设计、装修、家居建材销售、智能家居、智慧物流、后家装服务、

百货商场、购物中心、生活超市等多业态。2019 年 12 月，居然之家于深圳证券交易所主板上市。

自创立以来，居然之家不断进行商业模式创新，平台服务与线性服务相结合，线上线下相结合，“大家居”与“大消费”相融合，引领家居行业向新零售转型升级。截至 2021 年年底，居然之家经营 421 个家居卖场，包含 95 个直营卖场及 326 个加盟卖场。

三、居然之家洞车：以数智技术赋能客户

为提高家居行业运营效率、改善消费者服务体验，居然之家智慧物联打造 S2B2C 数字化物流服务平台——洞车。平台利用数字化对工厂和商户进行效率赋能，实现行业上下游数据的互联互通，开创免费仓储、送配装按销售计费的物流新模式，为家居大件的仓储、加工、配送、安装及售后提供一站式专业物流服务。通过技术赋能，链接行业上下游合作伙伴，建立标准化、规范化、可视化的家居物流运营体系，创造行业新价值。洞车的管理标准是规范、有序、精准、严密；服务标准是安全、快速、周到、专业。

（一）技术赋能、互联互通、业务协同

通过统一接口平台，实现商户的 ERP、SaaS 系统订单信息的互联互通。洞车平台的智能算法、智能合单链接 WMS、TMS、MES、BMS 等基础业务系统，实现厂商、消费者、送装技师的全业务场景线上化，有效地整合行业内资源，通过技术赋能，实现业务协同。

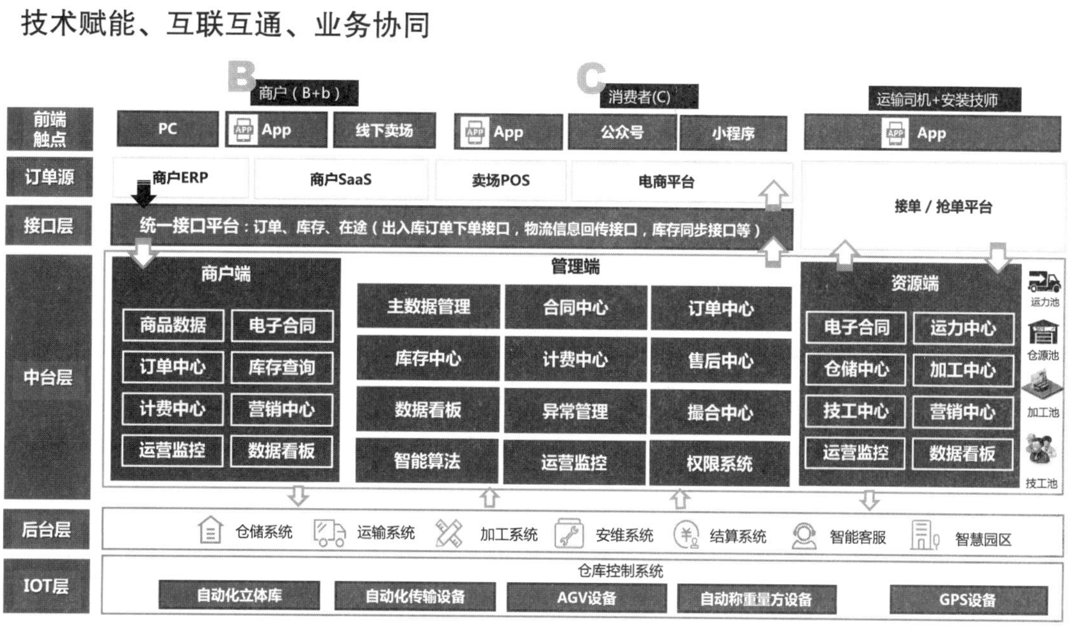

图 1　居然之家洞车平台

（二）自建园区、智能仓储、统仓集配

为快速落地洞车商业模式，居然之家在天津宝坻区自建综合智慧物流园，将厂商货物集中存放在居然之家智慧物流园，通过提供智能仓储、统仓集配服务，解决商家仓储难的问题。采用自动传输系统、AGV等智能设备实现智能化、自动化的库内作业，提升作业效率；通过SaaS系统为厂商提供商品库存数据及销售订单分析；采用统仓集配的方式提高商品周转效率。

（三）智能合单、智能配载、数智提效

通过自主研发的数字化系统洞车，与商家的前端销售和货物数据打通，实现数据服务的自动流转、可视化、智能合单、智能配载、线路优化、直达派送、按约送达，将家装配送次数由原来的数十次缩减至3~5次，物流费用降低20%~30%，服务效率极大提升，同时按照销售提成结算，透明简单。

（四）专业安装、标准规范、品质交付

通过招募收编行业内各品类优秀安装技师，进行专业培训、评级考核、持证上岗，形成上门安装规范、标准统一、质量优良、一专多能的安装服务团队，实现家居大件多品类专业安装能力，确保交付品质，消费者满意度极大提升。

（五）定制加工、高效自动、绿色环保

居然之家天津宝坻智慧物流园加工厂高13米，建筑面积5300平方米，配备环保和高效自动化设备，提高多品类加工能力，解决二次加工难的问题。加工业务种类齐全，涉及瓷砖、岩板、石材的拼花切割、铁艺加工、金属焊接、门窗修改、家具维修等，确保交付时间和品质。采用最先进的自动化流水线设备，配备完善的给水循环净化系统、大功率除尘及UV光氧环保设备，深化6S管理标准，保证绿色加工，7×24小时不停工。

（六）提升客户价值

一是提升B端厂商运营效率，降低物流成本。为厂商提供家居大件仓、配、装和二次加工的一站式数字化物流服务平台，通过智能算法满足物流时效、成本、资源的最优匹配，提升商户运营效率，降低物流成本。让厂商告别租仓难、配送管理难、二次加工难、客诉处理难，专注市场销售、运营，集约化、数字化的管理让家居物流成本降低20%以上，让商家省心、省钱。

二是提升C端消费服务体验，增加用户黏性。全程可视化的订单跟踪服务和履约交付提醒，保障商品安全送达、专业安装，消费者可以通过App预约配送时间、查看配送进度、评价服务、减少等待时间。通过贴心推送消息提醒、融合RPA技术的智能客服，完善商品交付闭环管理，提升消费者的服务体验和满意度。

三是打造家装家居行业数智化转型标杆，助力行业创新。以提升B端运营效率与C端消费者服务体验为导向，链接家装家居产业链上下游的各类企业，实现数智化一体化服务协同，

推动家居产业向标准化、数字化、智能化转型。

四、居然之家智慧园区：以优质服务集聚客户

居然之家天津宝坻智慧物流园位于天津宝坻城区北环路（G509 国道），处于京津冀区域交通中心位置，地理位置优越。紧邻京哈和津蓟高速，距北京、天津、唐山载货运途均在 1 小时左右，拥有得天独厚的区位优势。园区占地面积约 407 亩，建筑面积 35 万平方米，存储容量 50 万立方米，服务半径 200 千米。园区一期占地 298 亩，由自动化立体库、定制库、综合加工区、配套办公区组成；二期用地 109 亩，与一期相呼应形成集加工、仓储、物流于一体的家居大件供应链示范基地。

园区一期于 2021 年 12 月 6 日对外营业，截止到 2023 年 5 月，园区入驻家居品牌达到 165 个，仓库存货总量约 105 万件，货位利用率达到 97%，仓储收货量达日均 2. 8 万件、发货量达 2. 1 万件，运营效果持续向好。通过对第一批入住商户提供仓储、配送、安装、加工等标准化线性服务，获得了广泛好评，S2B2C 的商业模式逐步落地，在业内产生了良好的反响和聚集效应。目前物流园一期因广受青睐，仓储容量已趋于饱和，二期扩容仓储工程正在建设中，预计 2024 年 3 月份将全面投入运营。

图 2　居然之家天津宝坻智慧物流园

五、立足天津，全国布局

未来，洞车将立足居然之家，以服务京津冀地区品牌商家为起点，加强服务管理，完善数字化解决方案，力争两年内服务500家以上品牌。2024年实现长春物流园（东北配送中心）投入运营，扩大服务范围，面向行业和社会开放。并以每年新增5家以上物流园的速度进行拓展，预计2030年之前，完成全国布局，与数字化家装家居产业服务平台洞窝天网相呼应，形成以物流园为区域中心仓、以居然之家各分店（体验展示+前置仓）为网点的全国家居大件物流配送地网，全面实现家居大件线上销售、线下到家服务产业链闭环。

居然之家洞车真诚地希望与行业内各位同仁一起开创家居物流新模式，协同创造行业新价值。

内蒙古移动｜基于物联网、AI 机器人技术的智能仓储管理系统

一、企业基本情况

中国移动通信集团内蒙古有限公司（以下简称“内蒙古移动”）自成立以来，在内蒙古自治区党委、政府、行业主管部门的指导和中国移动通信集团公司（以下简称“中国移动集团”）的领导下，助力加快网络强国、数字中国、智慧社会建设，取得了良好的发展业绩。内蒙古移动累计缴纳税费超过 100 亿元，客户规模超过 2000 万户，基站总数 7.6 万个，网络实现了全区所有城区、县城、乡镇连续覆盖，以及主要交通干线、旅游景区、工业园区、50 户以上行政村的 100%有效覆盖。

为充分响应中国移动集团在内蒙古移动物流全网构建 RDC 分拨体系模式和建设思路，内蒙古移动于 2016 年投入运营呼和浩特数据中心 C01 仓库，为全省 12 个盟市的通信建设物资，提供集仓储、调拨、分发、申领于一体的综合性多功能物流服务。

二、案例背景

（一）集团总部“智能物联工程”的要求

《中国移动“十三五”战略规划纲要》指出：为确保大连接战略目标的实现，“十三五”期间，中国移动将以“十大重点工程”为重要抓手，确立目标清晰、责任明确的行动计划，推行“战略—资源配置—行动计划—考核—反馈调整”的闭环管理，通过总部牵头、上下联动的有效执行，将大连接战略落到实处。其中十大重点工程之一是“智能物联工程”，提出“物联网专网、平台、智能硬件和芯片模组是产业互联网基础设施的全新要素。实施智能物联工程是要促进物联网技术和产业加速成熟，加快建设窄带物联网，大力发展物联网平台及智能硬件，积极布局物联网 eSIM、芯片和模组，建立并完善物联网市场经营体系、产品和服务创新体系及全球合作运营机制，全面布局物联网产业链，抢占产业物联网等新兴领域先机和主动权。”到 2020 年，公司蜂窝物联网连接规模超过 5 亿元，带动产业物联网等万物互联新兴领域相关的平台、应用、智能硬件规模发展。

（二）仓库运营存在的难题

1. 仓库巡检

仓库中设备类型多、数量大、价值高，不但需要仓库巡检人员具有相当的专业知识背景，而且招聘、培养新人并不容易，现有仓库巡检人员数量远远跟不上实际发展的需求。仓库人工巡检导致错检、漏检等问题时有发生。与此同时，仓库面积对防火、防盗、防潮、防虫、防变形等异常情况预警提出较高要求，人工巡检很难保证对异常情况的及时发现和及时预警。仓库多为租赁模式，一般租期为 2~3 年，“安防摄像头+AI 图像识别”模式实现仓库巡检，面临投资大、施工难度高、无法重复利用的弊端。

2. 仓库盘点

大量仓储物资盘点困难，人工盘点效率低、易出错。多样化的物料不能被快速、准确、安全识别，现有条形码扫描、二维码等技术应用于物资盘点时存在识别速度慢、易伪造、适用场景有限、信息量少等问题。对于以高架货位为主的现代化仓库而言，高层物料的快速盘点成为难点问题。人工盘点高架库时需要将盘点人放入到叉车内，升到一定高度，逐层逐个进行物资盘点。

为此，内蒙古移动积极践行集团总部“十三五”发展规划，以集团总部“智能物联工程”为指引，探索机器人巡检和机器人盘点的 AI 智能管理方法。

三、具体做法

探索 5G、AI 机器人、图像识别、物联网技术应用，实现 RDC 仓库 AI 机器人巡检、智能预警、机器人盘点的 AI 智能管理方法。

本方案主要包括 5G 环境搭建、智能仓储管理系统、AI 机器人应用场景（火灾自动预警、消防通道阻塞自动预警、灭火器丢失自动预警、非工作人员自动预警、温湿度异常自动预警、机器人自动盘点）。本系统已申请国家专利并获批，专利名称为“一种基于机器人的仓库安全监测、盘点方法及系统”。

（一）5G 环境搭建

机器人配置 5G 通信模块，支持 SA 和 NSA 组网方案，实现大带宽、低时延。机器人配置可见光摄像头、红外热像仪、人脸识别摄像头、前置摄像头和后置摄像头，共计 5 个摄像头。如果按照分辨率 1920×1080、帧率 25fps 计算每个摄像头占用的上行带宽为 4Mbps，5 个摄像头占用的上行带宽合计 20Mbps。考虑到后期机器人会配置 4K 摄像头，同时仓库内会部署多个 AI 机器人，对仓库内上行带宽要求已远超 4G 的最大上行带宽（峰值 20~40 Mbps），仓库内必须部署 5G 室分系统。机器人基于激光 SLAM 技术进行导航和避障，需要实时与服务器端交互数据，即接收命令和发送反馈信息，时延要求小于 30ms，已低于 4G 的端到端时延(30~50ms)，所以仓库内必须部署 5G 室分系统。

5G 环境搭建中遇到的问题：机器人使用 5G 物联网卡，同时仓库外宏站信号与服务器端进行通信，但实测 ping 服务器平均时延大于 100ms，明显高于机器人所需的 30ms 时延，可能会使服务器端发给机器人的动作命令（刹车、减速、转向等动作）由于延时过大而不能及时执行，最终导致机器人发生碰撞等事故。

解决措施：在仓库内部署5G室分系统，保证仓库内5G信号的连续覆盖和高质量覆盖。同时将5G物联网卡更换为5G大网卡，原因是5G物联网卡数据业务需要从呼和浩特到北京再回到呼和浩特，而5G大网卡数据业务仅在呼和浩特内流转。综合上述两个方法，实测ping服务器平均时延大约为20ms，完全满足机器人所需的30ms时延。

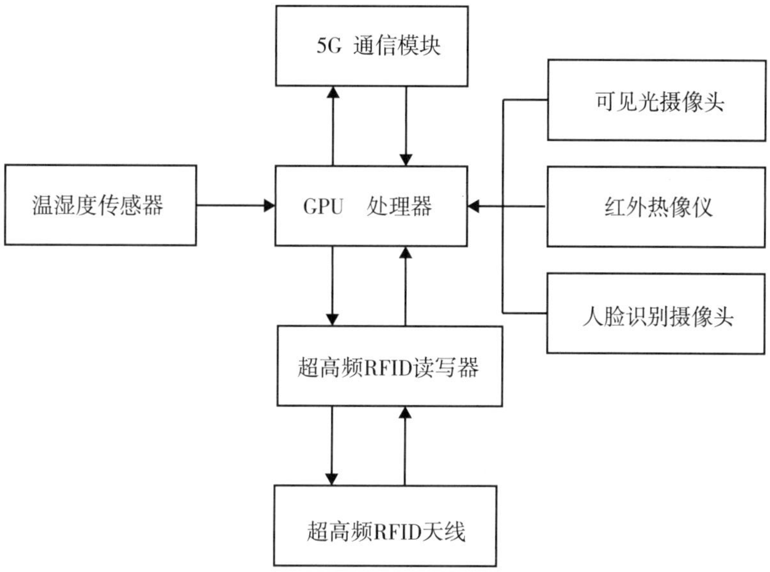

图1 5G环境

（二）智能仓储管理系统

智能仓储管理系统在仓库内配置RFID打印机、RFID手持机、RFID货位标签、RFID货物标签。RFID货位标签粘贴在高架货位或平面货位上，用于表示仓库中的位置；RFID货物标签粘贴在货物包装箱上，用于表示货物的唯一ID。货物入库时，通过扫描货物上的RFID标签，可以实现整托货物的免接触、大批量、快速、准确入库，无须人工清点；货物出库时，通过扫描货物上的RFID标签，可以实现整托货物的免接触、大批量、快速、准确出库，无须人工清点；盘点货物时，通过扫描货物上的RFID标签，可以实现整个仓库所有货物的免接触、大批量、快速、准确盘点，无须人工清点；完成1万平方米大型仓库盘点作业仅需2小时左右，同时保障5G工程进度和库存准确率。

探索物联网、RFID、App技术，实现RDC仓库物资入库、出库、盘点、移位的物联高效管理方法，为5G网络高速建设提供有力保障。

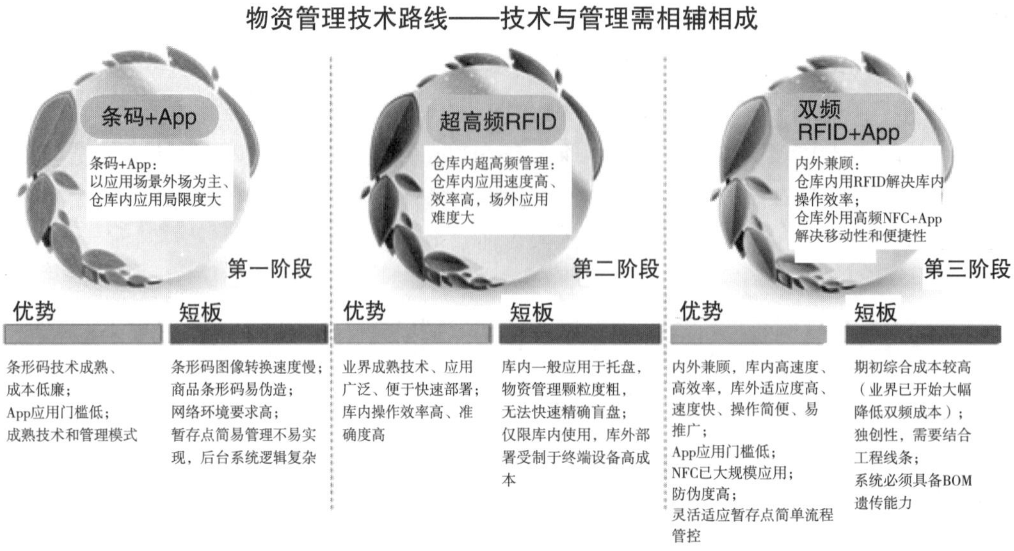

图 2　物资管理技术对比

（三）AI 机器人应用场景

1. 火灾自动预警

机器人上配置红外热像仪，为 320×240 测温型热像仪，可以实时拍摄热成像视频，并检测视频中物体表面温度；机器人在仓库内根据事先规划好的路线进行自动导航和自动巡检，无须人工参与；机器人巡检过程中红外热像仪实时捕捉仓库内物体表面温度，当物体表面温度高于门限值（目前门限值设置为 120℃）时，自动发出火灾预警，同时拍摄热成像照片并记录发生火灾预警位置信息；火灾预警数据、热成像照片数据、发生火灾预警位置信息通过机器人上配置的 5G 通信模块实时传输到后台服务器上，并以告警弹窗方式显示在仓库监控页面上。

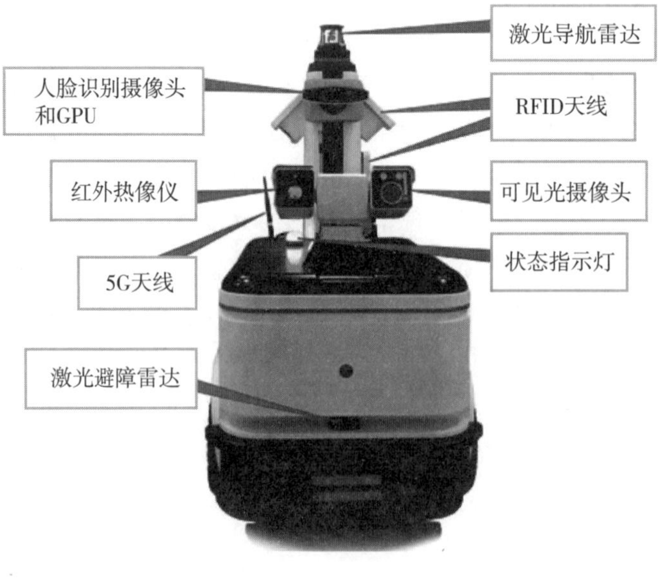

图 3　AI 机器人

2. 消防通道阻塞自动预警

机器人配置可见光摄像头，可见光摄像头为1080P变焦摄像机，用于拍摄消防通道照片。使用机器人配置的可见光摄像头拍摄仓库内消防通道畅通照片，每个消防通道都需要单独拍摄其畅通的照片；使用机器人配置的可见光摄像头拍摄消防通道阻塞照片，将仓库内常用的包装箱、托盘等物资摆放在消防通道上，模拟消防通道阻塞情况并拍摄照片，每个通道都需要单独拍摄其阻塞的照片。

将消防通道畅通照片和消防通道阻塞照片输入本系统的图像识别AI算法中，通过多组照片训练，实现消防通道阻塞自动预警功能。机器人在仓库内根据事先规划好的路线进行自动导航和自动巡检，无须人工参与。机器人巡检过程中当机器人巡检到每个消防通道时，会拍摄消防通道照片，并将消防通道照片通过机器人配置的5G通信模块实时传输到后台服务器上。后台服务器调用消防通道阻塞AI算法，判断消防通道是否阻塞，如果阻塞系统发出消防通道阻塞告警，就以告警弹窗方式显示在仓库监控页面上。

消防通道阻塞AI算法训练可能出现的问题：很多情况都可能会导致发生消防通道阻塞，如货物、托盘、包装箱等。

解决措施：将仓库中常见货物、托盘、包装箱等物品分别摆在消防通道上，反复训练消防通道阻塞算法，提供其准确度。同时客户在使用过程中，如果发现识别错误情况，也可以将识别错误图片输入到算法中进行人工训练，随着时间的推移，算法准确度将大幅提升。

3. 灭火器丢失自动预警

统计出仓库内需要巡检的灭火器数量、灭火器摆放位置，并为所有灭火器编号。准备与仓库内灭火器数量相同的抗金属超高频RFID标签，通过RFID读写设备将灭火器编号、位置等信息写入抗金属超高频RFID标签中。

在每个灭火器表面粘贴对应的抗金属超高频RFID标签，并保证每个抗金属超高频RFID标签都面对仓库通道，即标签处于可视范围内。机器人配置超高频RFID读写器和四面超高频RFID天线，其中两面超高频RFID天线朝向机器人左侧，另外两面超高频RFID天线朝向机器人右侧，同侧两面超高频RFID天线与地面夹角分别为45°和90°，其中90°超高频RFID天线用于读取贴在灭火器上的超高频RFID标签。

机器人配置可见光摄像头，可见光摄像头为1080P变焦摄像机，用于拍摄灭火器照片。机器人在仓库内根据事先规划好的路线进行自动导航和自动巡检，无须人工参与。机器人巡检过程中到达灭火器巡检点后，通过机器人上的超高频RFID读写器和超高频RFID天线读取灭火器上的抗金属超高频RFID标签信息，并与事先输入的灭火器超高频RFID标签信息进行对比，当信息缺失时自动发出灭火器丢失预警，同时记录发生灭火器丢失预警位置信息。

机器人通过可见光摄像头对灭火器摆放位置进行拍照，保存为照片文件，以供用户核查灭火器丢失告警时使用。灭火器丢失预警数据、灭火器位置照片文件、发生灭火器丢失预警位置信息通过机器人配置的5G通信模块实时传输到后台服务器上，并以告警弹窗方式显示在仓库监控页面上。

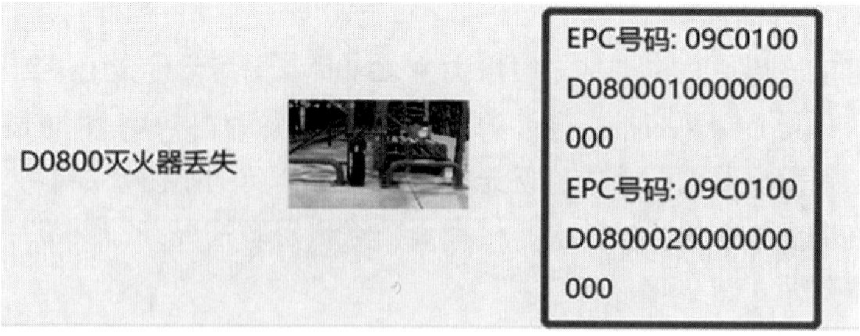

图 4　机器人灭火器丢失预警数据

灭火器对 RFID 标签产生屏蔽的问题：灭火器本身为金属材质，对 RFID 信号有较强的屏蔽作用，同时多个灭火器放在一起时存在互相阻挡的情况，导致 RFID 标签识别率不高。

解决措施：采用抗金属 RFID 标签，可以有效抑制灭火器的屏蔽问题，同时要求抗金属 RFID 标签尽可能面向通道侧摆放，便于读取。

4. 非法人员自动预警

机器人配置人脸识别摄像头，人脸识别摄像头为人脸对比仪，内置 GPU 图形计算单位和白名单数据库，能够快速完成人脸识别，无须将照片通过网络上传到后台服务器上，大幅提升人脸识别效率。拍摄仓库内内部人员正面照片和侧面照片并输入到人脸识别摄像头的白名单数据库中，内部人员包括仓库实物管理员、仓库账务管理员、仓库经理、项目经理等。

机器人在仓库内根据事先规划好的路线进行自动导航和自动巡检，无须人工参与。在机器人巡检过程中，人脸识别摄像头实时捕捉其图像中的人脸信息并与白名单进行对比。当人脸识别摄像头发现白名单之外的人脸时，自动发出非法人员预警，同时保存外部人员照片并记录发生外部人员预警位置信息。外部人员预警数据、外部人员照片、发生外部人员预警位置信息通过机器人配置的 5G 通信模块实时传输到后台服务器上，并以告警弹窗方式显示在仓库监控页面上。

外部人员实时识别的问题：机器人在巡检过程中会收集到大量人脸，如果先把上述信息回传到服务器端，再由服务器端的人脸识别 AI 算法计算并识别非法人员，最后再将识别结果回传到机器人，将导致外部人员识别时间过长，无法实现外部人员的实时识别。

解决措施：机器人配置人脸识别摄像头，人脸识别摄像头为人脸对比仪，内置 GPU 图形计算单位和白名单数据库，能够快速完成人脸识别，无须将照片通过网络上传到后台服务器上，大幅提升人脸识别效率。

5. 温湿度异常自动预警

机器人配置温湿度传感器，实时记录仓库中温湿度数据。机器人在仓库内根据事先规划好的路线进行自动导航和自动巡检，无须人工参与。机器人巡检过程中，当发现温度高于门限值（目前门限值设置为 40℃）时，自动发出温度异常预警，同时记录当时的温度值；机器人巡检过程中，当发现湿度高于门限值（目前门限值设置为 70%）时，自动发出湿度异常预警，同时记录当时的湿度值。温湿度异常预警数据、异常温湿度值、发生温湿度异常预警位置信息等，通过机器人配置的 5G 通信模块实时传输到后台服务器上，并以告警弹窗方式显示在仓库监控页面上。

6. 机器人自动盘点

统计出仓库内需要盘点的物料数量、物料所在位置，并为所有物料编号。准备与仓库内物料数量相同的超高频 RFID 标签，通过 RFID 读写设备将物料编号、位置等信息写入超高频 RFID 标签。在每个物料包装箱表面粘贴对应的超高频 RFID 标签，并保证每个超高频 RFID 标签都面对仓库通道，即标签处于可视范围内。

机器人在仓库内根据事先规划好的路线进行自动导航和自动盘点，无须人工参与。机器人盘点可以同时扫描到左右两侧货架上、六层的物料包装箱上的超高频 RFID 标签。例如，9 米高的货架，机器人从通道一端走到另一端，即可扫描到左右两侧货架上的所有物料。机器人盘点结束后，将扫描到的全部超高频 RFID 标签信息通过机器人配置的 5G 通信模块实时传输到后台服务器上，后台服务器将扫描到的超高频 RFID 标签信息与库存数据进行对比，并将对比结果展示在系统页面上。

将超高频 RFID 与机器人技术结合进行仓库内快速盘点作业，全库盘点时间可以由 2 天缩短为 2 小时，有力保障工程进度和库存准确性，特别适合高架库较多的仓库场景。

高架货位货物盘点出现的问题：内蒙古移动的高架货位的最高处大约为 9 米，已经接近超高频 RFID 读写器的极限。

解决措施：机器人配置超高频 RFID 读写器和四面超高频 RFID 天线，其中两面超高频 RFID 天线朝向机器人左侧，另外两面超高频 RFID 天线朝向机器人右侧，同侧两面超高频 RFID 天线与地面夹角分别为 45°和 90°，其中 45°超高频 RFID 天线用于读取高层货架上的超高频 RFID 标签，90°超高频 RFID 天线用于读取底层和中层货架上的超高频 RFID 标签。

四、取得成效

内蒙古移动年度工程投资 90 亿元，其中设备采购资金约 40 亿元，资金结算周期为 1~3 个月。按照银行最新活期年利率 1.5%计算，供应商到货后资金积压周期平均按 1 个月计算，每个月利息为 500 万元。通过资金流转提速，可实现将周期缩短至 1 周以内，每月费用可达 300 万元。

供应商用于结算的成本投入，按人工计算，每个供应商在各地投入人员为 10~20 人，每人每年费用（薪资收入+出差费用）在 10 万元左右。通过加速资金的流转和税额的快速结转，每年税额达 8 亿元，供应商通过进销项税额抵扣，增加了企业自身的流动资金量。

在 2020 年到 2022 年应用实践过程中，内蒙古移动内部每年节省费用分别为 993 万元、1872 万元、1895 万元，合计 4760 万元。

利用“物联网+大数据”的模式，实现万物互联，引导行业的运作和管理产生革命性的发展。大幅提升 RDC 仓库巡检准确性和实时性，以及防火、防盗、防潮等智能预警能力。实现 RDC 仓库内无纸化作业，提升 RDC30%的仓库运营效率，降低 CAPEX 投资。先进的供应链管理撬动企业管理，打通企业资源循环，实现物资流、信息流、资金流三流合一，打造企业信息化时代的新价值。

五、推广价值

本案例通过政企事业部向其他行业推广，如电商、物流公司、电力、铁路、机器制造等大型国有企业，部署本系统机器人硬件和软件、5G室分系统，实现上述企业仓库的机器人巡检和机器人盘点的AI智能管理方法，推进5G龙头示范项目和大型国有企业供应链数字化转型。

第四部分

综合资料汇编

2022年中国仓储配送行业十件大事

一、首份国家级物流五年规划《"十四五"现代物流发展规划》发布，对包括仓储配送在内的物流现代化发展提出要求、作出战略部署

国务院办公厅印发的《"十四五"现代物流发展规划》（国办发〔2022〕17号），在物流已有"先导性、基础性、战略性"定位基础上，强化了其在"延伸产业链、提升价值链、打造供应链"的重要地位。规划围绕资源整合集聚、服务数智化升级与创新、补齐农村短板、一体化运作衔接、绿色低碳发展、末端提档升级、健全国际网络等方面，对"十四五"时期仓储配送现代化发展提出要求，做出了全局性、系统性、战略性部署。

二、中国仓储与配送协会发布仓储业首个现代化发展工作指南《中国仓储现代化建设工作指南》，提出仓储现代化建设的依据、逻辑、路径与指标

在以"高质量建设中国式仓配现代化"为主题的"第十七届中国仓储配送大会"上，中国仓储与配送协会发布首个仓储现代化工作推进指导文件《中国仓储现代化建设工作指南》。指南以习近平新时代中国特色社会主义思想为统领，紧扣"三新一高"，立足中国特色社会主义现代化的总体目标要求，立足我国仓储业目前的主要矛盾、短板与弱项，立足仓储业未来发展的市场需求，明确我国仓储业现代化建设总体要求，从企业层面阐述了仓储各方面现代化建设的依据、逻辑、路径与指标，从行业层面提出了推动仓储现代化建设的重点工作计划与措施，为推进实施仓储现代化提供参考。

三、物流地产、托盘租赁、货运 SaaS 服务领域出现头部企业合并收购事件，行业"洗牌"加速

京东产发完成中国物流资产收购、CHEP 中国 & 路凯 Loscam 大中华区合并托盘业务、两大货运 SaaS 服务企业 G7 物联与易流科技完成合并。在经济下行、需求疲软的大背景下，业内头部企业通过调整业务板块、优化投资布局、出售资产、转让股份等方式，提升市场竞争力，实现可持续发展。从行业发展角度，头部企业整合，行业"洗牌"加速，有利于推动资源整合优化、服务和效益升级，实现高质量发展。

四、线上线下融合协同加速，仓店一体和即时配送成新增长点

后疫情时代，消费者已养成线上购物的习惯，实体零售因此备受冲击。实体零售企业一方面在持续布局完善线上业务、打通线上与线下渠道，另一方面在探索拓展新业态——仓储会员店。无论是何种业务，都催生了一种新的模式“仓店一体”。在这种模式下，门店除了满足线下购物需求外，还要作为满足线上购物需求的仓库。“仓店一体”模式的产生，对门店仓的规划设计、库存的布局、即时配送订单的满足等都提出了新要求，也是仓储配送新的业务增长点。

五、国家多部门资金支持冷链设施和县域物流设施建设，10余个省出台冷链物流规划或实施方案，行业组织以标准为工作抓手，推进冷链和县域物流高质量发展

国家发展改革委下达14亿元城乡冷链和国家物流枢纽建设专项中央资金，支持公共冷库新建、改扩建、智能化改造及相关配套设施项目；农业农村部办公厅、财政部办公厅发布《关于做好2022年农产品产地冷藏保鲜设施建设工作的通知》，推动冷链物流服务网络向农村延伸；安徽、甘肃、江苏、浙江、辽宁、青海、福建、广东、海南等发布“十四五”冷链物流发展规划或发展实施方案；行业协会为贯彻落实国家《“十四五”冷链物流发展规划》，启动制定行业标准《农产品产地冷链集配中心建设与运营规范》及“星级冷链集配中心”标准化评价工作，从多维度共同推进冷链和县域物流高质量发展。

六、普洛斯、万纬物流发布“零碳园区白皮书”，绿色仓储设施再升级；首个绿色仓配运营国家标准发布，多企业承诺碳减排目标或发布碳中和计划，仓配绿色化发展进入可量化评估阶段

自2021年国务院发布“双碳”工作意见和实施方案以来，仓储配送相关企业在实现绿色发展方面取得长足进展。在仓储设施方面，普洛斯、万纬物流相继发布“零碳园区白皮书”，总结分享“零碳园区”在规划建设、运营方面的实践方案，以及万纬物流园区获首个净零碳建筑认证证书，标志着仓储设施由“绿色”向“零碳”的再升级。在仓配运营方面，首个绿色运营国家标准《绿色仓储与配送要求及评估》（GB/T 41243-2022）发布，提出仓储配送绿色化要求，并给出评估指标；京东物流、菜鸟、满帮等承诺碳减排目标或发布碳中和计划，并明确碳减排或碳中和量化指标，标志着仓配绿色化运营已进入“由虚入实”的可量化、可评估的发展阶段。

七、物流科技公司加速发布升级基于仓储应用场景的数智化产品或解决方案，具有“数智基因”的物流企业仍受资本认可

普罗格、海柔创新、旷视、极智嘉、海康机器人等物流科技头部企业在2022年均发布新

产品或解决方案，基于仓储场景的全向箱式拣选机器人、箱式仓储机器人、四向车上存下拣解决方案、机械臂拆码垛方案等是行业需求重点。以昆船智能、科捷智能、快狗打车上市为代表，以物流科技公司获融资占业内80%以上为标志，表明尽管在资本寒冬下，具有“数智基因”的物流科技公司仍受资本的关注与认可。

八、以疫情防控期间上海物资保供、北京包裹积压为代表，引发应急物流体系建设的思考，“平急结合”是应急物流体系建设的发展方向

以疫情防控期间上海物资保供、“八方支援”北京末端配送、各地物流园区不定期“封闭式管理”为代表性事件，疫情管控下的物流有着无数仓配人员的艰辛与无奈。与此同时，也引发对应急物流体系建设的反思，应急物流不应独立于社会物流之外，而应该是按照“平急结合”原则建立统一协调管理的机构与平台。一旦出现突发情况，就激活社会化的专业物流体系进入应急状态。

九、全国人大代表和全国政协委员首次向两会提出制定《仓单法》的提案，金融监管部门明确支持银行机构开展标准化、格式化电子仓单融资

2022年两会期间，多名全国人大代表和全国政协委员首次递交“加快制定《仓单法》的提案（议案）”，明确建议制定《仓单法》，为仓单出具人、金融机构、仓单持有人、仓单运营平台等各方开展仓单相关业务提供更加明确、可操作性强的规则。中国银保监会、中国人民银行发布《关于推动动产和权利融资业务健康发展的指导意见》，提出支持银行机构普通电子仓单融资，支持银行机构接受监管方签发的标准化、格式化电子仓单。文件表明，除期交所体系内的仓单外，仓储企业出具的标准化、格式化电子仓单具有融资属性，是可以进行融资的“担保品”，将不再是信贷机构“风险敞口”资产，为下一步信贷机构开展电子仓单融资打开“大门”奠定了基础。

十、国际物流需求疲软，部分国别海外仓空置率上升，推动海外仓企业逐步向供应链一体化服务转型

据中国仓储与配送协会海外仓分会统计调查，因地区冲突、国际贸易波动较大、跨境电商需求疲软等因素，北美及亚洲海外仓空置率偏高、库存周转速度放缓。有丰富运营经验的海外仓企业，已与拥有头程干线运输载具的央企、国企或拥有本土销售渠道的分销商，通过资源整合或并购重组等方式，向一站式供应链服务转型升级，加强以海外仓为支点的跨境供应链的稳定性和柔韧性。

2022年仓储配送相关政策目录

序号	部门	发布时间	政策名称	文号
1	国务院	2022年5月	国务院办公厅关于印发“十四五”现代物流发展规划的通知	国办发〔2022〕17号
2		2022年5月	国务院办公厅关于进一步盘活存量资产扩大有效投资的意见	国办发〔2022〕19号
3		2022年9月	国务院办公厅关于进一步加强商品过度包装治理的通知	国办发〔2022〕29号
4	相关部委	2022年5月	关于支持加快农产品供应链体系建设 进一步促进冷链物流发展的通知	财办建〔2022〕36号
5		2022年6月	关于支持国家综合货运枢纽补链强链的通知	财建〔2022〕219号
6		2022年4月	商务部等5部门办公厅（室）关于印发城乡高效配送典型经验和创新模式的通知	商办流通函〔2022〕73号
7		2022年5月	商务部等8单位关于印发《全国供应链创新与应用示范创建工作规范》的通知	商流通函〔2022〕123号
8		2022年1月	国家发展改革委关于印发《“十四五”现代流通体系建设规划》的通知	发改经贸〔2022〕78号
9		2022年11月	交通运输部办公厅 国家发展改革委办公厅 财政部办公厅 农业农村部办公厅关于进一步提升鲜活农产品运输“绿色通道”政策服务水平的通知	交办公路〔2022〕78号
10		2022年6月	农业农村部办公厅 财政部办公厅关于做好2022年农产品产地冷藏保鲜设施建设工作的通知	农办市〔2022〕5号
11		2022年9月	商务部办公厅关于建立商贸物流企业重点联系制度的通知	商办流通函〔2022〕242号
12		2022年5月	商务部、国家邮政局等8部门关于加快贯通县乡村电子商务体系和快递物流配送体系有关工作的通知	商流通函〔2022〕143号
13		2022年9月	中国银保监会 中国人民银行关于推动动产和权利融资业务健康发展的指导意见	银保监发〔2022〕29号

2022 年仓储配送相关标准目录

序号	标准编号	标准名称
1	GB 15603-2022（修订）	危险化学品仓库储存通则
2	GB 55036-2022	消防设施通用规范
3	GB 55037-2022	建筑防火通用规范
4	GB/T 19946-2022（修订）	包装 用于发货、运输和收货标签的一维条码和二维条码
5	GB/T 35739-2017	物流仓储配送中心成件物品连续垂直输送机
6	GB/T 41242-2022	电子商务物流可循环包装管理规范
7	GB/T 41243-2022	绿色仓储与配送要求及评估
8	GB/T 41402-2022	物流机器人 信息系统通用技术规范
9	GB/T 41834-2022	智慧物流服务指南
10	JT/T 1424-2022	模块化汽车、挂车及汽车列车选型技术要求
11	JT/T 1440-2022	无人机物流配送运行要求
12	JT/T 1442-2022	乡镇运输服务站运营服务规范
13	JT/T 1443-2022	冷链运输监控管理平台技术要求
14	RB/T 067-2021	物流服务组织质量管理体系要求
15	WB/T 1118-2022	数字化仓库基本要求
16	WB/T 1119-2022	数字化仓库评估规范
17	WB/T 1121-2022	仓储管理射频识别技术应用要求
18	WB/T 1122-2022	应急物流基础信息分类与代码
19	WB/T 1123-2022	应急物流基础数据元
20	WB/T 1124-2022	应急物流公共数据模型
21	WB/T 1125-2022	模压平托盘植物纤维类
22	WB/T 1126-2022	塑料箱式托盘
23	WB/T 1127-2022	箱式、立柱式托盘
24	WB/T 1128-2022	组合式塑料托盘

2022年主要物流城市仓库租金和空置率

城市	租金（元/平方米·月）			空置率（%）		
	最大	最小	平均	最大	最小	平均
北京	48.73	42.28	44.67	14.46	4.02	10.55
上海	45.73	42.39	44.70	15.74	8.89	11.07
深圳	43.30	38.87	41.37	9.56	2.93	7.04
苏州	36.60	33.89	35.47	13.27	3.61	8.05
杭州	33.13	29.38	31.17	12.64	8.14	11.39
宁波	31.23	28.02	29.15	21.15	12.19	18.58
广州	35.18	29.93	32.71	11.65	4.41	8.13
东莞	34.18	31.32	32.66	10.61	2.74	7.55
南京	29.91	28.00	29.39	20.84	10.50	13.60
佛山	32.87	28.96	30.74	12.11	3.21	8.93
嘉兴	33.47	27.89	30.25	23.41	18.37	21.38
长沙	27.46	25.08	26.49	14.82	12.36	13.63
天津	29.91	18.96	22.04	26.00	15.17	22.40
无锡	32.63	28.69	30.28	5.72	1.22	3.17
大连	20.43	15.00	15.79	31.20	25.32	28.66
长春	20.55	13.39	14.98	29.62	22.21	25.26
重庆	24.76	21.91	23.30	21.48	14.04	18.00
武汉	25.70	21.99	23.31	19.88	14.68	17.39
郑州	23.61	21.67	22.65	11.80	9.45	10.74
沈阳	19.40	18.12	18.35	25.33	14.57	17.53
合肥	25.75	22.94	24.23	10.84	4.24	7.56
昆明	25.71	22.54	24.49	10.19	7.19	8.50
哈尔滨	20.25	19.06	19.88	23.98	10.51	20.84
成都	23.98	20.50	22.65	11.72	10.27	10.90
青岛	22.97	20.05	21.58	10.07	5.48	8.79

续表

城市	租金（元/平方米·月）			空置率（%）		
	最大	最小	平均	最大	最小	平均
西安	26.49	20.68	22.20	10.62	5.30	6.80
贵阳	22.76	20.16	21.21	10.04	6.53	8.12
太原	17.94	17.49	17.59	14.60	9.19	11.34
济南	23.00	21.36	22.28	21.45	11.23	14.39
南昌	23.32	19.05	21.00	28.42	10.41	15.33
石家庄	20.81	15.87	17.89	17.90	13.68	15.37
兰州	21.25	17.29	19.00	13.66	5.68	9.33

2022年生产和流通主要行业库存周转次数

库存管理是供应链管理的核心内容，是生产和流通企业合理利用库存资源、提高资金使用效率、提升竞争力的重要手段之一，也是降低社会物流成本的主要因素。

库存周转次数（ITO）是能够体现企业库存结构优化效果的参照值。中国仓储与配送协会通过测算行业ITO，为生产和流通企业管理库存提供参考。根据《国民经济行业分类》，从中筛选出批发业、零售业和21个生产制造行业，基于3359家上市公司的公开财务报表，测算行业2019—2022年化ITO（见下表）。

序号	行业	2019年	2020年	2021年	2022年
1	批发业	11.13	10.83	11.03	9.61
2	零售业	7.92	4.94	5.65	5.17
3	农副食品加工业	7.48	7.18	7.5	6.34
4	食品制造业	6.37	6.44	6.64	6.1
5	酒、饮料和精制茶制造业	2.54	2.3	2.46	2.12
6	纺织业	4.12	3.83	4.08	3.93
7	纺织服装、服饰业	2.42	2.46	2.63	2.41
8	家具制造业	6.59	5.86	5.83	5.1
9	造纸和纸制品业	6.35	6.69	6.84	6.71
10	文教、工美、体育和娱乐用品制造业	4.68	4.39	4.41	4.05
11	化学原料及化学制品制造业	7.4	7.18	7.58	7.05
12	医药制造业	2.75	2.63	2.78	2.83
13	化学纤维制造业	6.9	6.65	6.62	6.21
14	橡胶和塑料制品业	5.05	4.93	5.04	4.5
15	非金属矿物制品业	5.01	5.08	4.94	4.54
16	金属制品业	4.48	4.35	4.67	4.14
17	通用设备制造业	3.13	3.15	3.14	2.73
18	专用设备制造业	2.5	2.45	2.42	2.15
19	汽车制造业	5.07	4.76	4.8	4.58
20	铁路、船舶、航空航天和其他运输设备制造业	4.46	4.18	4.03	3.68
21	电气机械和器材制造业	4.51	4.36	4.53	4.34
22	计算机、通信和其他电子设备制造业	4.49	4.4	4.26	3.74
23	仪器仪表制造业	2.74	2.61	2.31	2.07

第五部分

优质企业推荐

2022 年星级仓库

根据国家标准《通用仓库等级》（GB/T 21072）、《中国通用仓库等级评定办法》规定，经企业自愿申报、中国通用仓库等级评定工作办公室初审和现场审定，且公示无异议，确定2022 年获得“星级仓库”称号的企业库区如下表所示。

序号	库区名称	星级
1	陕西煤业化工物资集团有限公司彬长分公司仓储管理中心	五星
2	山东高速鲁南物流发展有限公司山东高速鲁南高新物流产业园库区	五星
3	安博今南（天津）仓储有限公司安博津南国际仓储物流园	五星
4	北京祥龙三台山物流有限公司三台山物流园	五星
5	江苏安方电力科技有限公司“苏电一号”智慧仓库	五星
6	济宁亿金物资有限责任公司兖州亿金中心库区	五星
7	张家口通泰物流中心有限公司物流中心库区	五星
8	安博（重庆）仓储有限公司安博重庆两江物流中心库区	五星
9	重药控股湖南博瑞药业有限公司环科园库区	五星
10	山东大舜医药物流有限公司章丘库区	五星
11	张家港市虎翼车业服务有限公司驰乐库区	五星
12	湖南万汇医药物流有限公司湖南万汇医药库区	四星
13	湖南济明医药有限公司济明医药仓库	五星
14	湖北慧通达供应链管理有限责任公司物流园	五星
15	余姚市东方国际物流有限公司东方物流库区	四星
16	宁波海晖国际物流有限公司前程物流园	五星
17	宁波陆港运输服务有限公司太河仓库区	四星
18	北京祥龙物流（集团）有限公司物流配送分公司北京祥龙物流园库区	五星
19	中国移动通信集团湖北有限公司襄阳分公司鄂西北大区库库区	五星
20	湖南一力股份有限公司湖南一力物流园	五星
21	广东怀远物流实业有限公司总仓	五星
22	成都安中仓储有限公司安博成都龙泉物流中心库区	五星

续表

序号	库区名称	星级
23	江苏盐道物流股份有限公司盐道物流园仓储中心	五星
24	江苏安方电力科技有限公司苏州分公司国网苏州供电公司（安方苏州）胥口 & 吉祥路仓库	五星
25	湖北信通通信有限公司东西湖物流园库区	五星
26	安博宁合（天津）仓储有限公司安博天津宁河物流中心	五星
27	安博（南京）仓储有限公司安博南京空港物流中心	五星
28	陕西煤业化工物资集团有限公司黄陵分公司总库	五星
29	华润电力（菏泽）有限公司仓库区域	三星
30	唐山市北方物流有限公司仓储库区	五星
31	宁波梅山保税港区中外运国际物流有限公司 A 库、B 库	五星
32	昆山世远物流有限公司世远物流立体仓库	五星
33	准时达国际供应链管理有限公司准时达成都中心仓	五星
34	深圳市富泰通国际物流有限公司南宁分公司准时达南宁中心仓	五星
35	深圳市富泰通国际物流有限公司准时达深圳华南仓	五星
36	深圳市富泰通国际物流有限公司准时达深圳中心仓	五星
37	深圳市富泰通国际物流有限公司天津分公司准时达天津中心仓（天津 B10 库区）	五星
38	深圳市盐田准时达供应链管理有限公司准时达盐田保税中心仓	五星
39	郑州准时达物流有限公司准时达郑州中心仓	五星
40	陕西煤业化工物资集团有限公司彬长分公司文家坡供应站	五星
41	广西荣桂国际智慧物流有限公司东盟国际智慧服务信息港仓库	五星
42	江苏天合国际物流有限公司天合物流昆山保税仓库	五星
43	陕西煤业物资榆通有限责任公司曹家滩供应站	五星
44	陕西煤业物资榆通有限责任公司小保当供应站	五星
45	陕西煤业物资榆通有限责任公司物资总库	五星
46	宁波和丰物流有限公司和丰仓	五星
47	中国移动通信集团云南有限公司滇西 RDC 仓库	五星
48	河南省商业储运有限公司货栈街库区	三星
49	安徽城坤物流有限公司 7 号库区	三星
50	临沂中储供应链有限公司临沂中储库区	五星
51	湖南沐阳医药有限公司沐阳医药仓库	四星
52	国家粮食和物资储备局湖南局三三六处库区	五星

续表

序号	库区名称	星级
53	唐山百货大楼集团银河物流有限责任公司贾庵子库区	四星
54	长沙通程控股股份有限公司通程物流园	五星
55	国投山东临沂路桥发展责任有限公司河东华阳物流分公司公铁联运物流园区	五星
56	中国移动通信集团海南有限公司老城省库	五星
57	威胜集团有限公司威胜集团供应链管理中心仓储区	四星
58	北京品纳轲仓储有限公司安博北京首都机场第二物流中心仓库	五星
59	湖南湾田供应链管理有限公司湖南长沙湾田国际建材城仓库	五星
60	青岛益客朗讯物流有限公司京东亚洲一号青岛物流园	五星
61	济南创元乾通物流有限公司济南先行京东亚洲一号物流园库区	五星
62	上海通贸国际供应链管理有限公司桃浦仓库	五星
63	深圳美团优选科技有限公司济宁中心仓	五星
64	深圳美团优选科技有限公司石家庄中心仓	五星
65	郴州凯程医药有限公司凯程医药郴州仓储中心	四星
66	武汉中百物流配送有限公司中百物流汉鹏配送中心库区	五星
67	湘乡万里行物流有限公司综合库区	五星
68	上海百秋新洛杰斯供应链管理有限公司嘉兴库区	五星
69	四川东方物流集团有限公司东锅库区	五星
70	四川东方物流集团有限公司自贡高新物流基地库区	五星
71	四川路威特物流有限公司青白江物流基地	五星
72	秀山华渝物流投资有限公司秀业集团仓储配送中心	五星
73	嘉兴大恩供应链管理有限公司嘉兴大恩供应链中心	五星
74	福建华威物流供应链管理有限公司福建华威公路港供应链中心一、二期	五星
75	湖南德荣医疗健康产业有限公司德荣智仓长沙中心仓	五星
76	惠州睿置仓储有限公司安博惠州惠阳物流中心	五星
77	国网江苏省电力有限公司仪征市供电分公司锦华仓库	四星
78	安博（沈阳）仓储有限公司安博沈阳浑南物流中心	五星
79	佛山安博盛置仓储有限公司安博佛山大塘物流中心	五星
80	中国移动通信集团宁夏有限公司宁夏移动省 RDC 库区	五星
81	中国移动通信集团陕西有限公司中国移动通信集团西北大区物流中心	五星
82	北京佳之兴供应链管理有限公司马驹桥物流中心库区	五星

续表

序号	库区名称	星级
83	国网冀北电力有限公司物资分公司国网冀北电力有限公司良乡仓库	五星
84	成都龙泉宝湾国际物流有限公司龙泉宝湾库区	五星
85	贵阳双龙宝湾华业国际物流有限公司贵阳宝湾库区	五星
86	宁波百川港通国际物流有限公司物流园	五星
87	河南鼎之源仓储服务有限公司郑州中心仓	五星
88	中国移动通信集团河南有限公司郑州 RDC 仓库	五星
89	中国移动通信集团河南有限公司南阳分公司溧河仓库	五星
90	国家电网公司嘉兴应急物资储备仓库（含物资配送中心）库区	五星
91	上饶市金福物流有限公司上饶市快递产业园	四星
92	平湖华瑞仓储有限公司平湖库区	五星
93	上海同华储运有限公司同华储运库区	五星
94	中捷通信有限公司夏茅物流园	五星
95	湖南中飞物流有限公司中飞空港物流园库区	五星
96	山东省鑫美捷五金机电有限公司鑫美捷库区	四星
97	山东华派克物流有限公司华派克智慧物流园区 E 区库、F 区库	五星
98	湖南领跑仓储服务有限公司长沙深国际物流综合港 W3 库区	五星
99	艾欧史密斯（中国）水系统有限公司配件中心及原材料库区	五星
100	广州市欧泰物流有限公司广州花都库区	五星
101	江苏飞力达国际物流股份有限公司昆山综合保税区库区	五星
102	太原吉行客物流有限公司京东亚洲一号太原潇河物流园区	五星
103	中国移动通信集团山西有限公司侯马 RDC 仓库	五星
104	上饶市福昌供应链有限公司顺丰转运中心	四星
105	临沂传化智慧产业园有限公司临沂传化智慧产业园	五星
106	江西安途物流有限公司爱驰汽车总装库区	四星
107	湖南文华医药物流有限公司文华医药物流仓库	四星
108	西安祥展物流有限公司京东亚洲一号西安智能物流园	五星
109	横峰县金福电子商务管理有限公司极兔转运中心	四星

2022 年绿色仓库

为贯彻落实国务院及相关部门关于加快绿色仓库建设、推动绿色仓储物流发展的有关精神，根据行业标准《绿色仓库要求及评价》（SB/T 11164）、《中国绿色仓库认定办法》，经企业自愿申报、中国绿色仓库认定委员会组织审核认定，且公示无异议，确定 2022 年获得“绿色仓库”称号的企业库区如下表所示。

序号	库区名称	级别
1	济南新鑫泉悦物流有限公司（新材料产业园库区）	一级（★★★）
2	济南瑞丰物流有限公司（瑞丰餐饮供应链仓配中心）	一级（★★★）
3	陕西煤业化工物资集团有限公司彬长分公司（仓储管理中心）	一级（★★★）
4	广东大容冷链食品有限公司（大容冷链园区仓库）	一级（★★★）
5	完美（广东）日用品有限公司（完美华南生产基地库区）	一级（★★★）
6	河北苏宁物流有限公司（苏宁石家庄藁城物流基地）	一级（★★★）
7	德州金茂源仓储有限公司（金茂源快递物流园）	一级（★★★）
8	山东高速鲁南物流发展有限公司（山东高速鲁南高新物流产业园）	一级（★★★）
9	飞象物流石家庄有限公司（飞象物流石家庄库区）	二级（★★）
10	中粮可口可乐饮料（河北）有限公司（中央仓）	一级（★★★）
11	北国商城股份有限公司（北国物流园一期项目）	一级（★★★）
12	石家庄深国际综合物流港发展有限公司（石家庄深国际 A5 仓、A7 仓）	一级（★★★）
13	杭州东联仓储有限公司（万纬杭州大江东义蓬园区）	一级（★★★）
14	杭州青延仓储服务有限公司（万纬杭州大江东临江园区）	一级（★★★）
15	诸暨市万斌供应链有限责任公司（万纬绍兴诸暨物流园区）	一级（★★★）
16	浙江德轩物流有限公司（万纬杭州北物流园区）	一级（★★★）
17	巴夫洛（嘉兴）仓储有限公司（万纬嘉兴南湖湘家荡物流园区）	一级（★★★）
18	宁波盛世华途物流有限公司（万纬宁波江北庄桥物流园区）	一级（★★★）
19	慈溪市万辰希供应链有限公司（万纬慈溪物流园区）	一级（★★★）
20	余姚市万兆供应链有限公司（万纬宁波余姚丈亭物流园区）	一级（★★★）
21	连江宏晟冷链物流有限公司（万纬福州连江物流园区）	一级（★★★）

续表

序号	库区名称	级别
22	石狮和安物流有限公司（万纬泉州石狮物流园区）	一级（★★★）
23	泉州市万盈仓储有限公司（万纬泉州晋江物流园区）	一级（★★★）
24	重庆荣港物流有限公司（万纬重庆空港物流园区）	一级（★★★）
25	领安（重庆）仓储有限公司（万纬重庆东港物流园区）	一级（★★★）
26	成都锦融积物流有限公司（万纬成都龙泉物流园区）	一级（★★★）
27	石家庄诚通联众储运有限公司（泸州老窖华北基地诚通联众物流园）	一级（★★★）
28	宝湾物流肥东有限公司（合肥肥东宝湾物流园库区）	一级（★★★）
29	山东东远供应链管理有限公司（东远电商云仓）	一级（★★★）
30	济南万泓仓储有限公司（万纬济南高新冷链物流园）	一级（★★★）
31	济南中通仓储服务有限公司（山东中通转运中心）	一级（★★★）
32	济南烟草物流有限公司（济烟物流联合工房）	一级（★★★）
33	济南壹米腾飞供应链管理有限公司（供应链产业园）	一级（★★★）
34	国网江苏省电力有限公司盐城供电分公司（绿色供应链智能仓库）	一级（★★★）
35	江苏飞力达国际物流股份有限公司（昆山数字化智能仓）	一级（★★★）
36	山东顺丰快运有限公司（济南分拣中心）	一级（★★★）
37	济南鑫聚成物流有限公司（济南鑫聚成物流仓储中心）	二级（★★）
38	中粮可口可乐饮料（济南）有限公司（中央仓）	一级（★★★）
39	江苏安方电力科技有限公司（“苏电一号”智慧仓库）	一级（★★★）
40	舟山市华泰石油有限公司（华泰石油东白莲岛油品储运库区）	一级（★★★）
41	河北京东物流有限公司（京东廊坊固安智能产业园一期）	一级（★★★）
42	山东舜王城投资发展有限公司（中国（鄄城）中药谷一期战略储备库）	一级（★★★）
43	苏州万致冷链物流有限公司（万纬苏州相城冷链物流园区）	一级（★★★）
44	中国移动通信集团湖北有限公司（湖北省级移动物流中心）	一级（★★★）
45	嘉兴万立湖供应链管理有限公司（万纬嘉兴平湖冷链物流园区）	一级（★★★）
46	玉湖冷链物流（广州）有限公司（玉湖冷链市场交易中心库区）	一级（★★★）
47	宁波青宇锂电能源有限责任公司（万纬余姚开发区物流园）	一级（★★★）
48	陕西煤业化工物资集团有限公司彬长分公司（文家坡供应站）	一级（★★★）
49	陕西煤业化工物资集团有限公司榆林分公司（榆林化学供应站）	一级（★★★）
50	陕西煤业物资榆通有限责任公司（红柳林供应站）	一级（★★★）
51	陕西煤业化工物资集团有限公司黄陵分公司（黄陵分公司总库）	一级（★★★）

续表

序号	库区名称	级别
52	中国移动通信集团广西有限公司（高新物流园区）	一级（★★★）
53	上海耐姆克电子有限公司（万纬上海松江新桥冷链园区）	一级（★★★）
54	上海万呈冷链物流有限公司（万纬上海松江新浜冷链园区）	一级（★★★）
55	上海万纬冷链物流有限公司西安分公司（万纬西安高新冷链园区）	一级（★★★）
56	南京万纬冷链物流有限公司（万纬南京栖霞冷链园区）	一级（★★★）
57	济南极和兔供应链有限公司（极兔济南转运中心）	一级（★★★）
58	山东荣安冷链物流有限公司（济南冷链中心 ）	一级（★★★）
59	济南华涛物流股份有限公司（济南仓储中心）	一级（★★★）
60	山东高速临空物流发展有限公司（山东高速临空综合保税物流园）	一级（★★★）
61	厦门万纬海投冷链物流有限公司（万纬海投厦门海沧冷链物流园）	一级（★★★）
62	广州市长鹏实业有限公司（南香谷仓储物流中心）	二级（★★）
63	山东三志物流有限公司（三志物流仓储中心）	一级（★★★）
64	长沙华升物流有限公司（万纬香江长沙高岭智慧物流园二期）	一级（★★★）
65	河北物产供应链有限公司（河北省智慧物流园区西区一期）	一级（★★★）
66	河北润沃智慧物流有限公司（润沃智慧物流园区）	一级（★★★）
67	石家庄美达供应链管理有限公司（石家庄美达云仓正定仓）	二级（★★）
68	石家庄永盛乳业有限公司（永盛乳业中心仓库区）	二级（★★）
69	河北君乐宝君诚乳业有限公司（君诚乳业中心仓库区）	一级（★★★）
70	福建雅艺彩印有限公司（厂房及配套设施）	一级（★★★）
71	新丝路服装制造城有限公司（新丝路物流仓储工业园）	一级（★★★）
72	国家粮食和物资储备局安徽局七六二处（储备仓库）	一级（★★★）
73	安徽华源医药集团股份有限公司（华源医药物流园）	一级（★★★）
74	中国移动通信集团内蒙古有限公司（中国移动呼和浩特数据中心 C01 库区）	一级（★★★）
75	山东置诺实业有限公司（置诺物流园）	一级（★★★）
76	惠安城南中心工业区开发发展有限公司（福建惠芯人工智能智造产业园）	一级（★★★）
77	沈阳普健仓储有限公司（万纬沈阳浑南园区）	一级（★★★）
78	济南鲁豫物流有限公司（鲁豫仓储中心）	二级（★★）
79	济南小微网络科技有限公司（商河经开区特色装备工业制造园 6#仓库）	二级（★★）
80	长春宇矗储运有限公司（万纬长春经开园区）	一级（★★★）
81	陕西万中轻仓储设施有限公司（万纬西安空港园区一期）	一级（★★★）

续表

序号	库区名称	级别
82	巴夫洛（西咸新区）仓储服务有限公司（万纬西安空港园区二期）	一级（★★★）
83	陕西万仓沣裕供应链有限公司（万纬西安沣东园区）	一级（★★★）
84	长沙市万明仓储服务有限公司（万纬长沙雨花园区）	一级（★★★）
85	长沙华升物流有限公司（万纬长沙开福园区一期）	一级（★★★）
86	廊坊万京智能物流管理有限公司（万纬廊坊安次园区）	一级（★★★）
87	南宁市新成中万物流有限公司（万纬南宁新中智慧园）	一级（★★★）
88	合肥市万俊千文供应链有限公司（万纬合肥肥西园区）	一级（★★★）
89	湖北昕景投资有限公司（万纬武汉空港园区）	一级（★★★）
90	武汉兴益华实业有限公司（万纬武汉黄陂汉口北园区）	一级（★★★）
91	南京万宜供应链管理有限公司（万纬南京六合园区）	一级（★★★）
92	佛山乐维仓储有限公司（万纬佛山三水乐平园区）	一级（★★★）
93	佛山万源仓储服务有限公司（万纬佛山三水白坭园区）	一级（★★★）
94	佛山市北电仓储有限公司（万纬佛山南海园区）	一级（★★★）
95	广东祥华物流仓储有限公司（万纬广州从化鳌头园区）	一级（★★★）
96	福恒（江西）玉文化产业有限公司（万纬南昌昌北冷链园区北区）	一级（★★★）
97	江西福恒物流有限公司（万纬南昌昌北冷链园区南区）	一级（★★★）
98	嘉善万纬供应链管理有限公司（万纬嘉兴嘉善园区）	一级（★★★）
99	杭州乐荣节能动力科技有限公司（万纬杭州空港园区二期）	一级（★★★）
100	杭州乐荣节能动力科技有限公司（万纬杭州空港园区一期）	二级（★★）
101	厦门市景徽饮料有限公司（万纬厦门同安园区）	一级（★★★）
102	台州市万颖供应链有限公司（万纬台州集聚区园区）	一级（★★★）
103	温州平阳县万纬供应链有限公司（万纬温州平阳园区）	一级（★★★）
104	宁波万嘉合实业有限公司（万纬宁波江北科创园）	一级（★★★）
105	上海万海仓储有限公司（万纬上海金山漕泾园区）	一级（★★★）
106	南昌向塘铁路口岸物流有限公司（口岸物流园区一期）	二级（★★）
107	山东永昌物流集团有限公司（永昌物流云仓）	二级（★★）
108	山东盖世济北国际物流有限公司（山东盖世济北国际物流园区）	一级（★★★）
109	佛山市高明纬贵仓储有限公司（万纬佛山高明园区）	一级（★★★）
110	嘉兴万纬仓储有限公司（万纬嘉兴南湖园区）	一级（★★★）
111	武汉汇东实业有限公司（万纬武汉东西湖冷链园区）	一级（★★★）

续表

序号	库区名称	级别
112	中国移动通信集团江苏有限公司（中国移动通信集团华东大区物流中心）	一级（★★★）
113	中国移动通信集团湖南有限公司长沙分公司（怡亚通库区）	一级（★★★）
114	合肥快乐通冷链物流配送有限公司（青松库区）	一级（★★★）
115	北京百利威仓储物流有限公司（百利威（北京）园区北区）	一级（★★★）
116	玉湖冷链节能设备安装（成都）有限公司（玉湖环球食品供应链中国西部基地物流园区）	一级（★★★）
117	华胤钢结构工程（中国）有限公司（万纬昆山高新园区）	一级（★★★）
118	广州安煦和供应链有限公司（万纬广州南沙园区）	一级（★★★）
119	南洋云仓（北京）供应链管理有限公司（跨境贸易智能民生供应链运营总部）	一级（★★★）
120	深圳市有信达供应链集团股份有限公司（万纬有信达深圳盐田冷链园区）	一级（★★★）
121	深圳市越海全球物流有限公司（越海华南物流中心）	一级（★★★）
122	廊坊康安仓储服务有限公司（廊坊泉安金融物流园）	一级（★★★）
123	大唐国际发电股份有限公司张家口发电分公司（物资管理部仓库）	二级（★★）
124	徐州新电高科电气有限公司（国网徐州供电公司昆仑路仓库）	一级（★★★）
125	杜昆能源科技（昆山）有限公司（万纬昆山经发展园区）	一级（★★★）
126	中国移动通信集团海南有限公司（老城省库）	一级（★★★）
127	中国移动通信集团吉林有限公司（吉林移动省中心仓库区）	一级（★★★）
128	广州华瑞乾仓储有限公司（中国供销商贸流通综合产业园基地）	一级（★★★）
129	郑州市永之兴航空冷链物流有限公司（基地项目）	一级（★★★）
130	新乐市风云博瑞仓储有限公司（供销普洛斯新乐物流园）	一级（★★★）
131	上海沪申苏宁电器有限公司（苏宁奉贤物流中心）	一级（★★★）
132	沈阳苏宁物流有限公司（苏宁浑南物流中心一期）	一级（★★★）
133	沈阳苏宁物流有限公司（苏宁浑南物流中心二期）	一级（★★★）
134	瀚嘉（郑州）供应链管理有限公司（鼎菱跨境综合产业园）	一级（★★★）
135	徐州苏宁云商物流有限公司（徐州苏宁云龙物流中心）	二级（★★）
136	陕西苏宁易达物流投资有限公司（苏宁泾阳物流中心）	一级（★★★）
137	南京优荣资产管理有限公司（苏宁新区物流中心）	一级（★★★）
138	重庆首恒物流有限公司（苏宁北部新区物流中心）	一级（★★★）
139	湖南苏宁采购有限公司（苏宁芙蓉物流中心）	一级（★★★）
140	南京禄昌资产管理有限公司（苏宁（萝岗）物流中心）	一级（★★★）

续表

序号	库区名称	级别
141	中山市苏宁物流有限公司（中山苏宁南朗物流中心）	一级（★★★）
142	江苏辰逸资产管理有限公司（苏宁经开物流中心）	一级（★★★）
143	博西华家用电器有限公司（成品物流中心第三仓库）	一级（★★★）
144	成都中外运物流有限公司（中外运成都龙泉物流中心）	一级（★★★）
145	大连万集仓储有限公司（万纬大连大窑湾园区）	一级（★★★）
146	天津中外运建合仓储服务有限公司（中外运天津王稳庄物流中心）	一级（★★★）
147	天津嘉智仓储有限公司（万纬天津武清园区一期）	一级（★★★）
148	琨瑶（天津）仓储服务有限公司（新宜天津武清物流园）	二级（★★）
149	晋中普宿仓储设施有限公司（普洛斯晋中经开区仓储中心）	一级（★★★）
150	重庆明品福物流有限责任公司（中国西部农产品冷链物流中心）	一级（★★★）
151	湖南德荣医疗器械物流配送服务有限公司（德荣智仓长沙中心仓）	一级（★★★）
152	恒峰瀚菱（廊坊）实业有限公司（恒峰瀚菱烯谷中心）	一级（★★★）
153	瀚广（天津）供应链管理服务有限公司（华广冷链贸易金融产业园）	一级（★★★）
154	川崎振华物流（上海）有限公司（临港新片区仓库）	一级（★★★）
155	中外运（海盐）国际物流有限公司（中国外运浙江海盐智慧物流园）	一级（★★★）

2022 年物资管理标准化仓库

根据国家标准《仓储服务质量要求》（GB/T 21071）、《通用仓库等级》（GB/T 21072）、《物资管理标准化仓库评价办法》（试行）规定，经企业自愿申报、中国仓储与配送协会标准化评价办公室初审并组织现场评审，并公示无异议，确定 2022 年获得“物资管理标准化仓库”称号的企业库区如下表所示。

序号	库区名称
1	陕西煤业化工物资集团有限公司彬长分公司小庄供应站
2	陕西煤业化工物资集团有限公司彬长分公司胡家河供应站
3	陕西煤业化工物资集团有限公司彬长分公司大佛寺供应站
4	陕西煤业物资榆通有限责任公司张家峁供应站
5	陕西煤业物资榆通有限责任公司柠条塔供应站
6	国网江苏省电力有限公司仪征市供电分公司锦华仓库

2022年仓储服务金牌企业

根据国家标准《仓储服务质量要求》（GB/T 21071）、《中国仓储服务质量评鉴办法》规定，经企业自愿申报、征求客户评价意见、中国仓储服务质量评鉴工作办公室初审及现场审定，且公示无异议，确定2022年获得“仓储服务金牌企业”称号的企业如下表所示。

序号	企业名称
1	重药控股湖南博瑞药业有限公司
2	山东大舜医药物流有限公司
3	正本物流集团有限公司
4	湖南万汇医药物流有限公司
5	湖南济明医药有限公司
6	湖北慧通达供应链管理有限责任公司
7	余姚市东方国际物流有限公司
8	中通服供应链管理有限公司湖南分公司
9	湖南一力股份有限公司
10	江苏盐道物流股份有限公司
11	湖北信通通信有限公司
12	国网冀北张家口风光储输新能源有限公司
13	广西五金矿产进出口集团有限公司
14	湖南文华医药物流有限公司
15	伊藤忠物流（中国）有限公司
16	准时达国际供应链管理有限公司
17	陕西煤业化工物资集团有限公司彬长分公司
18	江苏天合国际物流有限公司
19	华润电力（菏泽）有限公司
20	陕西煤业物资榆通有限责任公司
21	安徽城坤物流有限公司
22	湖南沐阳医药有限公司

续表

序号	企业名称
23	国家粮食和物资储备局湖南局三三六处
24	唐山百货大楼集团银河物流有限责任公司
25	湖南湾田供应链管理有限公司
26	郴州凯程医药有限公司
27	武汉中百物流配送有限公司
28	湘乡万里行物流有限公司
29	深圳市鑫宇货物运输有限公司
30	山东省锦泰储运有限责任公司
31	北京佳之兴供应链管理有限公司
32	广州市欧泰物流有限公司
33	湖南中飞物流有限公司
34	成都城嘉物流有限公司
35	上海同华储运有限公司

2022年担保存货管理资质企业

根据国家标准《担保存货第三方管理规范》（GB/T 31300）、《担保存货管理企业评价办法》规定，经企业自愿申报、征求客户评价意见、全国担保存货管理企业评价工作办公室初审及现场评审，且公示无异议，确定2022年获得“担保存货管理资质”的企业如下表所示。

序号	企业名称	等级
1	恒元丰资产管理有限公司	三级甲等
2	安徽隆泽丰投资产管理有限公司	三级甲等
3	湖北谊嘉金融仓储有限公司	三级甲等
4	河南银丰仓储服务有限公司	二级甲等
5	河北宏信供应链管理有限公司	二级甲等
6	河南盛达供应链管理有限公司	一级甲等
7	威海国际海洋商品交易中心有限公司	一级甲等
8	吉林省正明仓储监管有限公司	一级甲等
9	河南中联储物流仓储股份有限公司	一级甲等
10	南通中实纺织交易市场有限公司	一级甲等
11	宁夏融利源供应链管理有限公司	一级甲等
12	山东水发大正物联科技有限公司	一级乙等
13	河南鑫仓实业有限公司	一级乙等
14	吉林省航诚科技有限公司	一级乙等
15	江苏中博通信有限公司	一级乙等
16	河北米佑供应链管理有限公司	一级丙等
17	青海千易仓储管理有限公司	一级丙等
18	上海通贸国际供应链管理有限公司	一级丙等

2022 年快消品经销商仓配能力 A 级企业

根据团体标准《快消品经销商仓储配送能力评估指标》（T/WD 113）规定，经企业自愿申报、快消品经销商仓配标准化评价工作办公室初审和现场审定，且公示无异议，确定 2022 年获得“快消品经销商仓配能力 A 级企业”称号的企业如下表所示。

序号	企业名称	等级
1	唐山市汇旺行工贸股份有限公司	4A 级
2	天津三羊供应链管理有限公司	4A 级
3	宁波万泰食品有限公司	4A 级
4	烟台盈发商贸有限公司	3A 级
5	四川旅侨商贸有限公司	3A 级
6	武汉金锣通食品销售有限公司	3A 级
7	四川金盛德供应链管理连锁有限公司	3A 级

首批担保存货优秀监管标识

为进一步规范担保存货管理，充分发挥担保存货监管标识在质权设立中的作用，鼓励和引导各类机构共同探讨监管标识在不同场景下如何做到“精准有效”，中国仓储与配送协会组织开展了担保存货监管标识征集、评选活动，并邀请信贷机构与法律咨询机构等行业专家，对“监管标识”从作用、内容、外观、位置、创新、现场图展示等方面进行综合评选，评选出首批有代表性的优秀监管标识，名单如下表所示。

序号	优秀监管标识	企业名称
1	监管仓库牌等标识	湖北谊嘉金融仓储有限公司
2	金融监管仓库等标识	威海国际海洋商品交易中心有限公司
3	活畜耳标监管标识	北京瑞泰格科技有限公司
4	山东汇融仓储存货监管项目公示牌	山东汇融仓储管理服务有限公司
5	抵质押监管标识	中信梧桐港供应链管理有限公司
6	监管标识	吉林省正明仓储监管有限公司
7	监管标识	河南银丰仓储服务有限公司
8	达海担保存货监管标识	成都达海金属加工配送有限公司
9	中江国际监管标识	中江国际电子商务有限公司
10	监管标志牌	恒元丰资产管理有限公司
11	商储物流公司监管标识牌	陕西商储物流有限公司
12	监管标识牌	四川金恒金融仓储有限责任公司
13	权属公告牌	山东水发大正物联科技有限公司
14	质押监管区域公示牌	华夏易通国际物流有限公司
15	原酒质押标识牌	河南中联储物流仓储股份有限公司
16	抵质押物标识	浙江富融仓储有限公司
17	长运安信监管标牌	浙江长运安信仓储服务有限公司
18	监管标识/仓库租赁标识/封条	四川嘉亿金融仓储股份有限公司
19	金泰监管标识牌	甘肃金泰担保存货管理有限公司
20	仓储资产质押标签	吉林省航诚科技有限公司

续表

序号	优秀监管标识	企业名称
21	金秾监管标识牌	内蒙古金秾监管科技发展有限责任公司
22	监管标识牌	江西国磊供应链集团有限公司
23	河南众储监管公示牌	河南众储供应链管理有限公司
24	质（抵）押物公告牌	安徽隆泽丰投资产管理有限公司
25	监管标识牌	宁夏融利源供应链管理有限公司
26	宏信监管标识	河北宏信供应链管理有限公司
27	中实交易监管仓库	南通中实纺织交易市场有限公司
28	猫头鹰监管标识	南京猫头鹰智能科技有限公司
29	监管区域标识	山东品宜供应链管理有限公司
30	监管标志牌	内蒙古恒元丰供应链管理服务有限公司